JN413962

한국교회 일곱 교회의 사역 사례와 노하우

온 세대 교육목회 이야기

이현철 · 이기룡 · 이도복 · 문화랑 · 주경훈 · 함영주 · 박신웅 공저

증보판

생명의 양식
THE BREAD OF LIFE

저자소개

이현철 **고신대학교 기독교 교육과 교수**

고신대학교 신학대학 기독교 교육과, 경북대학교 대학원 교육학석사·박사, 美 Pennsylvania State University 교육학과 박사후 연구, 고려신학대학원 목회학석사, 美 Gordon-Conwell Theological Seminary 목회학박사. 기독교 교육을 포함한 실천신학, 교육학, 사회학 분야에 많은 논문과 저서를 발표하였으며, 한국학술지인용색인(KCI) 등재 학술논문 총피인용 수 최상위 연구자로 선정되기도 하였다.

이기룡 **총회교육원 원장, 고신대학교 겸임교수**

고신대학교 신학과, 고려신학대학원 목회학석사, 연세대학교 교육대학원 교육학석사, 에스라 성경대학원 신학석사, 고신대학교 일반대학원 기독교 교육학 박사, 20년이 넘는 시간 동안 고신총회교육원을 통해 한국교회와 다음세대에 필요한 많은 교재와 도서를 제작하였고 현장에 필요한 다양한 프로그램을 기획, 실행하고 있다.

이도복 **충신교회 교육총괄 목사**

장로회신학대학교 기독교 교육과, 신학대학원, 기독교와 문화 신학석사, 미국 Sanfrancisco Theological Seminary 목회학박사. 교회와 가정을 연결시키는 아기학교, 부모학교, 가정예배학교, 조부모학교 등을 한국교회에 보급하며 D6(신명기6장)목회철학을 전하는 데 앞장서고 있다.

문화랑 고려신학대학원 교수

고려신학대학원에서 예배학과 교회교육을 가르치고 있다. 미국의 Calvin Theological Seminary에서 예배학석사를, Garrett Evangelical Theological Seminary에서 예전학 박사학위를 취득했다. 2023년 초 Duke University Divinity School에 방문 교수로 머물면서 Lester Ruth 교수와 함께 여러 연구를 진행했으며, ACHI 저널인 Religions의 Guest Editor로 활동하고 있다.

주경훈 오륜교회 담임목사

아신대학교 신학과, 총신대학원 목회학석사, 아신대학원 목회상담학석사, 총신대 목회신학 전문대학원 목회상담학박사 과정에서 공부했고, 아신대학원 기독교 교육학으로 박사학위(Ph.D)를 취득했다. 세대통합 교육에 깊은 관심을 가지고 사단법인 꿈이 있는 미래 소장으로, 오륜교회 담임목회자로 섬기고 있다.

함영주 총신대학교 기독교 교육과 교수

총신대학교에서 학사, 목회학석사, 신학석사를 마치고 미국 Biola University에서 기독교 교육학으로 박사학위(Ph.D)를 취득하였다. 주전공은 기독교 교육방법론으로 성경교수법, 교회학교, 가정과 부모, 기독교학교 등과 관련한 논문을 주로 발표하였다.

박신웅 소망교회 담임목사

미국의 Southwestern Baptist Theological Seminary에서 기독교교육학석사, Gordon-Conwell Theological Seminary에서 신학석사, Pennsylvania State University에서 성인교육학 박사(Ph.D) 학위를 취득했다. 예장 고신 총회교육원 원장을 역임했고, 현재는 고려신학대학원에서 겸임교수로 가르치며, 안성에 있는 소망교회에서 담임목사로 성도들과 다음세대를 섬기며 행복하게 목회하고 있다.

추천사

다음세대가 중요하다고 입을 모아 이야기합니다. 당연히 다음세대를 바르게 세우고 잘 가르쳐야 합니다. 하지만 이걸로는 부족합니다. 교회의 구성원은 전 세대를 아우르고 있기 때문입니다. 이제 교회는 패러다임의 전환이 필요합니다. 한 세대를 위한 교육이 아닌, 다음세대만을 위한 교육이 아닌 온 세대를 위한 교육목회를 해야 합니다. 이를 위한 첫걸음으로 『온 세대 교육목회 이야기』를 강력하게 추천합니다. 최고의 전문가들로 구성된 이 연구는 각 세대에 맞춤 교육목회를 제안하고 있습니다. 또한 각 세대에 맞는 좋은 교육목회의 실례를 현장 연구를 통해서 제시합니다.

각 세대를 나눴기 때문에 해결 방안이 여러 개인 듯 보이지만 사실 그렇지 않습니다. 여기에 소개된 교회들은 세 가지를 확실하게 하고 있습니다. 분명한 목회 철학, 아낌없는 관심, 한없는 신뢰입니다. 이 세 가지는 지금 당장 시작할 수 있습니다. 큰 교회이든 작은 교회이든 중요하지 않습니다. 재정의 적고 많음도 중요하지 않습니다. 대상에 한정되지도 않습니다. 목회 대상은 교회의 모든 구성원입니다. 이런 생각을 통해 교육목회 현장을 비추고, 모든 세대의 마음을 한번에 녹여낸다면 한국교회는 새롭게 일어설 수 있습니다. 그 시작을 『온 세대 교육목회 이야기』로 하시길 권합니다.

정태진 목사 대한예수교장로회 고신총회 총회장

거대한 물결을 거슬러야 할 때가 있지만, 때로는 그 물결에 몸을 맡겨 흐름을 따라가야 할 때도 있습니다. 온 세상이 백 세 시대라는 물결에, 평생교육이라는 큰 흐름으로 바뀌고 있습니다. 교회도 이 변화를 따라 온 세대를 아우르는 교회교육으로 나가야 합니다. 물론 익숙지 않은 흐름을 따르는 게 쉬운 일은 아닙니다. 그러나 다행스럽게도 이 책이 소개하는 일곱교회 사역 이야기는 거대한 흐름을 따라가는 데 큰 도움을 줍니다. 각 세대별로 어떻게 교회교육을 꾸려가야 할지 고민하는 모든 이에게 이들 이야기는 단비와 같을 것입니다. 위기 가운데 있는 한국교회를 건져 내기를 원하는 모든 사람에게 꼭 읽어보기를 추천드립니다.

유진소 목사 호산나교회 담임

교회교육은 교회학교 어린이나 청소년들에게 국한되어 생각할 때가 많습니다. 그러다보니 장년이 되면 더 이상 신앙교육을 제공받지 못하여서 막연하고 추상적인 신앙으로 흐르는 것을 보게 됩니다. 이 문제에 대해 심각성을 느끼는 교회와 목회자들이 늘어 갑니다. 이런 현실에서 '온 세대 교육 목회'를 실천하는 교회들이 있어서 주목하게 됩니다. 교회학교와 청년들을 위한 교육은 물론이고, 장·노년 세대까지 어우르는 '온 세대 교육'은 한국교회가 주목해야 할 새로운 시도라고 생각합니다. 이 책은 그 일을 위해 수고하는 일곱 교회 이야기를 다루고 있습니다. 다음세대와 미래를 걱정하는 현실 속에서 새로운 대안과 비전을 제시하고 하나님 나라를 회복하기 위한 분명한 길을 꿈꾸며 제시하는 모습에 도전이 됩니다. 교회 내에서 신앙교육의 부재로 고민하는 목회자나 성도들이 계시다면 일독을 권합니다.

이찬수 목사 분당우리교회

서문

최근 한국교회에서는 교육 사역의 핵심 대상에 대한 인식의 변화가 나타나고 있습니다. 과거 교회교육은 주로 학령기 세대를 대상으로 이루어졌지만, 이제는 평생교육과 평생학습의 관점에서 '온 세대'를 아우르는 방향으로 나아가고 있습니다. 이러한 변화는 단지 교회교육에만 국한된 흐름이 아니라, 현대사회의 급격한 변화와 발전에 대응하기 위한 시대적 요구로써 전반적인 교육 분야에서 강하게 부각되고 있는 '평생교육'의 연장선에 있습니다.

평생교육(Lifelong Education)은 인간이 전 생애에 걸쳐 학습의 중요성을 인식하고 지속적으로 학습에 참여하는 것을 의미하며, 흔히 '요람에서 무덤까지' 이어지는 학습 활동을 지칭합니다. 우리나라에서도 평생교육법을 통해 모든 국민에게 평생교육 기회를 균등하게 보장하고 있습니다. 이는 단순히 기술과 직업능력 향상을 위한 교육뿐만 아니라, 인문, 교양, 문화, 예술 등 다양한 영역으로 확장되고 있으며, 이러한 흐름은 이미 우리 사회가 평생학습 사회로 자리 잡았음을 보여줍니다.

교회교육의 본질은 신앙교육에 있습니다. 신앙교육은 특정 연령층에 국한되지 않으며, 그리스도인이라면 누구나 온전한 사람으로 성장하여 그리스도의 충만한 분량에 이르기까지(엡 4:13) 끊임없이 나아가야 합니다. 이는 단순히 완성을 목표로 하는 것이 아니라, 지속적인 과정과 형성의 가치를 강조합니다. 따라서 신앙교육은 교회학교의 연령대를 넘어, 온 세대와 전 연령층으로 확장되어야 합니다. 우리 시대에 이것은 선택이 아니라 필수입니다. 이와 같은 맥락에서, 교회교육의 사역 대상이 온 성도로 확대되고 있음은 매우 긍정적으로 평가할 수 있습니다. 이는 교회교육이 어떤 특정한 시기에 집중하는 것이 아니라 성도들의 전 생애에 걸쳐 이루어져야 함을 인식한 변화이며, 교회 공동체의 본질과 방향성에 부합하는 진일보한 발걸음이라 할 수 있습니다. 이러한 온 성도들을 향한 몸부림은 한국교회를 다시금 부흥으로 온(On)하는 계기도 될 줄 믿습니다.

전술한 변화와 흐름은 자연스럽게 우리에게 질문을 던집니다. “온 세대 교육목회를 위한 실제적인 사례와 방향성은 무엇인가?"이는 현장의 목회자들에게 중요한 질문입니다. 구체적인 사례와 실행 가능한 내용은 성도 양육과 교육 사역에 직접적인 영향을 미치기 때문입니다. 이번 연구는 교회의 온 세대를 아우르는 평생교육적 접근을 중심으로 진행되었습니다. 저는 '유아'부터 '노년'까지 교회의 각 세대에 맞는 교육 사역 사례를 발굴하고, 이를 통해 사역적 원리와 노하우를 탐구함으로써 현장 목회자들에게 실질적인 도움을 제공하고자 했습니다(제1부 한국교회 일곱 교회 사역 이야기). 더불어 코로나 시기 전후로 목회자의 인식을 실증적으로 비교 해보았습니다(제2부 코로나 시기와 엔데믹 시기 목회자 인식 비교 분석).

이 과정에서, 한국교회의 현장 연구 전문가들과 협력하여 각 영역에서 명확한 결과물을 도출하였고, 그 실천성을 입증받은 연구자들과 함께하였습니다. 유아유치부는 충신교회 이도복 박사, 유초등부는 고려신학대학원 문화랑 박사, 중고등부는 오륜교회 주경훈 박사, 대학부는 총회교육원 및 고신대학교 이기룡 박사, 청년부는 총신대학교 함영주 박사, 장년부는 소망교회 박신웅 박사,

노년부는 부족하지만 제가 담당하여 진행하였습니다. 이들은 새로운 교회 교육의 방향성과 온 세대 사역의 시급성을 깊이 공감하며 기꺼이 참여해 주셨습니다. 삼위 하나님의 은총이 이들의 사역 위에 충만히 임하기를 기도합니다.

한국교회의 교회교육 사역은 현재도, 앞으로도 결코 쉬운 길이 아닐 것입니다. 그러나 삼위 하나님의 인도하심과 은혜는 흔들림 없이 지속될 것입니다. 이 변함없는 하나님의 은혜를 바라보며, 이번 연구가 교회교육의 새로운 방향성을 제시하고, 온 세대 사역의 가치를 목회자들에게 전달하는 데 기여하기를 소망합니다.

Soli Deo Gloria!

2024년 12월
저자들을 대신하여
이현철

목차

PART I
한국교회 일곱 교회 사역 이야기

PART Ⅱ
코로나 시기와 엔데믹 시기 목회자 인식 비교 분석

PART Ⅲ
그때와 지금, 우리는 어떻게 달라졌는가 · 이현철, 이기룡

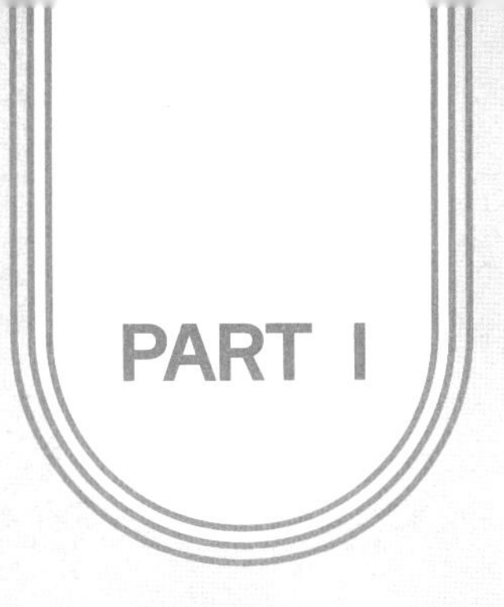

PART Ⅰ

한국교회 일곱 교회 사역 이야기

1

'충신교회' 이야기

영유아유치부 사역

이도복 목사

'충신교회' 이야기: 영유아유치부 사역

이도복 목사 충신교회 교육총괄 목사

I. 영유아유치부 신앙교육의 중요성

현대사회의 급격한 가족 구조 변화와 세속화는 신앙교육의 패러다임을 근본적으로 변화시키고 있다. 이러한 변화 속에서 가정과 교회가 긴밀히 협력하여 신앙교육을 담당해야 할 필요성이 그 어느 때보다 강조되고 있다. 특히 목회데이터연구소의 '한국 기독교 인구 추계'(2024) 보고서는 이러한 필요성을 더욱 부각시키고 있다. 해당 보고서에 따르면, 0-9세 기독교인의 비율은 전체 기독교인의 14.7%에 해당하는 53만 명으로 나타났다. 더욱 우려되는 점은 이 수치가 2040년에는 43.9만 명, 2050년에는 39만 명으로 지속적으로 감소할 것으로 예측된다는 것이다. 이러한 통계는 다음세대의 신앙 전승이 심각한 위협에 직면해 있음을 명확히 보여주고 있다. 따라서 이러한 도전 상황 속에서 다음세대의 첫 시작인 영유아유치부 신앙교육의 중요성은 더욱 부각되고 있다.[1]

1numbers vol. 255, 목회데이터연구소

영유아기는 인지적, 정서적, 사회적 발달이 급격하게 이루어지는 매우 중요한 시기이다. 이 시기의 어린이들은 마치 스펀지와 같이 주변 환경과 경험을 빠르게 흡수하며 성장한다. 특히 이 시기는 신앙적 가치관과 태도 형성에 있어 결정적인 역할을 한다. 종교교육학자 존 웨스트호프(John Westerhoff)의 신앙발달 이론에 따르면, 영유아기는 '경험된 신앙'단계로 분류된다. 이 단계에서 어린이들은 부모와의 안정적인 애착 관계를 통해 신뢰와 안전감을 경험하고, 이를 기반으로 하나님에 대한 근본적인 신뢰를 형성하게 된다. 따라서 부모와 교사들은 단순히 지식을 전달하는 것을 넘어서, 어린이들이 하나님의 사랑을 온전히 체험하고 느낄 수 있는 풍부한 교육 환경을 조성하는 데 주력해야 한다. "하나님은 사랑이시다"라는 추상적인 교리를 가르치는 것보다는, 어린이들이 실제로 그 사랑을 느끼고 체득할 수 있도록 돕는 것이 훨씬 더 중요하다. 이를 위해 말씀 듣기, 기도하기, 찬양하기, 예배드리기 등 다양하고 풍성한 영적 활동을 통해 어린이들이 하나님의 임재를 직접적으로 경험하고, 더 나아가 신앙 공동체 안에서 깊은 소속감과 유대감을 느낄 수 있도록 해야 한다.

간세대 종교교육의 전문가인 제임스 화이트(James W. White)는 그의 저서 『세대 간 종교교육(Intergenerational Religious Education)』에서 간세대 종교교육의 네 가지 중요한 요소를 소개한다. 그는 첫째, 공통된 경험(shared experiences), 둘째, 연령별 맞춤 학습(parallel learning), 셋째, 세대 간 상호적인 유익을 주는 사건들(mutual occasions), 넷째, 공동체 안에서 상호 나눔(interactive sharing)을 통해 세대 간의 신앙을 연결하고 성장시킬 수 있음을 제안한다.[2]

따라서, 영유아유치부의 신앙교육은 부모와 자녀 세대가 함께 경험하는 공통된 경험을 만들어줘야 한다. 무엇보다 세대간의 상호적인 신앙의 교류, 감정의 연결이 일어나도록 도와주어야 한다. 그래서 결국 신앙적인 사건을 통해 서

2 James W. White, Intergeneration Religious Education (Birmingham, AL: Religious Education Press,1988), 18.

로의 마음과 생각을 나눌 때, 신앙은 귀한 열매를 맺게 된다. 결국 신앙교육은 자녀와 부모세대의 신앙 회복과 강화에도 중점을 두어야 한다. 부모와 교회가 협력하여 신앙교육의 동반자로서 역할을 수행할 때, 자녀들은 가정과 교회에서 일관된 신앙적 지도를 받을 수 있다. 이는 다음세대의 신앙 계승에 있어 필수적인 요소로 작용한다.

한 주 동안 다음세대 자녀들이 받는 신앙교육은 얼마나 될까? 일주일 중 단 한 시간에 불과하다. 안타깝게도 60.8%의 자녀들은 한 주 동안 가정에서 어떠한 신앙 활동을 경험하지 못한 것으로 나타났다. 교회학교 교역자와 교사진의 헌신적인 노력에도 불구하고, 대다수의 시간을 신앙적 영향력 없이 보내고 있는 실정이다. 대부분의 부모들은 자녀가 신실한 그리스도인으로 성장하기를 희망하지만, 교회 출석으로 부모의 책임이 완수된다고 인식하는 경향이 있다. 이러한 환경에서 성장한 자녀들의 신앙이 견고할 수 있을까? 실제로 청소년기와 대학 입학 이후 많은 젊은이들이 신앙적 혼란을 겪으며 교회를 떠나는 현상이 발생하고 있다. 이는 인생의 주요 전환기에 교회와 가정이 다음세대에게 적절한 영적 지원을 제공하지 못하고 있음을 시사한다.[3]

이러한 상황을 개선하기 위해서는 교회 중심적 관점에서 벗어나, 일상적 삶의 공간인 가정에서 진행되는 신앙교육에 주목할 필요가 있다. 이 과정에서 '부모'의 역할이 핵심적이다. 신명기 6장 7절은 다음세대의 신앙교육에 있어 '부모'의 책임을 명확히 제시하고 있다.

"네 자녀에게 부지런히 가르치며 집에 앉았을 때에든지
길을 갈 때에든지 누워 있을 때에든지 일어날 때에든지
이 말씀을 강론할 것이며"

3 3040세대 부모들 "신앙교육보다 다른 교육 우선", 데일리 굿뉴스 https://www.goodnews1.com/news/articleView.html?idxno=433141.

현대 사회에서 많은 부모들이 직면하는 시간적 제약, 경제적 부담, 다양한 가족 구조의 변화 등의 현실적 제약으로 인해 자녀 신앙교육에 어려움을 겪고 있다. 교회 역시 이러한 부모의 역할에 대해 충분히 공감하지 못한 것이 사실이다.

이러한 맥락에서 충신교회 영유아유치부는 "가정과 교회가 연합하여 다음세대를 세운다"라는 비전을 중심으로, 0세부터 7세까지의 영유아를 대상으로 하는 특화된 신앙교육 프로그램을 체계적으로 운영하고 있다. 이 프로그램의 핵심 목표는 교회와 가정의 유기적이고 긴밀한 협력을 통해 어린이들에게 견고하고 지속 가능한 신앙의 기초를 심어주는 것이다. 특히 가정은 신앙 형성의 가장 중요하고 근본적인 장이라는 인식 하에, 부모와 교회가 적극적으로 협력하여 신앙교육의 동반자 역할을 수행하도록 강조하고 있다. 이는 제임스 파울러(James Fowler)의 연구 결과와도 일맥상통한다. 파울러는 가정 환경과 부모의 신앙이 자녀의 신앙 형성에 지대한 영향을 미친다는 점을 명확히 보여주고 있다. 따라서 충신교회의 영유아유치부 프로그램은 단순히 교회 내에서 교육에 그치지 않고, 가정에서 일상적인 신앙생활과 긴밀히 연계되어 있으며, 부모의 적극적인 참여와 역할을 독려하고 지원하는 다양한 방안을 포함하고 있다.

영유아유치부 신앙교육의 중요성은 3040세대 부모들의 신앙과 밀접하게 연관되어 있다. 현재 30대와 40대에 해당하는 이들은 자녀의 신앙 형성에 결정적인 영향을 미치는 주체이다. 그들의 신앙적 태도와 실천이 다음세대의 신앙 계승에 직접적인 영향을 준다.

목회데이터연구소의 조사에 따르면, 3040세대 부모 중 자녀에게 신앙교육을 자주 실시하는 비율은 17%에 불과하다. 이는 인성교육(63%), 지성교육(39%), 진로교육(25%)에 비해 현저히 낮은 수치로, 신앙교육이 우선순위에서 밀려나고 있음을 보여준다. 이러한 경향은 자녀세대의 신앙 형성에 부정적인 영향을 미칠 수 있다. 또한, 3040세대 부모들은 자녀에게 신앙교육을 하지 못하는 이유로 '시간 부족'(47%), '신앙교육 방법의 부재'(38%), '부모 자신의 신앙 부족'(37%) 등을 꼽았다. 이는 부모세대의 신앙적 확신과 교육 역량이 자녀의 신앙 형성에 중요한 역할을 한다는 것을 시사한다.

충신교회는 부모의 신앙교육의 개념 자체가 미약했을 당시 1986년도에 아기학교를 시작했다. 영유아기부터 부모와 자녀가 함께 신앙적 경험을 해야 한다는 교육 철학을 바탕으로 시작된 아기학교는 1기 46명에서 시작하여 2024년 현재 74기를 맞이할 정도로 성장했다. 현재 매 학기 100명 이상의 부모와 13개월에서 48개월 사이의 영유아 자녀들이 참여하며, 부모는 믿음의 부모 됨을 배우고 자녀는 부모와 함께 신앙 안에서 성장하는 기쁨을 누리고 있다. 충신아기학교에서 개발된 커리큘럼과 자료들은 국내 500여 교회뿐 아니라 홍콩, 중국, 미주 한인 교회에서도 활용되며 다음세대 신앙교육에 기여하고 있다. 연 2회 4박 5일간 진행되는 아기학교 운영자 세미나는 아기학교 운영에 필요한 교육적, 신학적, 실제적 이론과 실무 교육을 제공하며, 매 학기 평균 100명 이상이 참석한다. 또한, 아기학교 찬양 교육을 위한 찬양 세미나에는 300명 이상이 참여하여 훈련을 받는다.

아기학교 운영자 세미나에서는 아기학교 운영 목적, 운영 계획, 유아 예배와 설교, 유아 찬양 인도, 유아 체조, 교사 교육 관리, 성경 학습과 미술 활동, 인형 활용, 야외 학습과 문화 체험, 연구 수업 및 발표, 현장 사례 발표 등 다양한 강의와 풍성한 자료 전시가 제공된다. 이처럼 충신교회의 아기학교는 부모 교육을 통해 다음세대 신앙교육의 기초를 다지는 데 중요한 역할을 담당하고 있으며, 그 영향력은 국내외로 확장되고 있다.

이러한 영유아유치교육의 강점을 가지고 있는 충신교회는 아기학교를 담당하는 교역자들이 자연스럽게 교회학교 교역자로 사역하면서 연결성을 가진다. 따라서 주중의 신앙교육을 하는 교역자와 교사들이 주일의 교역자로 자연스럽게 연결된다.

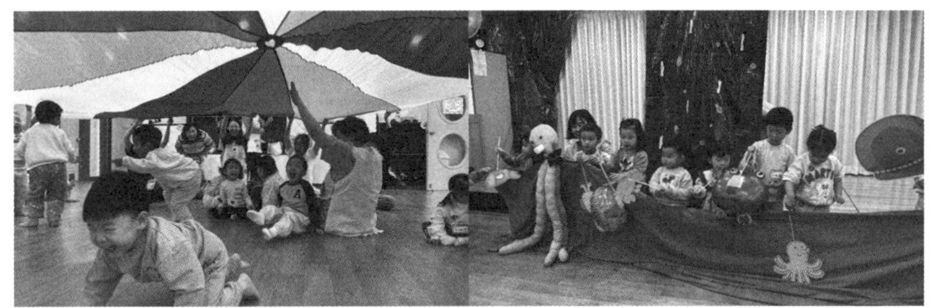

[그림 I -1] 아기학교의 수업장면

충신교회는 2000년대 초반부터 부모들을 '가정의 신앙 교사'로 양성하는 사역을 진행해 왔다. 1986년에 시작된 아기학교를 기반으로, 2013년부터는 '굿페어런팅 I (부모학교)'를 본격적으로 운영하고 있다. "부모, 가정의 신앙 교사입니다"라는 비전 아래, 부모들이 자녀 신앙교육의 주체로서 효과적으로 역할을 수행하실 수 있도록 지원하고 있다.

'굿페어런팅 I' 프로그램은 2024년 현재 13기를 운영하며 400명 이상의 수료생을 배출하였다. 본 프로그램은 코로나 이전에는 8주간 30명 규모의 소그룹으로 진행되었으며, 현재는 5주 과정으로 최적화되어 운영되고 있다. 참가자들은 자녀의 연령대별 맞춤형 교육을 받으며, 수료 후에는 '가들리가든(리더십 프로그램)'과 '가정예배학교'에 참여할 수 있는 기회를 제공받는다.

'굿페어런팅 I'의 특징은 매주 제공되는 강의와 더불어 실천적 가정 활동을 포함한다는 점이다. '아버지와 함께하는 요리 시간', '가족 버킷리스트 작성' 등의 활동을 통해 일상 속에서 자연스러운 신앙적 대화를 도모한다. 본 프로그램의 주목할 만한 성과는 참여 부모들의 인식 전환에서 나타났다. 참가자들은 기존의 교육 방식을 재고하고 가정 내 신앙교육자로서 역할을 적극적으로 수용하게 되었으며, 이는 교회 활동 전반에 대한 능동적인 참여로 이어졌다.

한국교회는 차세대 신앙교육을 위해 부모를 '가정 내 신앙교사'로 양성하는 데 더욱 주력해야 한다. 이러한 노력의 일환으로 충신교회는 최근(2024년 7월 기준) 장로회신학대학교 기독교 교육연구원과 협력하여 부모학교와 가정예배

[그림 I -2] 가정예배학교 강의와 가정예배 캠프 아웃팅

학교 교육 과정을 표준화하였다.(참고: 기독교 교육연구원 홈페이지)

충신교회는 가정의 부모를 신앙의 교사로 세우는 것과 더불어 조부모의 신앙전수 역할에도 주목하게 되었다. 2020년 미국의 D6컨퍼런스 참석을 통해, 미국 교회들이 이미 조부모들에게 신앙전수의 중요한 역할을 부여하고 있으며, 손자녀들과 함께하는 다양한 신앙활동을 실천하고 있음을 확인했다. 미국 D6(신명기 6장)운동의 총책임자인 론 헌터(Ron Hunter)목사는 조부모를 "다음세대 신앙전수의 비밀병기"라고 표현하고 있다.[4] D6 DNA에서 그는 "성숙한 신앙과 성경적 가치관을 지닌 조부모가 손주 세대의 신앙 멘토가 될 때 어떤 변화가 일어날까?"라는 질문을 제기한다. 이에 응답하여 충신교회는 2023년에 조부모와 함께하는 가정예배와 조부모학교 1기를 시작했다. 조부모학교의 시작과 함께 조부모세대에 의미 있는 변화가 나타났다. 기도 지원에만 머물렀던 조부모들의 역할이 보다 적극적이고 창의적으로 확장된 것이다. 손주들과 성경퀴즈를 함께 풀고, 여름 휴가 중 성지를 방문하며, 비전트립에 동행하는 등 다양한 활동이 이어졌다. 더불어 교회학교 일일교사와 여름성경학교 특송 참여 등을 통해 신앙전수에 적극적으로 동참했다. 이처럼 조부모들이 단순히 신앙인으로서 모범을 보이는 것을 넘어 적극적인 신앙전수자로서 역할을 하게 되면서, 교회 사역에 새로운 활력이 더해졌다.

4 론 헌터 주니어, 『D6 DNA』, 박금주, 김치남 역, (수원: D6 KOREA HOUSE, 2017), 148.

[그림 I -3] 조부모학교 1기의 교육현장

충신교회의 영유아유치부 사역은 위에서 살펴본 바와 같이, 가정과 교회가 연계되어 다음세대를 키워내는 목회철학과 방향성을 가지고 있다. 충신교회 영유아유치부는 어린이들의 연령별 발달 특성을 세심하게 고려하여 영아부(0-3세), 유아부(4-5세), 유치부(6-7세)로 세분화된 맞춤형 프로그램을 제공한다. 이러한 체계적인 접근은 각 연령대의 고유한 필요와 능력을 반영하여 최적화된 신앙교육 환경을 조성한다.

영아부에서는 일대일 돌봄과 다양한 감각적 경험을 통해 어린이들이 하나님의 무조건적인 사랑을 체험하고 깊은 안정감을 느낄 수 있도록 돕는다. 이 시기의 어린이들은 주로 비언어적 의사소통에 의존하기 때문에, 따뜻한 포옹, 부드러운 목소리, 그리고 안전한 환경을 통해 하나님의 사랑을 간접적으로 경험하게 된다.

유아부는 어린이들이 스스로 예배에 참여하는 경험을 제공하고, 예배자로서 첫걸음을 내딛도록 지도한다. 이 단계에서는 간단한 찬양, 짧은 기도, 그리고 이해하기 쉬운 성경 이야기를 통해 어린이들이 예배의 기본 요소들을 자연스럽게 익히도록 한다. 또한, 역할놀이나 그림 그리기 등의 활동을 통해 예배의 의미를 창의적으로 표현할 수 있는 기회를 제공한다.

유치부에서는 신앙 습관 형성과 부모와의 공동 예배를 통해 가정과 교회에서 신앙 성장을 돕는다. 이 시기에는 어린이들이 기본적인 성경 지식을 쌓고,

기도와 찬양을 일상생활의 일부로 받아들이도록 격려한다. 부모와 함께하는 예배 시간을 통해 가정에서 신앙생활의 중요성을 강조하고, 부모가 자녀의 신앙교육에 적극적으로 참여할 수 있도록 지원한다.

각 부서는 놀이, 이야기, 미술, 음악 등 다양하고 창의적인 활동을 통해 어린이들이 신앙을 즐겁게 경험하고 표현하도록 지원한다. 예를 들어, 성경 이야기를 인형극으로 재현하거나, 찬양을 율동과 함께 배우거나, 성경 구절을 그림으로 표현하는 등의 활동을 통해 어린이들은 신앙의 진리를 보다 쉽고 재미있게 이해하고 기억할 수 있게 된다.

충신교회 영유아유치부의 신앙교육은 전인적 경험을 통해 하나님의 사랑을 내면화하는 데 초점을 둔다. 이는 단순히 성경 지식을 전달하는 것을 넘어서, 어린이들이 모든 감각과 능력을 통해 하나님의 사랑을 체험하고 이해할 수 있도록 돕는 것을 의미한다. 예배와 교회 공동체 안에서 어린이들은 "하나님을 만나는 경험"을 지속적으로 쌓아가며, 이를 통해 견고한 신앙의 토대를 마련한다. 이러한 풍성하고 의미 있는 경험들은 어린이들의 장기적인 신앙 성장에 있어 필수적인 밑거름이 된다.

본 연구는 충신교회 영유아유치부의 체계적이고 세심한 사역을 바탕으로 영유아 신앙교육의 가치와 중요성을 심도 있게 논의하고자 한다. 각 연령대별로 특화된 신앙교육 전략과 그 실천 사례를 면밀히 분석함으로써, 현대 교회가 다음세대를 효과적으로 양성하고 신앙의 유산을 전수하기 위한 전략적 방향성을 제시하고자 한다. 이를 통해 영유아유치부 사역이 단순히 교회의 부수적인 활동이 아닌, 교회의 미래를 위한 핵심적이고 필수적인 사역임을 강조하고자 한다.

Ⅱ. 각 부서별 이야기

1. 영아부 사역: 첫 걸음마 예배와 돌봄 사역

영아부(0-3세) 시기는 어린이들이 교회 공동체와 처음 접촉하는 단계이자, 하나님을 향한 신앙의 첫걸음을 내딛는 중요한 시기이다. 충신교회 영아부 사역은 이러한 발달 단계에 맞추어 '첫 걸음마 예배와 돌봄 사역'이라는 핵심 목표를 가지고, 영아들이 부모와 떨어져 교회 예배에 처음으로 참여할 수 있는 환경을 마련하고 있다. 이 시기의 영아부 사역은 어린이들이 하나님의 사랑을 온전히 체험할 수 있도록 돕기 위해 세심하게 설계된 맞춤형 신앙교육과 돌봄의 과정을 포함하며, 이는 영아가 신체적, 정서적, 영적으로 안정감을 느낄 수 있도록 하는 데에 중점을 두고 있다.

1) 영아부의 역할과 사역의 목적

충신교회 영아부는 어린이들이 교회 공동체와의 첫 만남에서 하나님을 긍정적이고 따뜻하게 인식할 수 있도록, 신앙교육의 가장 기초적인 역할을 수행하고 있다. 영아부 사역의 목적은 단순히 돌봄의 차원에 그치지 않으며, 예배와 함께 신앙의 씨앗을 심어주는 사역의 중요한 출발점이 된다. 영아부 시기의 어린이들은 언어 능력과 추상적 사고 능력이 발달하지 않았기 때문에, 추상적인 신앙의 개념을 이해하기 어려운 시기이다. 따라서 이들에게 신앙교육은 무엇보다도 전인적 경험을 통해 하나님의 사랑을 느끼고 반응할 수 있는 기회를 제공하는 것이 핵심이다. 충신교회는 영아부를 통해 이들이 신앙의 첫 발걸음을 내딛을 수 있도록 '교회'라는 공간과 '교사'라는 관계를 통해 하나님의 사랑을 상징적으로 체험하게 한다.

2) 맞춤형 예배 환경과 돌봄의 세심함

영아부 예배실은 어린이들이 교회에 편안하게 적응하고, 예배에 자연스럽게 참여할 수 있는 분위기로 구성되어 있다. 예배실은 안정감을 줄 수 있는 따뜻한 색채와 소품으로 꾸며져 있으며, 어린이들이 부모와 떨어져 예배에 참여하게 되는 상황에서 심리적 부담을 줄일 수 있도록 세심하게 환경을 조성하고 있다. 예배실 한편에는 자유놀이 공간을 마련하여, 예배 전후로 어린이들이 자유롭게 놀이 활동을 하며 교회 공간에 익숙해질 수 있는 시간을 가질 수 있게 한다. 놀이 공간에는 어린이들의 안전을 최우선으로 한 다양한 장난감이 구비되어 있으며, 예배 전에는 부모와의 분리를 자연스럽게 준비할 수 있도록 자유놀이와 같은 단계적 접근을 허용한다.

이 외에도, 영아들이 예배실에 머무는 동안 교사들은 수시로 기저귀를 확인하고 갈아주는 등의 돌봄 서비스를 제공한다. 예배 중간에 어린이들이 안정감을 잃지 않도록, 영양을 고려한 유기농 간식을 준비하여 예배 전후로 제공하고 있으며, 기저귀 교체와 수유 등 영아들이 필요한 다양한 돌봄 서비스도 신속히 제공하여 교회 내에서 안전하고 편안한 경험을 할 수 있도록 배려한다.

3) 사랑과 감동을 통한 신앙 경험

영아부 예배는 어린이들에게 단순히 신앙의 형식을 전달하는 것이 아닌, 하나님을 체험적으로 만날 수 있도록 돕는 감동적이고 의미 있는 경험을 제공한다. 예배는 찬양, 기도, 성경 이야기를 중심으로 구성되며, 찬양 시간 동안 어린이들은 부모의 품에서 떨어져 교사와 함께 노래하고 율동을 하면서 하나님의 임재를 온몸으로 경험하게 한다. 예배의 전 과정을 담당하는 교역자는 찬양부터 시작하여 자연스럽게 예배로 연결되도록 인도하며, 어린이들이 하나님의 사랑을 느낄 수 있는 시간을 만들어 준다.

예배 시간에는 특히 생일을 맞이한 어린이들에게 축복의 시간을 제공하며, 그날 개근한 어린이들을 시상하여 주일 성수를 격려하는 시간을 갖는다. 이러한 축복과 격려의 시간은 어린이들에게 신앙 생활의 소중함을 인식시키고, 교회에 대한 긍정적인 기억을 형성하도록 돕는다. 매달 한번씩 교육총괄 목사가 어린이들을 품에 안고 축복 기도를 드리는 특별한 시간이 마련되어 있으며, 어린이들은 걸음마를 시작하면 뛰뚱거리며 목회자에게 다가가 축복을 받는 등 예배 속에서 하나님께 사랑받는 경험을 한다. 이렇듯 영아부 예배는 교사와 목회자의 따뜻한 돌봄과 축복을 통해, 어린이들이 하나님을 향한 긍정적 감정과 사랑을 마음 깊이 새길 수 있도록 돕는다.

4) 영아부 신앙교육 방식과 단계적 접근

영아부 신앙교육의 핵심은 영아가 교회와 예배를 안정감 있고 친숙하게 느낄 수 있도록 점진적인 접근 방식을 사용하는 데 있다. 예를 들어, 처음 교회에 오는 영아는 낯선 환경과 부모와의 분리로 인해 불안감을 느끼기 쉽다. 이를 완화하기 위해, 충신교회 영아부는 초기 적응 기간 동안 부모가 함께 예배에 참여할 수 있도록 허용하고, 어린이가 교회와 교사에 점차 익숙해지면 부모가 어른 예배에 참여할 수 있도록 단계적으로 유도한다. 이를 통해 어린이들은 부

[그림 I -4] 영아부 예배장면

모와 교사, 교역자가 협력하여 신앙 생활에 안정감 있게 적응할 수 있으며, 교사와의 관계 형성을 통해 신뢰와 애착을 형성한다.

또한, 영아부의 신앙교육은 반복과 일관성을 통해 어린이들이 하나님의 사

랑을 인지하도록 돕는다. 예배에서 매주 같은 찬양과 기도, 간단한 성경 이야기를 반복하여 경험함으로써, 어린이들은 무의식적으로 신앙의 요소를 내면화하고, 하나님의 사랑에 대한 초기 인식을 형성하게 된다. 이와 함께 교사들은 어린이들의 반응에 세심하게 주의를 기울이며, 신체적 언어와 눈 맞춤, 따뜻한 포옹 등 비언어적 표현을 통해 하나님의 사랑을 전달한다.

5) 영아부 사역의 연속성: 가정과 협력

영아부 사역은 교회 예배에만 국한되지 않고 가정에서도 지속될 수 있도록 부모와의 긴밀한 협력을 강조하고 있다. 어린이들이 예배 시간에 배운 찬양과 간단한 신앙 활동을 가정에서도 이어갈 수 있도록, 교회는 부모에게 어린이의 예배 참여에 관한 정보를 제공하고, 부모와 교사가 연합하여 신앙교육을 이어나갈 수 있는 자료와 가이드를 제공한다. 부모는 가정에서 어린이들과 함께 예배를 복습하고, 어린이가 교회에서 경험을 통해 하나님을 기억하도록 돕는 역할을 맡는다.

또한, 교사와 부모는 매 예배 후에 간단한 피드백을 교환하며, 어린이의 신앙 성장과 정서적 반응을 함께 점검한다. 교회는 이 과정을 통해 영아부 사역이 단순히 일회성 예배에 그치지 않고, 가정과 교회가 협력하여 신앙의 연속성을 유지하는 체계적 신앙교육이 될 수 있도록 지원한다. 이를 통해 어린이들은 교회와 가정이 신앙 공동체로서 하나가 되어 하나님의 사랑을 전하는 역할을 하고 있음을 자연스럽게 경험하게 된다.

2. 유아부 사역: 예배자의 첫 걸음

유아부(4-5세) 시기는 어린이들이 신체적, 인지적 성장이 두드러지며, 독립적으로 활동할 수 있는 능력이 발달하는 시기이다. 충신교회 유아부 사역은 이러한 발달적 특징에 맞추어, 어린이들이 스스로 예배에 참여하고 하나님의 임재를 경험할 수 있도록 돕는 데 중점을 둔다. 특히 유아부는 부모의 품에서 벗어나 처음으로 교회 예배에 독립적으로 참여하는 단계로, '예배자의 첫 걸음'이라는 상징적인 역할을 수행한다. 이 시기에 어린이들은 예배와 교회 공동체 안에서 하나님을 만나는 법을 배우며, 신앙적 기초가 점차적으로 형성된다.

1) 스스로 예배하는 작은 예배자로 성장하기

유아부에서 가장 중요한 목표는 어린이들이 예배자로서 자아를 형성하는 것이다. 유아부는 영아부 시절 부모와 교사에게 의존하던 신앙의 형식을 넘어서, 어린이들이 스스로 하나님 앞에 나아가는 예배자가 되도록 훈련하는 단계이다. 충신교회 유아부는 어린이들이 예배 공간에서 자발적으로 참여하고 집중할 수 있도록 예배의 구조와 환경을 조성하여, 어린이들이 스스로 예배에 대한 책임감을 느낄 수 있게 돕는다. 예배가 시작될 때, 어린이들은 교사의 안내를 받으며 예배실로 들어와 지정된 자리에 앉고, 찬양과 기도, 성경 이야기를 통해 하나님과 첫 교제를 경험한다. 특히 유아부의 예배는 단순히 외부 자극에 반응하는 활동에 그치지 않고, 어린이들이 예배의 의미를 이해하고 하나님을 인격적으로 만날 수 있도록 돕는 것을 목표로 한다. 유아부 예배 시간에는 매달 주제를 설정하여 관련된 찬양과 성경 말씀을 통해, 어린이들이 반복적인 경험을 통해 예배의 본질을 내면화할 수 있도록 한다. 예를 들어, '감사'라는 주제를 다루는 주에는 "감사한 것을 세어봅시다"와 같은 주제 찬양을 함께 부르며, 감사의 마음을 하나님께 표현하는 예배자의 자세를 배우게 한다.

2) 드림예배: 가정과 교회가 함께하는 신앙의 장

충신교회 유아부에서 매년 정기적으로 진행되는 '드림예배'는 부모를 초청하여 어린이와 함께 예배에 참여하는 특별한 시간으로, 가정과 교회가 협력하여 신앙교육을 이루는 중요한 장을 제공한다. 드림예배는 부모가 자녀와 함께

[그림 I-5] 유아부 예배실로 입장 후 부장 선생님과 기도하는 모습

예배에 참여함으로써, 부모가 단순한 보호자 역할을 넘어 가정의 신앙 교사로서 책임감을 자각하도록 돕는다. 또한 드림예배는 어린이들에게 신앙의 유산을 물려주는 부모의 역할을 상기시키는 동시에, 부모가 자녀와 함께 예배를 드리며 신앙의 유대를 강화하는 시간을 마련한다.

드림예배의 준비는 교사와 부모 간 긴밀한 협력을 통해 이루어진다. 드림예배 이전에 교사는 가정에 예배 순서지와 안내문을 발송하여 부모가 자녀와 함께 예배를 준비할 수 있도록 돕는다. 예배 중에는 어린이들이 부모와 함께 찬양하고 기도하며, 부모가 자녀를 위해 기도하는 시간을 통해, 가정과 교회가 연합하여 신앙을 이어가는 의미를 체험하게 한다. 또한, 드림예배의 마지막에는 부모가 자녀의 머리 위에 손을 얹고 축복 기도를 드리는 시간을 가지며, 이는 부모가 가정의 신앙 교사로서 역할을 다짐하는 상징적 행위로 이어진다.

드림예배는 가정과 교회의 신앙적 연결고리를 강화하는 동시에, 부모와 자녀가 함께 신앙을 경험하고 나누는 소중한 시간을 제공한다. 이를 통해 어린이들은 교회뿐만 아니라 가정에서도 신앙이 이어지는 경험을 하게 되며, 부모 역시 자녀와 함께 신앙의 유대를 쌓아가는 기회를 갖게 된다.

3) 유아부 예배의 구조와 단계별 진행

충신교회 유아부 예배는 어린이들이 자발적으로 참여하고 예배를 통해 하

[그림 I-6] 드림예배-부모축복기도

나님을 깊이 만날 수 있도록 체계적으로 구성되어 있다. 예배는 주제 찬양, 신앙 고백, 말씀 듣기, 축복의 시간 등으로 이루어지며, 예배 각 부분은 어린이들의 발달적 특성에 맞게 세심하게 설계되었다.

찬양과 신앙 고백: 예배의 첫 단계에서는 어린이들이 온몸으로 찬양하며 하나님께 나아가는 시간을 가진다. 찬양은 어린이들이 쉽게 따라 할 수 있는 동작과 노래를 사용하여 진행되며, 반복적인 찬양을 통해 어린이들이 찬양과 기도를 통해 하나님께 감사와 경배를 드리는 습관을 형성할 수 있도록 돕는다. 또한 찬양 후에는 '나는 하나님을 믿어요, 나는 예수님을 믿어요'와 같은 간단한 신앙 고백을 하며, 하나님에 대한 기본적인 믿음의 고백을 내면화한다.

말씀 듣기와 성경 이야기: 성경 이야기는 유아부 예배의 중심으로, 어린이들이 하나님의 말씀을 재미있고 쉽게 이해할 수 있도록 그림 자료와 다양한 시청각 매체를 활용하여 전달된다. 교사는 각 이야기마다 적합한 손유희나 시청각 자료를 사용하여, 어린이들이 말씀을 더욱 흥미롭게 받아들이고, 이를 통해 하나님의 사랑과 교훈을 자연스럽게 받아들이도록 한다. 유아부의 성경 이야기는 매달 주제에 따라 선정되며, 주제별로 반복하여 전달함으로써 어린이들이 성경 이야기와 그 교훈을 마음속에 새기고 기억할 수 있도록 한다.

축복의 시간과 기도: 예배의 마지막 부분에서는 교사와 교역자가 어린이들

에게 축복 기도를 드리며, 어린이들이 하나님의 축복을 받는 귀한 시간을 갖는다. 특별히 드림예배와 같은 행사에서는 부모도 자녀를 품에 안고 축복 기도를 함께 드리며, 이 시간을 통해 부모와 교회가 함께 신앙 공동체의 역할을 감당하고 있음을 인식하게 한다. 어린이들은 이 축복의 시간을 통해 자신이 하나님께 사랑받고 있으며, 교회와 가정에서 함께 돌봄을 받고 있다는 안정감을 갖게 된다.

3. 유치부 사역: 신앙의 습관 형성

유치부(6-7세)는 어린이들이 신체적, 정서적, 인지적으로 성장하여 독립성과 자발성이 더욱 두드러지는 시기이다. 이 시기는 어린이들이 자발적인 신앙의 습관을 형성하고, 교회와 가정에서 신앙 생활을 통해 하나님과 관계를 구체적으로 발전시킬 수 있는 중요한 시기이기도 하다. 충신교회 유치부 사역은 이러한 발달 단계의 특성에 맞추어 어린이들이 교회 예배와 가정 내 신앙교육을 통해 신앙을 일상 속에서 습관화할 수 있도록 체계적인 프로그램을 제공한다. 유치부 사역의 목표는 어린이들이 신앙을 일관되게 실천하며 예배자로서 자아를 확립하고, 하나님을 삶의 중심으로 두는 것을 배울 수 있도록 돕는 것이다.

1) 유치부 예배: 독립적 예배자로서 성장

유치부 예배는 어린이들이 스스로 예배에 참여하고, 하나님 앞에 나아가는 예배자로서 정체성을 형성하는 과정으로 구성된다. 이 시기의 어린이들은 예배를 통해 자발적으로 하나님께 나아가며, 예배의 의미를 더 깊이 이해하고 성경 말씀을 통해 하나님과 관계를 경험하게 된다. 유치부 예배는 주제 찬양, 신앙 고백, 성경 말씀, 기도, 헌금, 축복의 시간 등으로 구성되어 있으며, 각 요소가 어린이들의 발달 특성에 맞추어 체계적으로 설계되어 있다. 예배 진행은 어린이들이 능동적으로 참여할 수 있도록 독려하며, 이를 통해 하나님을 향한 감사와 경외의 마음을 자연스럽게 키워나간다. 유치부 예배의 시작은 찬양으로 이루어지며,

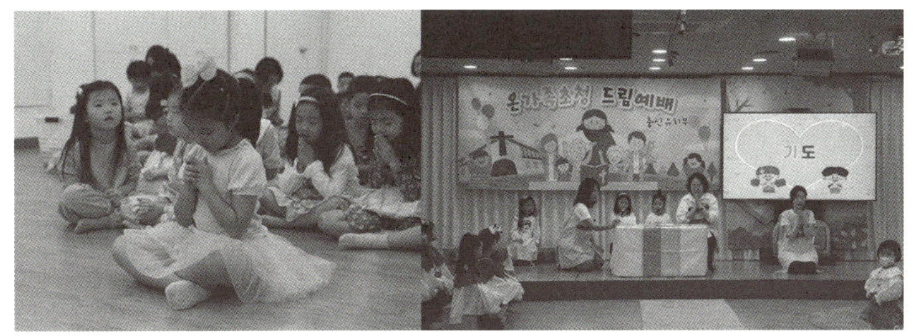

[그림 I-7] 유치부 예배자로 성장하는 어린이들, 기도를 인도하는 모습

찬양 시간에는 어린이들이 자발적으로 참여할 수 있도록 단순하고 반복적인 노래와 동작이 포함된다. 이러한 찬양 활동은 어린이들이 예배의 기쁨을 경험하게 하고, 예배자로서 하나님께 나아가는 긍정적 경험을 쌓도록 돕는다. 또한 예배 후에는 간단한 신앙 고백을 통해 자신이 하나님을 믿는다는 기본적인 신앙 고백을 습관화하며, 예배의 목적을 명확히 이해할 수 있도록 한다.

2) 부모 초청 예배 '드림예배': 가정과 교회의 신앙 협력

유치부의 드림예배는 부모를 초청하여 어린이들과 함께 예배를 드리며, 가정과 교회가 함께 신앙교육에 참여하는 장을 제공한다. 드림예배는 단순히 부모가 어린이의 예배에 참석하는 것이 아닌, 부모가 가정에서 신앙 교사로서 역할을 다짐하고 확인하는 시간이다. 드림예배의 목표는 가정에서 신앙교육이 교회 예배와 연계되도록 하여, 부모와 어린이가 신앙을 함께 이어가는 경험을 통해 하나님과 관계를 더욱 깊게 만들어가는 것이다.

드림예배는 매년 유치부에서 10번에서 11번까지 진행이 된다. 매달 1번꼴로 진행되는 것이다. 반별로 부모를 초청해, 부모와 자녀가 함께 예배를 통해 신앙의 기쁨을 경험하고, 가정 내 신앙교육의 중요성을 재확인하는 시간이다. 예배 중에는 어린이들이 부모와 함께 찬양하고, 부모가 자녀를 위해 축복하는 시간이 있다. 이를 통해 가정이 신앙 공동체로서 어린이들에게 중요한 역할을 하고

[그림 I -8] 유치부 부모초청 드림예배, 부모와 조부모세대가 함께 방문한 모습

있음을 체험하게 한다. 드림예배에서 부모는 자녀의 뒤에 서서 자녀 머리 위에 손을 얹고 기도하며, 부모로서 가정에서 신앙적 책임을 새롭게 다짐한다.

드림예배의 성공적인 진행을 위해, 교회는 부모에게 미리 예배 순서지와 안내문을 발송하여 부모와 자녀가 예배에 함께 준비할 수 있도록 돕는다. 이를 통해 부모와 자녀는 교회 예배 외에도 가정에서 함께 신앙적 유대감을 쌓을 수 있으며, 부모는 자녀의 신앙 성장을 지지하고 격려하는 신앙 교사로서 역할을 다짐하게 된다.

3) 유치부 예배의 구조와 예배 교육 방식

충신교회 유치부는 예배와 신앙교육을 통해 어린이들이 예배의 의미를 더욱 깊이 이해하고, 하나님과 관계를 발전시킬 수 있도록 체계적인 교육 방식을 적용하고 있다. 유치부 예배는 주제 찬양, 성경 말씀, 기도, 헌금, 신앙 고백, 축복의 시간으로 구성되며, 각 요소는 어린이들이 쉽게 이해하고 즐길 수 있도록 간단하고 직관적인 방식으로 진행된다.

주제 찬양: 예배의 첫 단계로 찬양을 통해 예배의 기쁨을 경험하게 한다. 유치부의 주제 찬양은 매달 정해진 주제를 중심으로 구성되며, 절기나 주제에 맞춘 찬양을 반복적으로 사용하여 어린이들이 예배의 흐름에 익숙해지도록 돕는다. 찬양은 어린이들이 적극적으로 참여하고 온몸으로 찬양을 표현할 수 있도록 유도하며, 이를 통해 하나님을 찬양하는 기쁨을 체험할 수 있게 한다.

성경 말씀과 신앙 고백: 유치부 예배의 중심은 성경 말씀이다. 성경 이야기는 그림 자료와 시청각 매체를 사용하여 어린이들이 이해하기 쉽고 흥미롭게 구성되며, 어린이들은 매주 새로운 말씀을 통해 하나님의 성품과 가르침을 배운다. 성경 말씀 후에는 간단한 신앙 고백이 이어지며, 어린이들은 기도와 고백을 통해 하나님께 자신의 신앙을 표현하는 법을 배운다. 이 신앙 고백은 어린이들이 하나님을 향한 믿음을 내면화하고, 신앙적 정체성을 형성하는 중요한 기초가 된다.

기도와 헌금: 유치부에서는 예배의 일환으로 헌금을 드리고 기도하는 시간을 가진다. 헌금은 어린이들에게 자발적으로 드릴 수 있도록 지도하며, 이 과정에서 감사와 헌신의 의미를 깨닫게 한다. 기도 시간에는 대표 기도자로 선정된 어린이가 기도하는 연습을 하여, 자신의 신앙을 하나님께 표현할 수 있는 기회를 가진다. 이를 통해 어린이들은 하나님께 자신을 드리고 기도하는 습관을 자연스럽게 배워나가며, 예배자로서 자립성을 키워나간다.

축복의 시간: 예배의 마지막에는 축복의 시간이 마련되어 있으며, 교역자와 교사가 어린이들을 위해 축복 기도를 드리며 예배를 마무리한다. 이 시간은 어린이들이 하나님으로부터 사랑과 축복을 받는 소중한 순간으로, 예배의 의미를 다시 한번 마음에 새기게 한다. 또한, 매달 개근상이나 특별 시상을 통해 어린이들이 신앙 생활에 대한 긍정적인 동기를 부여받고, 지속적으로 예배와 신앙을 실천할 수 있는 기회를 제공한다.

III. 실천적 제언: 영유아유치부 신앙교육의 방향성과 필요성

충신교회 영유아유치부 사역은 교회와 가정이 유기적으로 연합하여 어린이들이 하나님의 사랑을 전인적으로 체험하고, 신앙을 삶의 중심에 두며 성장할 수 있도록 돕는 데 중점을 둔다. 영아부에서 유아부, 그리고 유치부로 이어지는 단계별 신앙교육은 발달 단계에 맞추어 세밀하게 설계되어 있으며, 각 시기별 특성과 필요에 맞춘 교육 방식을 통해 어린이들이 신앙의 기초를 다지고, 예배자로서 정체성을 확립해 나가도록 지원한다. 이러한 사역의 방향성은 어린이들이 신앙을 단순히 배우는 것이 아닌, 신앙을 통해 하나님을 만나고, 하나님과 관계를 통해 일상에서 그리스도의 사랑을 실천하는 어린이로 성장하게 하는 데 그 의의가 있다.

1. 교회와 가정의 협력적 사역 강화

영유아유치부의 신앙교육에서 가장 중요한 요소는 교회와 가정이 함께 신앙교육의 동역자가 되어, 어린이들의 신앙 생활을 일관되게 이어가는 것이다. 충신교회 영유아유치부는 부모와 교사가 함께 어린이들을 양육하며, 어린이들이 신앙의 기초를 다질 수 있도록 지원하는 연합적 모델을 제시한다. 드림예배와 가정 연계 프로그램(말씀 알림장, 말씀 사랑 달력 등)은 가정과 교회가 하나가 되어 어린이들에게 신앙을 지속적으로 실천할 수 있는 환경을 마련해 준다. 이러한 연합적 신앙교육은 부모가 가정 내에서 신앙 교사로서 역할을 다하고, 어린이들이 가정과 교회에서 신앙을 일관되게 배워나갈 수 있도록 돕는 중요한 요소로 작용한다.

2. 단계적 신앙교육의 중요성

영아부, 유아부, 유치부로 이어지는 충신교회의 영유아유치부 사역은 각 연령대별 발달 특성에 맞춘 단계적 신앙교육의 중요성을 보여준다. 영아부는 어린이들이 교회와 예배를 긍정적으로 경험하며 하나님의 사랑을 몸으로 느끼는 것을 목표로 하고, 유아부는 독립적 예배자로서 첫걸음을 내딛으며, 유치부는 신앙의 습관을 형성하고 가정과 교회에서 신앙 생활을 통합하는 단계이다. 이러한 단계적 접근은 어린이들이 신앙을 이해하고 내면화하는 과정에서 중요한 역할을 하며, 점진적으로 신앙의 성숙을 이끌어낸다.

이 단계적 교육은 어린이들에게 신앙적 정체성을 형성하게 하고, 각 시기에 필요한 신앙의 기초를 마련하여 향후 신앙 생활에서 예배자, 기도자, 섬기는 자로 성장하는 밑거름이 된다. 각 단계에서 반복적이고 일관된 교육 방식은 어린이들이 신앙을 생활화하는 데 기여하며, 하나님의 사랑을 일상 속에서 경험하도록 돕는다.

3. 교사와 교역자의 헌신적 역할과 신앙적 모델링

영유아유치부 사역에서 교사와 교역자의 헌신적인 역할은 신앙교육의 질적 수준을 결정하는 핵심 요소이다. 교사들은 어린이들과 상호작용을 통해 신앙 본을 보이며, 하나님의 사랑을 전달하는 중재자 역할을 수행한다. 교역자는 매 예배와 교육 활동을 주도하며, 어린이들이 예배와 말씀 속에서 하나님을 만날 수 있는 환경을 제공한다. 교사와 교역자의 신앙적 모델링은 어린이들이 예배와 신앙 생활을 통해 신앙의 본질을 배우고, 교회 내에서 신앙 공동체의 의미를 체험하도록 돕는 중요한 요소로 작용한다.

충신교회는 교사와 교역자의 전문성 향상을 위해 지속적인 교육과 지원을 제공하여, 교사들이 신앙교육의 사명을 가지고 어린이들을 이끌어갈 수 있도록 격려한다. 이를 통해 어린이들은 교사를 통해 하나님께 나아가는 법을 배우고, 신앙 생활에서 중요한 가치를 습득하게 된다.

4. 신앙의 일상화와 자립적 신앙 형성

충신교회 영유아유치부의 최종 목표는 어린이들이 신앙을 일상 속에서 습관화하고, 자립적으로 하나님과 관계를 형성하는 것이다. 가정에서 연속적인 신앙 활동(말씀 알림장, 성경 암송, 찬양 교육 등)과 교회의 체계적 예배 교육은 어린이들이 하나님과 관계를 삶 속에서 실천하도록 이끌어 준다. 이를 통해 어린이들은 일상에서 하나님께 감사하고, 기도하고, 말씀을 묵상하는 습관을 갖추게 되며, 이러한 신앙의 일상화는 미래에 독립적인 신앙인이 되기 위한 기초가 된다.

5. 조부모와 연결된 사역

최근 충신교회는 교사, 부모와 함께 조부모가 협력하여, 삼겹줄의 신앙전수를 이뤄가고 있다. 여름성경학교와 부모초청 드림예배에도 조부모들이 적극적으로 참여할 뿐만 아니라 순서를 맡고 진행한다. 이는 조부모가 가진 신앙의 견고함과 유산을 다음세대에게 전하는 통로가 되고 있다. 무엇보다 시니어세대가 새로운 비전을 품으며, 손자녀들의 믿음과 신앙도 더 견고해지는 긍정적인 결과를 보였다. 앞으로 한국교회는 조부모와 협력하는 사역을 더 확장하는 방향성을 가져야 한다.

IV. 온 세대 사역을 위한 영유아유치부 교육목회 이렇게 하라!: "영유아유치부 사역은 돌봄의 차원이 아닙니다"

충신교회 영유아유치부 사역은 다음세대를 위한 필수적이고도 중요한 신앙교육의 장을 마련하고 있다. 영유아 시기의 신앙교육은 단순히 돌봄의 연장이 아닌, 하나님의 사랑을 깊이 경험하고 신앙을 삶 속에 뿌리내리게 하는 과정이다. 이러한 사역은 교회와 가정이 협력하여 어린이들이 하나님을 만나는 귀한 첫걸음을 내딛도록 도와주며, 신앙의 기초를 다지는 역할을 수행한다.

앞으로 영유아유치부 신앙교육은 지속적인 연구와 발전이 필요하다. 영유아기의 어린이들이 보다 쉽게 신앙을 이해하고 내면화할 수 있도록 교회와 가정에서 협력 방안을 강화하고, 교사와 교역자의 전문성을 높이며, 어린이들이 삶 속에서 신앙을 일관되게 실천할 수 있는 다양한 프로그램을 개발하는 것이 중요하다. 영유아유치부 신앙교육이 다음세대를 위한 든든한 기초가 되며, 어린이들이 신앙의 기쁨과 하나님과 친밀한 관계 속에서 자라나도록 교회와 가정이 함께 그 걸음을 걸어야 할 것이다.

노하우 공유 질문

1. 가정 중심의 신앙교육이 강조되고 있지만, 현실적으로 신앙 훈련의 대부분을 교회에 맡기는 가정이 많다. 이런 상황에서 교회와 가정의 역할은 어떻게 나뉘어야 할까? 유아기 신앙 교육은 정말 교회보다 가정이 중심이 되어야 할까?

2. 유아유치부 교육에서 말씀 암송, 공과 교육보다 더 중요한 것이 있을까? 지식 전달에서 그치지 않고 신앙 정서, 예배 습관, 공동체 감각을 형성시키는 것을 강조할 때 실제 목표와 방법, 실천은 어떻게 달라져야 하는가?

3. 어린이들이 즐겁게 참여하는 사역이 신학적으로도 충분히 의미 있는 사역이 될 수 있는가? 재미와 신앙 사이의 균형을 어떻게 잡을 수 있는가?

4. 교회는 유치부 교사를 위해 어떤 훈련을 제공해야 하는가?

5. 교회는 조부모 세대를 유아유치부 사역의 협력자로 세우기 위해 어떤 인식과 도움을 제공할 수 있는가?

온 세대

이야기

한국교회 일곱 교회의 사역 사례와 노하우

온 세대 **교육목회** 이야기

‘함께하는교회’ 이야기

초등부 사역

문화랑 교수

'함께하는교회' 이야기: 초등부 사역

문화랑 교수 고려신학대학원

I. 아직도 교회학교를 살릴 수 있는 방법이 있습니다.

2000년 신학대학원에 입학했을 때 모 교수님께서 한국교회가 쇠퇴할 것이며, 목회하기가 힘든 시절이 올 것이니 지금부터 정신을 바짝 차려야 한다고 말씀하셨던 기억이 난다. 당시 20대 중반의 젊고 자신감 넘치는 신학생이었던 나에게는 그 말이 전혀 귀에 들어오지도, 마음에 다가오지도 않았다. 아니, 이렇게 한국에 교회 숫자가 많고, 교회마다 사람들이 차고 넘치는데 너무 세상을 비관적으로 바라보는 것이 아닌가 싶었다. 심지어 내가 전도사로 일하던 교회는 장년이 2천 명 규모였고, 영아부부터 대학부와 청년부까지를 계수하면 천 명이 넘었다.

그런데 3년간의 군목 생활과 8년간의 미국 유학을 마치고 2014년도에 한국에 돌아와 교회 사역에 복귀하게 되었는데, 큰 문화적 충격과 정서적 충격을 경험하게 되었다. 부서마다 차고 넘쳤던 사람들이 이전의 3분의 1, 부서에 따라서는 4분의 1 정도만 남은 것이었다. 이 상황 속에서 유일하게 성장한 부서가 있었으니, 그것은 노인부였다.

한국에 정착한 지 10년이 지났고, 상황은 더욱 악화되고 있다. 매주 다양한 지역 교회들을 방문하고 설교와 강의 사역을 하고 있다. 꼭 통계를 활용하지 않아도 내 눈앞에 보이는 교회의 인구 분포는 심각한 수준이다. 일자리가 사라져가는 지방에는 교회 규모와 상관없이 청년들을 찾아보기가 힘들며, 농촌으로 가면 60대도 청년으로 간주될 만큼 고령화는 심각하다. 물론 아직도 중대형 교회에는 젊은 신자들도 많이 있고, 학생들 숫자도 상당하다. 그러나 그런 곳이라고 할지라도 교회 전체 규모 대비 어린이들의 비율은 심각한 수준이고, 이것은 10년 후 청년부의 몰락을, 20년 후 장년부서 몰락을 예견하는 것 같다.

미국에 있는 8년 동안 수많은 교회들을 탐방해 보았다. 교파와 상관없이 활력이 있는 교회의 특징을 몇 가지로 추려볼 수 있었다. 물론 첫 번째는 담임 목회자의 역량이다. 말씀의 은혜가 있는 곳에 성도들이 모여드는 것은 당연할 것이다. 두 번째는 교회학교 시스템이었다. 부모가 안심하고 자녀들을 보낼 수 있는 교회학교, 어린이들이 가고 싶어 하는 교회, 신앙교육이 잘 이뤄지는 교회에 30, 40대 부모들이 몰려드는 것을 목도했다. 필자가 살았던 시카고의 경우, 주변의 한인 교회들이 이 일을 감당할 역량이 부족하자, 프라미스랜드(Promise Land)라고 불리는 윌로우크릭 교회(Willow Creek Community Church) 교회학교에 젊은 부모들이 자녀들을 보내어 지역 한인 교회의 교회학교가 휑하게 되는 일들이 발생했다. 안 그래도 언어와 문화의 차이 때문에 한인 2세, 3세 청년들이 한인 교회들을 떠나는 일들이 비일비재한데 이젠 그나마 남아 있던 젊은 부모들의 자녀들마저 이전 세대와의 교류를 경험하지 못하는 일이 일어나고 있는 것이다.

자. 다시 눈을 한국으로 돌려보자. 아무리 한국교회가 위기라고 하지만, 아직까지 교회 건물이 있고, 고령화되긴 했지만 성도들도 있고, 교사와 재정도 있다. 그런데 10년 후면 상황이 어떻게 바뀔 줄 모른다. 지금 이 순간이 우리가 무언가 할 수 있는 마지막 골든타임이다.

그러면 이렇게 질문할 수 있을 것이다. "방법이 있는가? 교회학교를 다시 살릴 수 있는 뾰족한 대안이 있는가?"라고 말이다. 중형 이상의 교회는 인적, 물적 자원이 있어서 무언가를 해볼 수 있다고 하지만, 우리 교회같이 작은 교회는 무엇을 할 수 있을까? 어떤 방법을 취해야 할까? 분명 이런 질문이 터져 나올 것이다.

교회마다 상황이 다르고, 가용 자원이 다르며, 전통과 신학적 접근 방법이 다르다. 그러므로 모든 교회에 통하는 만능열쇠란 존재하지 않는다. 그럼에도 불구하고 나는 '함께하는교회'의 지난 20년의 행적을 살펴보며 희망을 얻게 되었다. 단순히 교육 프로그램, 교재의 우수성, 세상에 필적할 만한 문화적 접근이 아니라, 목회자의 교육적 열망과 관심, 그 목회자의 비전을 공유하는 성도들의 체제 전환, 그 체제로 전 교회가 참여와 관심을 보이는 것, 그리고 단시간에 효과가 나타나지 않더라도 장기적인 안목을 가지고 인내하는 힘, 이것이 있으면 작은 교회라 할지라도, 아니 모든 교회가 승부를 걸어볼 만하다는 것을 느꼈다.

본 장에서는 최근 역동적으로 교회학교 사역을 수행하고 있는 '함께하는교회'를 직접 방문하여 사례를 조사하고, 핵심 담당자들과 대화하며 확인할 수 있었던 교회학교 사역의 핵심적 특성을 도출하여 소개하고자 한다. 그동안 어떤 방법론을 취해야 교회학교를 살릴 수 있을까에 초점을 맞추었다면, 관점과 사역 시스템의 변화가 이 시대 교회학교의 대안이 될 수 있음을 보일 것이다. 먼저 이 패러다임의 변화를 위해 사례 교회가 어떤 일들을 해오고 있는지를 살펴보도록 하자.

II. 사례교회: '함께하는교회'는 어떤 교회인가요?

황동한 목사는 고신대 신학과에 입학하면서 복음에 대한 열정과, 10대 선교에 대한 원대한 비전을 가지게 되었다. 그래서 20살 때부터 '십대의벗'이라는 단체를 설립하고 10대 청소년 사역에 헌신적으로 뛰어들게 되었다. 그는 고려신학대학원에 진학하여 신학 수련을 계속하면서도 여러 교회의 청년 부서를 맡으며 사역의 기쁨과 부흥을 경험하며 서서히 다음세대 양육에 열정을 불태우는 사역자로 이름을 알리며 성장해 나갔다.

그는 보다 본격적으로 이 사역을 감당하기 위해서는 개척을 해야겠다는 결심을 하고, 2005년 12월 부산 동래구 명장동 2층 상가에서 '함께하는교회'를 설립하였다(https://togetherch.org). 당시 시작은 황 목사 부부와 3명의 청년, 그리고 2명의 간사가 개척 멤버로 참여하였다. 이후 지속적으로 성장하면서 2007년 안락동으로 교회를 옮겼고, 이곳에서도 하나님의 은혜로 성장을 경험하며 2017년 12월 구서동 현 위치에 교회를 건축하고 입당하게 되었다. 2024년 9월 기준으로, 청장년 670명, 영유아유치부 70명, 초등부 120명, 청소년 60명이 출석하고 있다.

이 교회의 역사를 보면서 주목할 점은 과거에는 청년 중심의 개척교회였지만, 현재는 3040중심의 젊은 교회로 변모했다는 것이다. 과거와 현재 사이에 어떤 스토리가 있었을까? (지면의 한계상 많은 이야기를 하지 못한다. 자세한 이야기는 2019년 출간된 황동한 목사의 저서, "함께하는교회 이야기"를 참조하라). 핵심만 말하자면, 청년 중심으로 교회를 개척하고, 그들을 양육하고, 성장하게 했더니, 그 친구들이 교회에 정착하고, 그들이 출산하니 영아유치부가 성장했고, 그 어린이들이 자라서 초등부가 성장하고, 연쇄적으로 중고대청까지 지속적인 성장을 경험한 것이다. 우리는 이 부분에 주목할 필요가 있다.

함께하는교회 초등부의 성장은 그 부서만의 힘이 아니라, 교회 전체의 시스

[그림 I -9] 함께하는교회 전경

템 속에서 성장이다. 이것은 우리에게 신선한 자극과 도전을 준다. 어린 시절을 한번 회상해 보라. 우리가 초등학생 때, 부모의 식사 모임 같은 데 따라가 본 적이 있지 않은가? 거기서 부모의 지인들 자녀들과 교제하며 함께 놀 때, 얼마나 즐거웠는가? 부모들이 식사하고 이야기하고 계시는 동안, 어린이들은 자신들만의 놀이 공간에서 함께 뛰어 놀거나 게임을 하고, 집에 가기 싫을 만큼 얼마나 즐거운 시간들을 보냈었는가! 누구나 이런 경험들이 소중한 추억으로 남아 있을 것이다.

함께하는교회의 분위기가 이와 비슷하다. 일단 대그룹 모임인 공예배를 통해 성도들은 감동과 치유, 은혜를 경험한다. 이것은 소그룹 모임을 통해 균형을 맞추게 되는데, 함께하는교회는 셀 교회를 지향한다. 이 셀은 6개월에 한번씩 재편된다. 그리고 셀이 편성되고 첫 한 달 내에는 꼭 엠티를 다녀와야 한다. 가능한 셀 가족 전원이 하룻밤을 같이 보내는 것을 원칙으로 한다. 부모들은 셀 시스템 속에서 보다 동적이고 적극적인 소그룹 활동을 경험한다. 뿐만 아니라 교회 안에서 제공되는 다양한 양육 프로그램을 이수하기 위해 주중에도 교회에 온다.

이 교회의 멤버가 되기 위해서는 반드시 큐티 학교 과정을 이수해야 하는데 한 주간 신앙의 기본기를 닦는 과정이다. 이후 양육반과 제자반, 사역자 반 과정을 거치는데, 이 과정 속에서 필수 심화 과정인 자아상세미나, 코칭반, 로마서반, 에베소서반, 열린셀장학교, 대화법학교, 다준학교에 참여한다. 그 외에도 다양한 선택 과정이 제공되는데 결혼예비학교, 부부행복학교, 영유아 부모교실, 사춘기 부모교실, 습관훈련학교, 십대의 벗 훈련, 재혼 학교 등의 프로그램들이 준비되어 있다.

그런데 부모들이 주중 저녁 교회를 방문할 때 자녀들도 부모들과 함께 교회에 와서 예배, 놀이, 공동체 훈련, 교제 등을 경험한다. 이를 위한 프로그램과 담당사역자, 그리고 교사들이 준비되어 있음은 물론이다. 부모들이 교회생활에 흥미를 가지고 만족해 하는 것은 당연히 자녀들의 교회생활에도 연결된다. 부모들이 집에서 교회에 대한 부정적인 이야기보다는 긍정적이고 진취적인 이야기를 하니, 당연히 자녀들 마음속에 교회는 좋은 곳이며, 교회에 참여하는 것은 즐거운 일이라는 것이 각인된다.

그러면 함께하는교회의 교회학교를 더 자세히 살펴보자. 아무리 전체 시스템이 부서 사역에 긍정적인 영향을 미친다 할지라도, 부서 자체의 응집력과 매력을 가지지 못한다면, 자녀들이 교회에 붙어있지 못할 것이다. 도대체 무슨 일들이 초등부 내에 일어나고 있을까?

III. 함께하는교회의 교회학교 사역 핵심 가치 3가지

함께하는교회 교회학교 사역이 핵심적 요소들을 파악하기 위해 "교회 현지 조사", "담임목사 및 담당교역자와 심층인터뷰", 함께하는교회 관련 책자

[그림 I-10] 함께하는교회 다음세대 공동체

및 자료 분석 등을 수행하였으며, 이를 바탕으로 몇 가지 함께하는교회 교회학교의 사역 특징들을 도출해 보았다.

1. 공동체를 통해 삶과 신앙을 배운다

"다음세대를 준비하는 젊은 교회"라는 캐치프레이즈를 내세우는 함께하는교회의 3대 핵심 가치 중 하나는 교회 공동체를 통해 다음세대 가정의 본질을 회복하는 것이다. 지금은 개인의 의사와 자유를 존중한다는 미명하에 개인주의를 당연한 것으로 여기는 시대이다. 하지만 성경을 읽으면 읽을수록, 신앙 생활은 공동체를 중심으로 형성되고, 성장하는 것이라는 가치관을 발견하게 된다. 이런 기독교 가치관에 입각하여 함께하는교회의 초등부는 공동체성을 함양하는 것을 주요한 교육 목표로 지향한다.

대표적인 예를 들자면, 수요일, 금요일 자신들만의 모임 시간에 간식을 제공받아 맛있게 먹은 후에는, 연령에 상관없이 모든 어린이들이 물티슈를 들고 전체 자리를 정리한다. 주일 식사시간에는 내가 다 먹었다고 먼저 일어나지 않는다. 한 셀이 다 같이 일어난다.

방학 때 열리는 교회학교 캠프에는 고학년 학생 조장의 인솔 하에 함께 행동한다. 한번은 이런 일이 있었다. 초등학교 1학년 학생이 이불에 실수를 했다. 그리고 그 사실을 안 고학년 조장, 부조장이 이불을 조용히 빨았다. 부끄러워

할 동생을 배려한 행동이었다. 이렇게 공동체 생활을 통해서 삶을 배워갈 수 있도록 지도 교역자와 교회학교의 교사들은 전체 시스템과 교육 과정, 부서 분위기를 만들어 간다. 단순히 지식적인 학습으로만 채워진 교회학교 시간이 아니라, 사람답게 사는 것이 무엇인지, 공동체에서 한몸 됨을 경험한다는 것이 무엇인지 몸으로 익힐 수 있도록 가르친다. 교회 안에서 이런 공동체 활동은 선순환을 일으키는데, 공동체에서 고학년이 드리는 예배를 통해서 저학년이 예배를 배워나가며, 고학년들이 보여주는 모범은 저학년들에게 일종의 암묵적 지식을 형성하며, 하나님 사랑을 이웃 사랑으로 연결시키는 방법을 배우게 한다. 이렇게 공동체 생활을 통해서 함께하는교회 교회학교 학생들은 삶과 신앙을 배워나간다.

2. 매일 교회에 가고 싶은 문화를 만든다

위에서 잠깐 언급했지만, 교회학교 학생들은 수요일과 금요일에 부모들이 훈련을 받거나 기도회를 드릴 때, 성경 암송 및 다양한 교육을 받고, 다양한 놀이 활동을 하기도 한다. 초등부 학생들은 수요일과 금요일 하캄과 바이블 스쿨에 참여한다. 하캄은 어린이들이 매주 다른 주제로 경험하는 활동(예를 들어 요리, 글쓰기, 컴퓨터 조립, 비누 만들기 등의 커리큘럼)이고, 바이블 스쿨은 성경을 배운 후 그날 배운 성경으로 그리기, 만들기 등의 작업을 하는 활동이다.

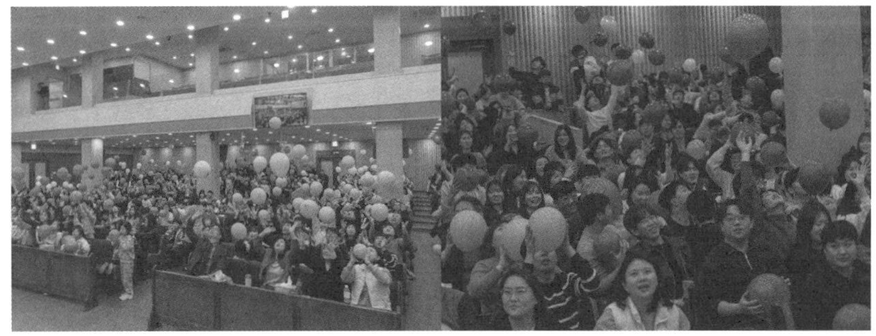

[그림 I-11] 전세대통합예배

[그림 1-12] 놀이공간과 다준쉐마스쿨

그런데 이런 활동은 대부분 공동체로 이루어진다.

방학이 되면, 초등부 어린이들은 다준스쿨에 입학할 수 있다. 20일 동안 교회에서 함께 지내며 공동체 생활을 경험한다. 하루 종일 짜여진 프로그램 속에서 어린이들은 아침과 저녁으로 말씀을 나누고 강의를 듣기도 하고, 서로 뒹굴고 교제하는 가운데 공동체 속의 기쁨을 누린다.

뿐만 아니라 주중에는 초등다준쉐마스쿨이 진행된다. 방과 후 학생들이 교회로 모여 자기주도학습을 한 후, 함께 예배를 드리고, 텃밭 가꾸기, 독서 등을 하고 집으로 돌아가는 프로그램이다. 주 5일 평일에 진행되며, 학습적인 면보다 영성, 인성 등의 기초를 잡고 체력을 길러주는 프로그램이다. 그런데 여기에 입학하기 위해서는 반드시 어린이들의 부모가 직접 교회에 와야 한다. 불신 가정의 부모도 예외가 없다. 부모들도 교회에서 정기적으로 부모 교육을 받고 어린이들의 영적 상황을 함께 의논하고, 학생들이 공부하는 과정에도 참여한다.

또한 교회는 다음세대 어린이들이 교회에 가고 싶게끔 투자를 아끼지 않는다. 지하에는 구에서 운영하는 작은도서관으로 인증된 어린이 도서관이 있다. 1층에는 풋살장과 트램펄린이 설치되어 있다. 2024년에는 오락실을 만들었다. 이 오락실은 비디오 게임, 노래방도 설치되어 있지만, 그것보다는 몸을 부대끼며 할 수 있는 펌프, 펀치기계, 농구 게임 같은 것들이 주를 이룬다. 한번에 모든 것을 할 수는 없지만 교회가 어린이들이 마음껏 뛰어놀 수 있는 공간이 될 수 있도록 매년마다 투자하고 있다. 실제로 수, 금, 주일만 되면 풋살장과 트램펄린 앞에서 집에 가자는 부모와 조금 더 놀겠다는 자녀가 대치하고 있는 장면을 심심치 않게 목격한다.

3. 다양한 경험을 통해 다음세대의 삶을 스토리텔링하라

현대 어린이들의 삶은 너무 단조롭다. 학교, 학원, 집의 패턴이 반복된다. 특별히 현재 어린이들은 "에잇 포켓, 골드 키즈" 라고 불릴 정도로 온 가족이 한 자녀를 서포트하는 분위기 속에서, 물질적으로는 풍요로움 속에 살고 있다. 그런 어린이들에게 함께하는교회는 다양한 경험을 시켜줌으로 자신의 삶을 스토리텔링 할 수 있도록 돕는다.

황동한 목사는 풍요로움 속에서 성장하는 것이 정서적인 안정을 제공할 수도 있지만, 나태함으로 연결될 수도 있고, 진정한 성장과 발달로 이어지기 위해서는 때로는 결핍을 경험하고, 그것을 극복하는 경험이 필요하다고 생각한다.

이런 교육 철학에 근거해서, 함께하는교회 초등부는 다양한 프로그램을 통해서 어린이들이 감당할 수 있는 수준의 결핍과 고생을 여러 프로그램 속에서 경험하게 한다. 그리고 공동체와 함께 그것을 극복할 수 있도록 돕는다. 그로 인해 자신만의 스토리텔링이 일어날 수 있도록 돕는다.

한 예로, 코로나 펜데믹 이전에는 초등부 학생들이 지리산 천왕봉, 한라산 백록담을 등반했다. 고학년은 냄비, 라면, 물 등등 물건을 하나씩 들고, 저학년은 맨몸으로 등반했다. 앞서 설명했듯이 공동체에 대한 훈련을 통해 서로에 대한 믿음이 있었기에, 단 한 명의 낙오 없이 등반할 수 있었다. 이 경험을 통해 '고난이 찾아올 때 이겨낼 힘을 얻는다'는 자명한 진리를 어린이들의 몸과 마음에 새길 수 있었다.

이 외에도 매년 '팅페스티벌'이라는 초등부 전도 축제가 있다. 이 전도 축제

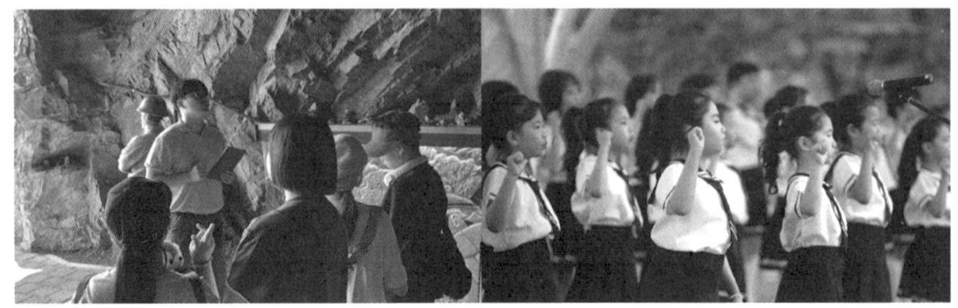

[그림 I-13] 체험학습과 팅페스티벌

를 위해서 초등학생들이 헌금을 하고 공연을 준비한다. 체험 부스를 기획하고 함께 준비한다. 교사들의 힘으로 할 수 있는 영역까지 어린이들과 분배해서 함께 진행한다. 올해에도 교회 근처에 위치한 스포원파크에서 팅페스티벌을 했는데, 당일날 집계된 인원만 2,000명이 왔다고 한다. 어린이들은 자신이 기획하고, 돈을 내고, 준비한 행사에 수많은 사람들이 다녀가는 것을 보며 자부심을 느꼈다.

일반적으로 교회는 어른들이 할 수 있는 일과 초등학생이 할 수 있는 일을 쉽게 단정지어 나눠 버린다. 그리고 어린이들이 다양한 경험을 통해 할 수 있는 것들을 제한시킨다. 하지만 함께하는교회의 교사들은 '어린이들은 어른들이 제한하는 그 일을 통해서 성장한다'고 믿는다. 때로는 어린이들이 실패할 수도 있지만, 그 실패를 통해서 배울 수 있다고 생각한다. 성공과 실패는 어른들이 판단하는 기준일 뿐이라고 생각한다. 그들은 성공과 실패에 큰 의미를 두지 않는다. 실패했다고 낙인을 찍어버리는 어른들의 사고가 문제라고 생각하며, 성공하였다고 자만하지 않고, 실패했다고 실망하지 않도록 재해석해주는 것이 어른들의 역할이라고 생각한다. 어린이들은 이러한 다양한 경험을 통해서 삶을 배워나간다.

다만 다양한 경험을 하는 것에 있어서 한 가지 원칙을 강조한다. 그것은 바로 '안전'이다. 아무리 좋은 프로그램도 안전사고가 일어나면 모든 것이 물거품이 된다. 그래서 함께하는교회는 어린이들의 안전이 보장되는 선 안에서 다양한 경험을 할 수 있도록 돕는다.

IV. 온 세대 사역을 위한 초등부 교육목회 이렇게 하라!: "큰 목회의 그림 속에서 초등부를 바라보라"

함께하는교회의 사례는 쇠퇴해가는 한국교회의 암울한 상황 가운데 힘겨운 싸움을 하고 있는 개체교회 교회학교에 한 줄기 희망의 메시지를 던져준다. 규모가 있는 교회들이 물량과 인적 자원을 집중 투입해도 성장을 보장할 수 없는 열악한 상황이지만, 담임목회자가 다음세대를 향한 뜨거운 열망을 가지고, 성도들을 감동시킬 만한 비전을 제시한 후, 현상유지에 급급해하는 교회의 체질을 보다 진취적으로 바꿀 수 있다면 우리 교회의 수준에 맞는 성장을 경험할 수 있다는 확신을 안겨주는 것 같다. 무엇보다 교회학교 성장 문제의 원인과 해결책을 교회학교 내에서만 찾는 것이 아니라, 시야를 넓혀 교회 전체의 시스템을 고려하면서 교회학교를 바라보면, 그 교회에 맞는 솔루션이 도출될 수 있다는 지혜를 얻을 수 있었다. 함께하는교회의 사례를 통해 얻은 사역의 지혜를 다음의 두 가지로 정리해 보고자 한다.

1. 30, 40대 사역을 활성화시키면서, 교회학교와 시너지 효과를 꿈꾸라

20년 전만 해도 교회마다 교회학교의 역량과 교육 수준차가 상당히 컸다. 그래서 작은 교회 교회학교를 섬기는 교역자가 대형 교회 교회학교를 탐방하면, 일단 그 규모에 주눅이 들고, 어린이 예배의 찬양과 율동의 수준의 격차를 느끼기도 하였다. 또한 특별한 프로그램을 시행할 수 있는 역량과 비교적 수준 있는 공과 교재를 보면서 한없이 부러워하기도 하였다. 그러나 2024년 현재, 교회학교마다 공과 교재의 큰 차이가 있을까? 어린이 예배나 2부 순서, 특별 프로그램에 대한 정보의 차이가 클까? 교회 규모의 차이로 전문적인 음악가를 고용할 수는 없겠지만, 첨단 멀티미디어의 발달로 다양한 예배 스타일과 음악 형식들을 활용할 수 있지 않은가?

최근 30, 40대 사역과 교회학교 사역의 밀접한 연관성에 대한 인식이 재고되고 있다. 특히 코로나 팬데믹 이후 이 주제에 대한 관심이 높아지고 있다. 교회학교가 잘 되어 있는 곳에 젊은 부모들이 모이고, 젊은 부모들이 찾는 교회들의 교회학교가 자연스럽게 성장한다는 이 단순하고도 자명한 진리를 이제야 깨닫게 된 것이다.

그런데 대형 교회들은 쇼핑몰 못지않은 쾌적한 환경과 시설을 제공하여, 어린이들을 마음껏 맡길 수 있다. 부모들은 자유함을 느끼기도 하고, 어린이들이 받는 교육 수준에 만족할 수 있다. 하지만 작은 교회들은 상대적으로 열악한 환경 속에서, 과연 무엇을 할 수 있을까 생각할 수도 있다.

그러나 개척으로 시작했던 황동한 목사가 밟았던 과정을 한번 생각해보자. 그는 셀 사역을 통해 소그룹을 활성화시켰다. 교회의 회원이 되기 위해서는 큐티학교를 의무적으로 이수하게 했다. 셀 리더들의 교육을 철저히 할 뿐 아니라, 정기적으로 셀을 섞거나 분가시켜서 사람들의 마음이 정체되지 않게 했다. 이처럼 끊임없이 움직이는 노마드 정신을 주입했던 것을 주목할 필요가 있다. 무언가 끊임없이 움직이고 노력하는 힘, 개척으로 시작한 함께하는교회가 해 내었고, 물론 작은 교회도 할 수 있는 부분이다.

2. 장기적 안목을 가지고 끊임없이 투자하고 포기하지 않으면, 반드시 성장 기회는 온다.

주일에 함께하는교회 초등부를 탐방하면 여느 교회의 교회학교와 크게 다를 바가 없다는 것을 발견할 것이다. 그러면 도대체 비법은 무엇인가? 지금 함께하는교회 초등부 학부모들의 연령대는 30-40대다. 그런데 흥미롭게도 이들 중 대다수는 황동한 담임목사가 중고등부 사역, 대학청년 사역을 통해 양육한 제자들이다. 이들이 교회 안에서 가정을 이루거나, 혹 결혼한 후에도 교회에 남아서 자녀들을 출산하였고, 이 자녀들이 모여 지금의 초등부가 된 것이다.

중고대청 사역은 보람차고 신나는 사역이지만, 때로는 밑 빠진 독에 물 붙는 것 같은 사역이 될 가능성이 있기도 하다. 왜냐하면 대학 공부와 취업을 통해 잘 키워 놓은 청년들이 타지로 이사를 가거나 교회를 옮기는 경우도 비일비재하기 때문이다. 그러나 황동한 목사는 아랑곳하지 않고 본인의 목회철학대로 포기하지 않고 끊임없이 젊은세대 사역에 시간과 정성, 그리고 물질을 투자했다. 그의 열정은 성도들과 교회의 핵심 리더들의 공감대를 형성했고, 60세를 바라보는 나이에도 여전히 젊은 교회를 이끄는 선봉장 역할을 하고 있다.

십수 년의 기간 동안 왜 어려움이 없었겠는가? 교회 재정이나, 교회 성장에 즉각적인 영향을 미치지 않는 청년 사역을 끊임없이 이어갈 수 있었던 것은 바로 꺾이지 않는 지도자의 마음이 아니었을까? 최선을 다하고, 포기하지 않으면, 분명 기회는 찾아온다.

노하우 공유 질문

1. 초등부 어린이들이 '교회가 좋다'라고 느끼게 하기 위해 교회에서 실천할 수 있는 것은 무엇인가?

2. 초등부 예배에서 어린이들이 말씀과 복음의 중심을 잃지 않으면서도 집중하게 할 수 있는 재미있는 방법은 무엇이 있을까?

3. 교회에서 배우는 신앙이 가정에서 실제로 연결되도록 하기 위한 효과적인 전략은 무엇인가? 가정이 신앙에 무관심하거나 분주할 경우, 교회는 어떤 방식으로 신앙의 연속성을 도울 수 있을까?

4. 교사를 목회적 동역자로 세우기 위한 교육과 훈련은 어떤 방향으로 이루어져야 할까?

5. 다음세대 부서를 교회 전체가 함께 책임지는 문화는 어떻게 형성될 수 있는가? 오늘날 교회에서 전(全)교회적 책임감은 어떻게 회복될 수 있는가?

[illegible]

이야기

한국교회 일곱 교회의 사역 사례와 노하우

온 세대 **교육목회** 이야기

‘오륜교회’ 이야기

중고등부 사역

주경훈 목사

'오륜교회' 이야기: 중고등부 사역

주경훈 목사 오륜교회 담임

I. 우리의 현실

1. 청소년 세대의 사회·학교 현실

저자의 학창시절을 떠올려 본다. 초·중·고등학교 총 12년의 시간이 참 아름다운 추억이었다. 학교에서 만난 선생님들과 친구들 그리고 그곳에서 꿈꿨던 나의 미래는 어느 것 하나 소중하지 않은 게 없다. 이 모든 12년의 추억은 하나의 공간 안에서 이뤄졌다. 바로,교실이다.교실에는 나무 책걸상, 풍금, 석탄 난로, 그리고 정면에 분필 칠판이 있고 그 위의 정중앙에는 태극기 그리고 양 옆으로 교훈과 급훈이 있었다. 이것이교실의 정형화된 모습이었다.

대한민국의교실은 학교 표준설계도에 의해 규격화되었다.[5] 교실 모양은 가로 7.5m 세로 9m의 직사각형이다. 심지어 천장 높이와 창문 크기까지 동일하다. 이러한 설계 원칙은 지역과 학년제에 구분 없이 동일했다. 그리고 똑같은 모양의교실 50개를 붙이면 하나의 학교가 완성되었다. 이렇게 학교의교실을 규격화한 이유는 1960년대부터 80년대까지 급격한 학교 설립을 위한 가장 효율적

5 EBS 뉴스, [공간혁명기획] 찍어낸 듯 획일화된 학교‥배경엔 '학교 표준설계도', 2019.05.07.

인 방법이었기 때문이다. 건물을 올리기 쉽고, 학생들을 관리하기 쉽고, 강의식 교육을 하기에 용이한 방법이다. 1962년 도입된 표준설계도 제도는 30년이 지난 1992년 공식적으로 폐지되었다. 하지만 여전히 학교 설계는 표준설계도의 영향에서 자유롭지 못하다는 것이 전문가들의 지적이다. 지난 60여 년간 교육과정은 수없이 변했지만, 정작 규격화된교실에 기반을 둔 교육 방식은 크게 변하지 않았다.

10년이면 강산이 바뀐다고 했던가? 그 사이 시대는 바뀌고, 세대는 변화하였다. 2020년 코로나 바이러스는 시대와 세대의 흐름에 큰 변수가 되었다. 코로나 발생 후 3년 남짓한 시간 동안, 인류의 생활방식과 환경 모든 것이 다 바뀌었다. 특별히, 사회적 변화에 가장 민감한 청소년 세대의 변화는 두드러진다.

미국 하버드 의대 정신과 교수인 데프니 홀트(Daphne Holt) 박사는 코로나 바이러스와 관련된 한 가지 흥미로운 실험을 하였다.[6] 그 실험은 바로, 정지거리 절차(Stop Distance Procedure) 실험이다. 정지거리 절차 실험은 매우 간단하다. 실험자와 피실험자가 일정 간격으로 위치한다. 그리고 실험자는 피실험자와의 거리를 일정 간격으로 줄인다. 피실험자가 다가오는 실험자와 거리에 부담을 느끼는 순간, "멈추세요!"(Stop!) 라고 외친다. 이때, 피실험자를 기준으로 실험자와 거리가 바로, 정지거리, 정지거리(Stop Distance)이다. 그리고 피실험자가 중심이 되어 정지거리를 반경으로 형성된 원형 모양의 공간이 개인이 타인과 거리에서 심리적인 안정감을 느끼는 안전지대(Comfort Zone), 개인 공간이 된다. 이 개인 공간에는 오직 자기 자신만 존재한다. 바이러스가 전파될 수 있는 자신 이외의 모든 타인은 제거된다. 대프니 홀트 박사는 피실험자의 60%가 코로나 이전보다 코로나 이후에 정지거리, 타인이 존재하지 않는 자기 자신만 존재하는 개인 공간의 너비가 50% 이상 증가한 것을 발견하였다.

우리는 여기서 한 가지 중요한 질문을 마주한다. 코로나 이전에 존재하던

6 Scientific American article [covid expanded the boundaries of personal space maybe for good], 2021.10.27.

내 주변의 사람들이 사라진 위드 코로나 시대의 개인 공간의 빈자리는 과연 무엇으로 대체되었는가? 많은 전문가들은 사람이 사라진 빈 자리를 PC와 스마트폰이 빠르게 대체했다고 지적한다.

독일의 함부르크 대학병원은 2019년 9월부터 2021년 5월까지 약 2년간 독일 전국의 1,200개의 가구를 대상으로 총 4회에 걸쳐 10~17세 어린이들의 미디어 사용 현황과 변화를 조사하였다.[7] 조사 결과, 코로나 이후 1년 사이에 게임 중독은 52%, SNS 중독은 44% 증가한 것으로 발표하였다. 가파른 상승세라 할 수 있다. 코로나 시대에 타인이 사라진 개인 공간의 빈자리가 미디어로 빠르게 채워진 것이다.

이것은 안따깝게도 독일만의 이야기가 아니다. 여성가족부의 2024 청소년 통계에 따르면, 청소년의 약 40%가 스마트폰에 과존하는 현상을 보이고 있다. 청소년들이 스마트폰에 점점 더 의존하게 되는 반면, 그들이 어려움을 느낄 때 도움을 줄 수 있는 사람의 수는 오히려 줄어들고 있는 상황이다. 2011년부터 이어진 통계에 따르면 청소년들이 도움을 요청할 수 있는 대상이 줄어들면서, 이들은 오프라인에서 만남 대신 스마트폰을 통해 온라인 공간에서 대부분의 시간을 보내고 있는 것으로 나타난다.

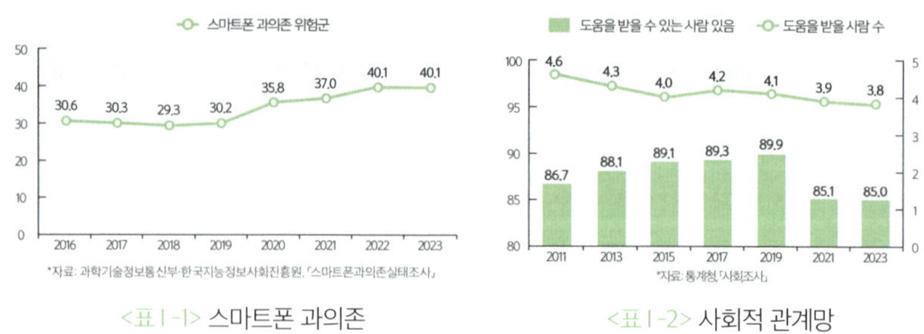

<표 I-1> 스마트폰 과의존

<표 I-2> 사회적 관계망

급변하는 시대와 세대 앞에서 교육의 변화는 피할 수 없다. 이는 단순한 공간의 변화를 넘어 교육의 대전환을 요구한다. 세계적인 미래학자 고 앨빈 토

7 EBS 뉴스, 독일, 코로나 위기 동안 어린이들의 컴퓨터 게임 · 소셜미디어 중독이 크게 증가, 2021.11.19.

플러(Alvin Toffler)가 했던 조언이 떠오른다. "현재 한국 사회는 과거 산업 시대의 오랜 유산인 오래된 제 도를 고수하는 대신 교육 시스템과 커리큘럼의 변화를 모색해야 합니다."(What Korea needs most right now is the need for diversification in educational systems and curricula instead of sticking to the old system, which is long a legacy of the past industrial age.)" 이제 획일화되고 규격화된 교육에서 벗어나야 한다. 교육의 대상인 청소년들의 입장에서 시대와 세대의 변화를 반영한 교육의 대전환이 필요하다.

2. 부서에 따른 한국교회 교회학교 현실

2023년 여성가족부가 발표한 청소년 통계에 따르면, 청소년 인구는 총 인구의 15.3%인 791만 3,000명으로, 지난해(814만 7,000명, 15.8%) 대비 0.5% 감소했다. 2060년에는 총인구의 10.7%인 454만 5,000명으로 감소할 것으로 전망하고 있다.[8] 더 큰 문제는 다음세대 교육을 담당하고 있는 교회학교다. 예장통합총회 교세통계자료에 따르면, 교회학교 학생(예장 통합)은 2013년 34만 명에서, 2022년 21만 명으로 10년 새 37%가 줄어들었다. 교회학교 학생의 감소 속도는, 일반 학생보다 2배 더 빠른 것으로 나타났다.[9]

목회데이터연구소의 보고서에 따르면, 많은 한국교회 목회자들이 '다음세대 교육'에 대한 깊은 고민을 갖고 있다. 문제는 목회자들이 교회의 가장 큰 어려움으로 3년 연속 '다음세대 교육 문제'를 꼽았다는 점이다.[10] 이는 다음세대의 중요성을 인식하고 있으나 이에 대한 명확한 해답을 찾지 못하고 있음을 보여준다.

그렇다면 청소년들이 활발히 활동하는 교회는 어떤 특징을 가질까? 코로나 이후 진행된 조사에서 주목할 만한 결과가 발견되었다. 소그룹이 중요하다.

8 여성가족부, 2023 청소년 통계.
9 교회학교인구: 예장통합교단 교세통계자료.
10 목회데이터연구소, 기독교 통계(228호) - 한국교회 추적조사 2024, 2024.02.20. http://www.mhdata.or.kr/bbs/board.php?bo_table=gugnae&wr_id=57.

목회데이터연구소의 조사에 따르면, 코로나 이전보다 더 성장한 교회는 대부분 '교회 규모'가 크고, '소그룹 운영'이 잘 이뤄지는 교회일수록 성장한 것으로 나타났다. 이러한 경향은 성인 예배뿐만 아니라 교회학교에서도 동일하게 나타나, 많은 청소년들이 함께 예배를 드린 후 소그룹 모임을 통해 더욱 친밀한 교제를 나누는 교회가 성장에 도움을 받고 있다는 것을 보여준다.

		성인 예배	교회학교
전체		15	12
교인 수	30명 미만	7	6
	30~99명	13	9
	100~499명	23	20
	500명 이상	26	24
소그룹 운영 수준	잘 되고 있다	22	19
	잘 되지 않는다	9	6
현 교회 시무 기간	5년 이하	21	20
	6~10년	16	10
	11~15년 이하	10	9
	16년 이상	9	6

*출처: 목회데이터연구소, '한국교회 과제 발견을 위한 조사', 2024.01. (전국 담임목사 526명, 2024.01.05.~01/15.)

<표 I-3> 교회 특성별 코로나 19 이전 대비 현장 예배 출석률 100% 초과한 교회 비율(담임목사, %)

청소년들에게는 또래 문화가 큰 영향을 미친다. 그래서 소그룹 모임을 통해 청소년들은 말씀을 함께 나누고, 그 말씀을 실천할 동역자를 찾아가고 있다. 실제로 이러한 소그룹 모임은 교회 내에만 머무르지 않고 학교 안으로 확장되고 있다. 목회데이터연구소의 자료에 따르면, 기독 동아리 활동을 하는 고등학생 중 45%가 자발적으로 참여했다고 답했을 정도로, 청소년들에게 소그룹을 통한 신앙 나눔과 교제의 장이 중요하다는 것을 알 수 있다.[11] 이처럼 청소년들이 서로 신앙을 공유하고 성장할 수 있는 소그룹 모임이야말로 다음세대를 위한 교회의 중요한 역할임을 확인할 수 있다.

온라인 공간에 치우친 청소년을 교회 안의 소그룹으로 옮겨야 한다. 이것은

11 목회데이터연구소, 기독교 통계(165호) - 고교 기독동아리 실태, 2022.10.25. http://www.mhdata.or.kr/bbs/board.php?bo_table=gugnae&wr_id=57.

단순히 구호로 가능하지 않다. 먼저 청소년을 이해하고, 그들의 입장에서 효과적인 방법을 제시하여 발 빠르게 대처하지 않는다면, 청소년들은 점점 더 교회와 멀어질 수 있다. 청소년들이 삶의 거점공간인 온라인에서 신앙교육의 거점공간인 가정과 교회로 옮기도록 우리의 온 힘을 기울여야겠다.

II. 오륜교회 청소년팀의 스토리

1. 오륜교회 청소년팀의 기초적인 정보

오륜교회 청소년팀은 중학교 1학년부터 고등학교 3학년까지 청소년을 대상으로 하는 부서이다. 중등 1학년과 2, 3학년 부서는 각각 10시와 12시에 예배를 드리며, 고등부는 10시, 12시 그리고 8시에 중·고등부 연합 예배가 진행된다. 이렇게 총 7개의 부서가 매주 주일 예배를 드리며, 평균 주일 출석 인원은 약 800명에 달한다.

오륜교회 청소년팀은 교회의 목회 철학인 '원포인트 통합교육'을 기반으로, 모든 청소년 부서가 부모와 동일한 말씀을 듣고 함께 나누는 시간을 가진다. 이를 통해 부모는 자녀의 신앙적인 안내자이자 가정 교사로서 말씀을 가르치고, 신앙을 심어주는 중요한 역할을 감당하고 있다.

청소년팀은 이러한 원포인트 통합교육을 효과적으로 실천하기 위해, 사단법인 꿈이있는미래에서 제작한 '드림웨이브' 교재를 사용해 매주 주일 말씀을 나눈다. 주일에 교회에서 배운 말씀은 가정 예배의 본문이 되어, 가정에서도 한번 더 말씀을 나누고 적용할 수 있도록 돕고 있다.

오륜교회 청소년팀은 교회와 가정이 협력하여 청소년들이 신앙의 뿌리를 깊이 내리고, 하나님의 말씀 안에서 성장할 수 있는 환경을 제공하기 위해 끊임없이 노력하고 있다.

2. 오륜교회 교회학교의 특징[12]

1) 신앙발달에 따른 교육: 공과 활동

신앙발달에 따른 교육의 필요

목회데이터연구소 기독교통계(143호)에 따르면, 서울서북노회(예장통합, 서울서부지역과 일산지역)의 교회 가운데 교회학교를 운영하는 비율은 57%다. 43%의 교회는 어린이 및 청소년이 없거나, 있어도 너무 적어 교회학교 운영을 못하고 있다.[13] 20명 이하의 어린이, 청소년으로 운영되고 있는 교회학교의 수가 응답자의 절반에 가까울 정도로, 교회학교 운영이 어려운 상황이다.

교회학교의 위기, 성장하지 않는 이유는 무엇일까? 가장 큰 이유로 '세속주의 가치관 문화의 영향'(37%)이라 응답했다. 탈종교화 흐름이 교회학교에도 불고 있는 것이다.[14] '학원/공부로 인한 시간 부족'(28%)도 성공과 출세라는 세속주의 가치관이 자리 잡고 있는 것이다. 이러한 상황에서 목회자들은 교회학교 교육 구조(교재, 교육방법 등)의 변화에 대해 대부분(90%)이 '필요하다'라고 응답했다. 교회학교 교육 구조의 개혁은 선택 사항이 아니라는 것이다.

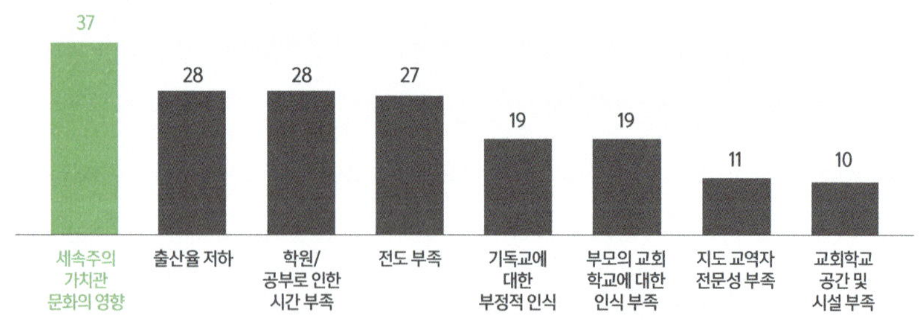

<표 I-4> 교회학교가 성장하지 않는 이유 (1+2순위, 상위 8위, %)

12 오륜교회 청소년부 출석 인원 800명 중 227명이 응답했다.
13 목회데이터연구소, 기독교 통계(143호) - 포스트 코로나시대 교회학교 전략 방향, 2022.05.31., http://www.mhdata.or.kr/bbs/board.php?bo_table=gugnae&wr_id=57.
14 목회데이터연구소, 기독교 통계(143호) - 포스트 코로나시대 교회학교 전략 방향, 2022.05.31., http://www.mhdata.or.kr/bbs/board.php?bo_table=gugnae&wr_id=57.

목회자들은 변화의 필요성을 느끼고 있다. 응답자 중 77%는 교회학교 예배와 교육에서 새로운 시도를 하려고 노력하고 있다고 답했다. 그럼에도, 응답자 중 절반은 교회학교 발전을 하고 싶지만 아이디어가 없어서 힘들다. 분반공부 시간이 무의미하다고 느낄 때가 있다고 답했다. 교회학교 교육 구조 변화 필요성은 느끼지만, 변화의 방법, 해결책을 찾지 못하고 있는 것이다. 결국 교회 교육 지도자에게 새로운 아이디어를 제공하기 위한 총회와 노회, 기독교 교육 전문기관의 노력과 대안 제시가 요구되는 것이다.

오륜교회 꿈미교육국의 신앙발달에 따른 교육

원포인트 통합교육으로 기독교 교육의 대안을 제시하고 있는 오륜교회 꿈미교육국은 청소년들을 대상으로 공과 활동에 대한 인식 조사를 진행하였다.

공과 활동에 대한 만족도 조사에서, 매우 만족이 34.6%, 만족이 41.6%로, 전체 응답자 중 76.2%가 공과 활동에 대해 긍정적인 평가를 내렸다. 이외에도 보통이라고 답한 응답자가 20%를 넘어, 전체 응답자 중 90%가 공과 활동에 대해 긍정적인 반응을 보였다.

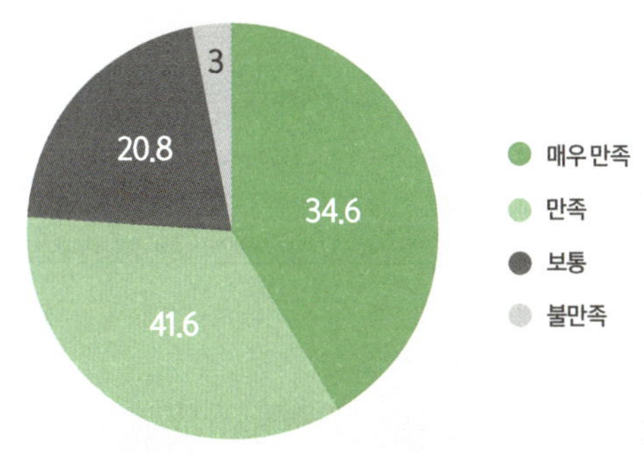

<표 I -5> 공과 활동 내용에 대한 만족도(비율, %)

공과 활동에 참여하는 이유는 친구들과의 교제 63.6%, 신앙 성장 63.1%, 교회의 권유 25.7%, 학습 내용에 대한 흥미 24.3%로 답했다. 이는 청소년들이

공과 활동을 통해 교회만이 줄 수 있는 성경적 지식과 신앙의 성장 그리고 성도의 교제에 대해 관심이 있다는 것을 보여주고있다.

앞서 언급된 통계에 따르면, 많은 목회자들이 공과 시간이 무의미하다고 느낄 때가 많다라고 응답했지만 학생들은 분명 공과 시간을 통해 무언가를 얻고 싶어 한다.

신앙의 성장, 친구들과 교제와 성경 지식 함양을 이유로 공과 활동에 참여했던 대다수 오륜교회 꿈미교육국 청소년들은 공과 활동을 통해 아래와 같은 유익을 누렸다고 답했다. '신앙의 성장'(31%), '성경 지식 함양'(30.8%), '친구들과 깊은 교제'(20.6%), '삶의 방향성 제시'(14.5%)등을 얻는 유익이 있다고 답했다. 결국, 공과 시간 자체가 무의미한 것이 아니라, 그 시간을 어떻게 활용하느냐가 중요한 것이다.

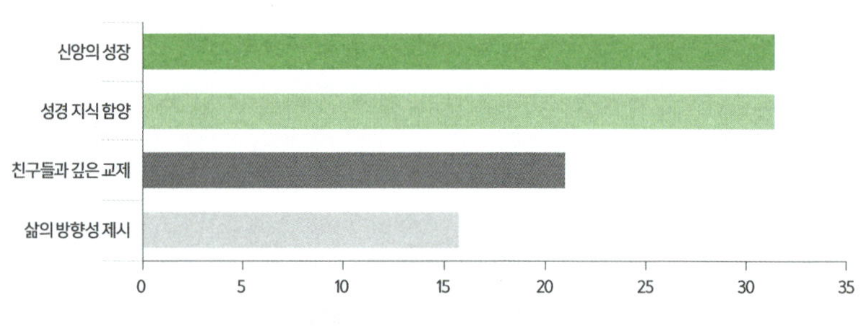

<표 I-6> 공과 활동을 통해 얻는 유익(비율, %)

2) 교육과정에 따른 교육: 공과 교재

교육과정에 따른 교육의 필요성

앞서 언급한 대로 공과 활동은 단순히 의미없는 시간으로 보내는 게 아닌, 다음세대의 신앙을 성장시키고 자리잡도록 하는 역할을 감당해야 한다. 또한 실제로 청소년들의 삶이 변할 수 있도록 이끌어야 한다. 그러나 이러한 기대와는 다르게 많은 청소년들의 삶을 바꾸는 공과 교재를 찾기 어려운 게 현실이다. 목회데이터연구소 자료를 보면 공과 공부를 하지 않는 청소년들 중 45%는 '청소년 공과 교재가 재미없어서'라고 응답했다.[15] 분명히 청소년의 삶을 바꾸어 가는 공과 시간을 가져야 함에도 그에 비해 청소년들의 교재에 대한 만족도가 낮은 것을 알 수 있다.

따라서 청소년의 흥미를 끌며 동시에 청소년의 삶을 변화시킬 수 있는 교재 개발이 중요한 과업이었다. 이를 위해 사단법인 꿈이있는미래를 통해 연령별 특성에 맞는 교육 교재인 드림웨이브를 개발하였다.

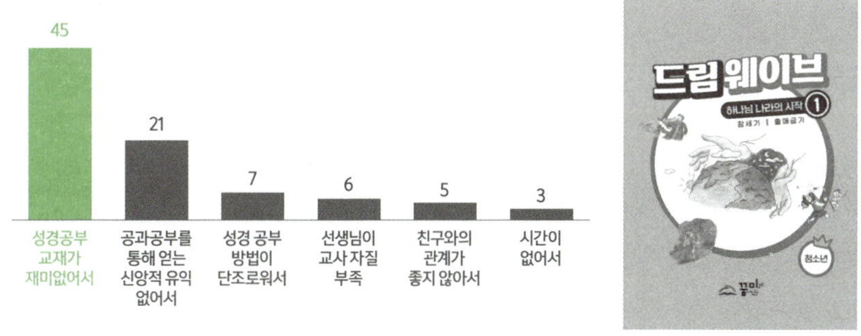

<표 I -7>, [그림 I -14] 공과공부 하지 않는 이유 (공과공부 안 하고 있는 청소년, 상위 6위, %)

오륜교회 꿈미교육국의 교육과정에 따른 교육

오륜교회 꿈미교육국은 원포인트 통합교육 철학을 담은 드림웨이브 공과 교재를 제작하였다. 이를 통해 청소년들의 올바른 신앙 성장과 각 연령에 맞는 성경 지식을 바르게 함양할 수 있는 계기를 마련하였다. 꿈미 드림웨이브 교재는 원포인트 통합교육에 맞춰 장년과 동일한 본문으로 말씀을 공부할 수 있다. 이 교재의 큰 특징 중 하나는 주일이 오기 전에 예습하고 또한 가정 예배를 통해 복습할 수 있는 구조로 말씀을 스스로 공부할 수 있도록 청소년들의 눈높이에 맞춰 구성하였다. 실제로 공과 활동을 진행하기 위해서 사용하고 있는

15 목회데이터연구소, 기독교 통계(214호) - 기독 청소년 신앙의식, 2023.11.07., http://www.mhdata.or.kr/bbs/board.php?bo_table=gugnae&wr_id=100.

교재에 대해 오륜교회 청소년들에게 물어보았다. 그 결과 많은 청소년들이 사용 중인 드림웨이브 교재에 대해서 만족하고 있는 것으로 확인되었다. '매우만족'(32.2%), '만족'(41.1%), '보통'(24.3%)로 90% 넘는 학생들이 교재에 대해서 만족하고 있었다. 이러한 만족도를 보이는 이유 중 가장 높은 순위를 차지한 부분은 '교재 내용이 이해하기 쉽다'(41.1%)였다. 다음으로 높은 순위는 '내용이 신앙 성장에 도움이 된다'(26.6%)였다. 드림웨이브 교재의 강점은 쉽고 단순하지만, 핵심적인 내용은 놓치지 않는 다는 점이다. 이런 부분이 잘 반영된 설문 결과라고 볼 수 있겠다. 앞선 공과 교재에 대한 조사 결과 공과 활동에 대해 부정적으로 느낀 대상들은 재미있는 공과 교재가 없어서임을 알 수 있었다. 그렇다면 드림웨이브 교재는 재미없으면 하지 않는다는 청소년들의 요구에 부합하는 교재임을 알 수 있다.

그러나 교재 내용이 이해하기 쉽게 되어 있다 보면 교재 구성이 부실할 수 있다. 하지만 내용이 이해하기 쉽고 재미있음에도 많은 청소년들이 교재의 구성이 체계적이어서 만족한다(19.2%)고 답했다. 그만큼 드림웨이브 교재는 쉽게 배울 수 있는 교재이면서 체계적으로 잘 갖추어진 신앙 성장에 도움을 주는 교재임을 보여준다.

드림웨이브 교재는 각 과마다 한 가지 메인 아이디어를 명확하게 학생들에게 가르치기 위해서 4단계의 레슨플랜을 가지고 있다. 그 단계를 'W-A-V-E'라고 명명한다. 각 알파벳은 단계의 앞 알파벳에서 따왔다. 첫 번째, W는 Welcome이다. 웰컴은 공과 활동의 도입에 해당하는 단계이다. 두 번째, A는 Adventure로 성경 본문에 대한 관찰을 하는 단계이다. 다음 단계인 V는 Value이다. 이 단계는 본문을 통해 관찰하고 알게 된 성경의 내용에 대해서 의미를 찾는 단계이다. 마지막 E는 Encourage로 성경 내용을 삶에 적용하고 실천하는 단계가 되겠다.

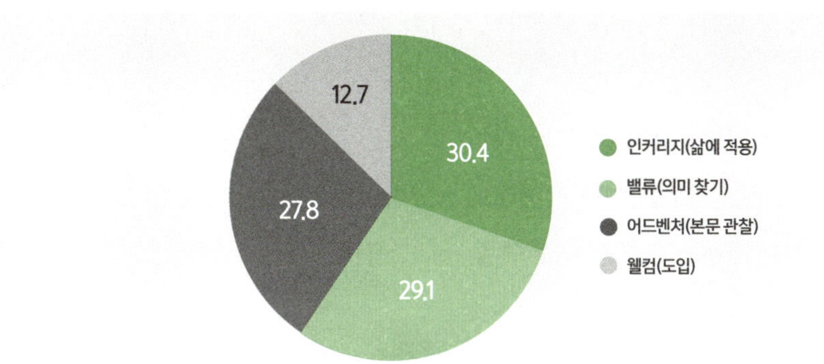

<표 I -8> 드림웨이브(공과 교재)에서 가장 도움되는 부분

이와 같은 4단계 중에 가장 도움이 되는 부분을 물어보았다. 대부분 비슷한 결과가 나왔지만, 그 중에 밸류(의미 찾기) 단계와 인커리지(삶에 적용) 단계가 '29.9%'로 동일하게 가장 높게 나왔다. 이를 통해 알 수 있는 것은 드림웨이브는 단순히 머리로만 이해하는 교재에 그치는 것이 아닌 삶의 변화를 이끄는 교재임을 알 수 있다. 아무리 좋은 자료라도 청소년들의 삶을 바꿀 수 없다면 의미가 없을 것이다. 그래서 청소년들이 실제로 그들의 삶에 영향을 주는 밸류(Value) 단계와 곧 바로 삶에 적용할 수 있는 인커리지(Encourage)단계가 가장 도움이 된다고 답한 것은 중요한 의미가 있다.

3) 가정연계에 따른 교육: 부모 & 가정연계 사역

가정연계에 따른 교육의 필요성

목회데이터연구소 조사에 따르면 기독 청소년 중 부모 모두 비개신교인의 비율이 14%에 불과했다.[16] 즉 청소년들의 신앙에 있어 가정의 영향이 절대적인 영향을 미칠 수밖에 없음을 보여주고 있다. 그러나 이러한 영향에도 불구하고 가정 안에 신앙을 세우는 연계작업은 쉽지 않은 것으로 보인다. 단순하게 가정

16 목회데이터연구소, 기독교 통계(214호) - 기독 청소년 신앙의식, 2023.11.07., http://www.mhdata.or.kr/bbs/board.php?bo_table=gugnae&wr_id=100.

예배를 드리는 비율만 보더라도 주 1회 이상 가정 예배를 드리는 가정은 14% 밖에 되지 않는다고 말한다.[17] 자녀 한 명을 온전히 믿음 안에서 세우기 위해 가정의 역할은 절대적이다. 그런데 그 가정이 온전한 역할을 감당하지 않는다면 자녀를 세우는 역할은 제대로 감당할 수 없다. 그렇기에 이 지점에서 오륜교회는 가정을 세우는 가정 연계 프로그램을 진행하고 있다.

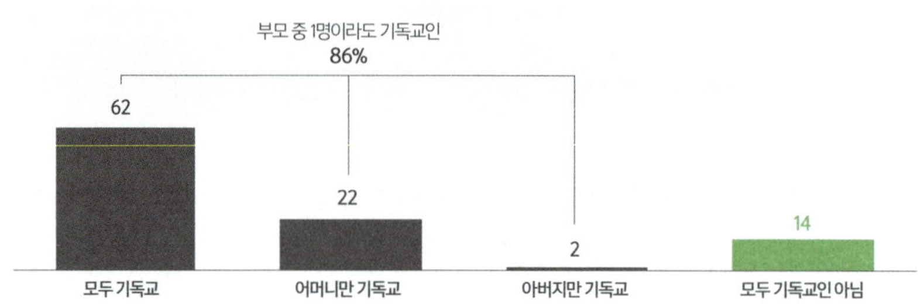

<표 I -9> 부모의 종교(기독 청소년, %)

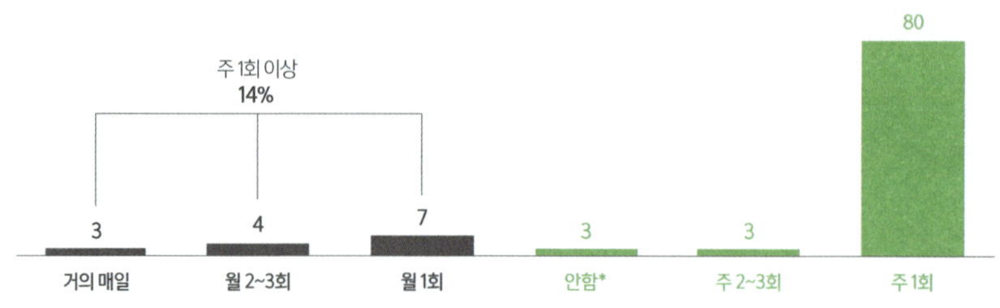

<표 I -10> 가정예배 빈도 (2인 가구 이상 응답자, %)

오륜교회 꿈미교육국의 가정연계에 따른 교육

꿈미교육국은 원포인트 통합교육에 맞춰 가정과 교회가 연계될 수 있도록 가정 예배 세미나, Re 프로젝트[18] 등을 진행하였다. 무너진 가정 예배를 세우기

17 목회데이터연구소, 기독교 통계(231호) - 개신교인의 신앙 계승 실태, 2024.03.12., http://www.mhdata.or.kr/bbs/board.php?bo_table=gugnae&wr_id=114.

18 오륜교회는 매년 하반기 부모와 자녀가 믿음으로 세워질 수 있도록 "부모-자녀 대화법, 가정 성 세우기" 등의 세미나를 진행하고 있다.

위해 가정 예배를 세울 수 있는 가정 예배 프로젝트를 진행하였다. 예배가 필요한 가정에게 예배를 올바르게 드릴 수 있는 자료와 가정 예배가 어떻게 가정의 문화로 정착하여 주기적으로 가정 예배를 드릴 수 있을지 안내하는 활동을 제공하였다.

[그림 I -15] 가정 예배 프로젝트 [그림 I -16] 큐티 세미나

오륜교회 꿈미교육국 청소년 학생을 대상으로 한 설문조사에 따르면, 설문에 참여한 50.7%가 가정 연계 프로그램에 참여한 적이 있다고 응답했다. 이들 중 30%가 큐티 교육, 39%가 Re 프로젝트, 16.7%가 가정 예배 세미나에 참여했다고 답했다. 가정 예배에 참여한 23.3%가 큐티 나눔을 통해 가정 예배를 드린다고 응답한 것을 볼 때 실제로 오륜교회 청소년 가정 예배에 있어 큐티가 활용이 되고 있음을 알 수 있다. 이는 원포인트 통합교육에 따른 부모 자녀 세대가 모두 동일한 본문을 묵상하고 동일한 본문으로 예배를 드리기에 가정 예배 안에서 활용되는 것으로 보인다. 고무적인 것은 이러한 다양한 가정 연계 프로그램은 실제로 가정에게 있어 도움을 주고 있음을 알 수 있다. 응답자의 25.1%는 '가정 예배가 회복되었다', 23.8%는 '가정 안에 대화가 늘었다' 15.4%는 '부모와 자녀가 서로에 대한 이해도가 높아졌다'라고 응답했다. 응답자의 60%가 넘는 비율이 오륜교회에서 제공하는 가정 연계 프로그램에 도움을 받고 있다고 응답한 것이다. 시대적으로 가정 예배를 드리는 비율이 현저히 낮아지는 상황 속에 실제로 가정과 관련된 프로그램을 통해 가정이 건강하게 세워

지는 것을 확인할 수 있다.

따라서 교회는 끊임없이 가정과 교회를 연결하는 작업을 진행해야 한다. 가정은 점점 더 신앙의 전수를 감당하지 않고 있다.[19] 현재 부모 세대는 자신들이 전수 받은 과거 신앙의 유산을 자녀세대에게 전수하지 못하고 있다. 그렇게 진행되면 자녀는 믿음 안에 자랄 수 없다. 따라서 교회는 믿음으로 자녀를 바르게 양육하는 가정을 세우도록 끊임없이 교육하고 가르쳐야 한다. 그것이 다음 세대를 지킬 수 있는 하나님의 원안이자 최고의 전략이다.

4) 교육시설에 따른 교육: 교육환경

교육시설에 따른 교육의 필요성

청소년들은 환경에 매우 민감하게 반응한다. 그들이 시간을 보내는 공간이 안전하고 편안하면 심리적인 안정감을 느끼며 그들의 교육에도 영향을 미친다. 또한 환경은 청소년들이 어떻게 다른 사람들과 상호작용하고, 협력하며, 갈등을 해결하는지를 배우는 중요한 장이다. 그렇기에 교회 안 청소년 공동체에게 있어서 그들이 어떠한 환경 안에서 교육받고 자라는지는 매우 중요하다. 그들의 연령을 온전히 이해하고 그들이 바르게 신앙을 이어받을 수 있는 환경을 제공하는 것은 매우 중요한 일이다.

이를 위하여 오륜교회는 청소년들이 다양하게 활동할 수 있는 시설과 환경을 준비했다. 청소년 연령은 크게 또래 문화와 학업이라는 키워드로 설명할 수 있다. 이 시기는 또래 문화를 가장 중요시하는 연령이기에 같은 또래 친구들과 함께 활동하고 배울 수 있는 환경을 조성해줘야 한다. 또한 그들은 대학 입학이라는 인생의 중요한 과업이 있기에 그들이 그러한 인생의 중요한 과업을 수행할 수 있도록 돕는 것도 중요하다.

따라서 오륜교회 청소년팀은 청소년들이 뛰며 운동을 할 수 있는 농구장,

19 목회데이터연구소, 기독교 통계(231호) - 개신교인의 신앙계승 실태, 2024.03.12., http://www.mhdata.or.kr/bbs/board.php?bo_table=gugnae&wr_id=100.

독서과 공부를 할 수 있는 도서관이 준비되어 있다. 이를 바탕으로 청소년들이 교회에 쉽게 올 수 있도록 문턱을 낮추는 사역들을 진행하였다. 그들은 교회 안에서 또래 친구들과 땀을 흘리며 교제하며 나아가 교회 안에서 하나님의 비전을 이루기 위해 학업을 감당할 수 있도록 한다.

오륜교회 꿈미교육국의 교육시설에 따른 교육

실제로 오륜교회 꿈미교육국 청소년들은 대체적으로 예배 공간에 대해 만족감을 나타내고 있다. 현재 예배를 드리는 공간의 만족도에 대한 조사에 52%는 '매우 좋다'에, 32.8%는 '좋다'에 응답했다. 90%가 넘는 비율이 현재 예배 시설에 대해 긍정적으로 답변했다. 나아가 설교 및 예배 형식에 대한 만족도 조사에 55.1%는 '매우 좋다'에 36.1%는 '좋다'에 응답했다. 90%가 넘는 비율이 설교 및 예배 형식에 대해 만족감을 나타내고 있다. 이는 청소년 연령의 눈높이에 맞춘 다양한 예배 형태를 진행하고 있기 때문이다. 실제로 오륜교회 청소년팀은 청소년들이 적극적으로 참여할 수 있는 농구대회 예배, 공과 활동을 교회 주변 상권을 활용하여 드리는 버거 데이 등을 진행한다.

청소년들은 또래가 함께한다면 기꺼이 헌신하고 함께하는 문화가 있다. 단

[그림 I -17] 농구대회 예배

[그림 I -18] 버거 데이

순히 지루하기만한 예배 형태가 아닌, 또래 친구들과 함께 교류하고 함께 건강하게 설 수 있도록 교회가 돕는 것이다. 교회는 끊임없이 청소년들이 함께 모여 교제하고 교회를 언제든 올 수 있는 공간으로 만들어야 한다. 그렇게 해야

만이 청소년의 발걸음이 교회로 향할 수 있다.

그러나 여전히 오륜교회 안에도 숙제가 남았다. 그것은 소그룹 활동에 대한 요구이다. 오륜교회 청소년부는 농구대회, 버거데이, 찬양집회 등 다 같이 함께 모여 교제하는 활동들은 많이 준비가 되었다. 그러나 그에 비해 상대적으로 더 적은 인원이 교류하는 소그룹 모임을 진행하는 공간이 부족한 것이 현재의 상황이다. 실제로 교회의 시설 및 환경 개선을 위해 추가로 제공했으면 하는 것에 대한 질문에 응답자 중 36.6%는 더 많은 소그룹 활동이 제공되길 희망한다고 답했다. 이는 다양하게 진행되는 대그룹 활동에 비해 상대적으로 소그룹 활동이 적게 느껴질 수 있음을 의미한다. 따라서 오륜교회는 다음세대가 믿음 안에서 더욱 성장할 수 있도록 새로운 공간을 준비하고 있다. 현재 제2성전인 ODC(오륜다니엘센터)를 건립 중이며, 이를 통해 다음세대가 함께 예배하고 말씀으로 세워질 수 있는 기회를 마련하고자 한다. 교회는 이를 통해 다음세대가 하나님의 말씀을 바탕으로 세워져, 세상 속에서 다니엘과 같은 신앙의 인물로 성장하기를 소망한다.

5) 지역연계에 따른 교육: 전도, 봉사

지역연계에 따른 교육의 필요성

목회데이터 연구소 기독교 통계(169)[20]에 따르면, 2023년 목회 계획 중점 강화 사항에 가장 높은 비율을 차지한 것은, 현장 예배 강화(40%)와 소그룹 강화(36%)다. 코로나 19 이후 침체되어 있는 현장 예배 강화에 대한 목소리는 당연하지만, 소그룹 강화가 현장 예배 강화와 비슷한 비율로 나온 것은 의외의 결과라 볼 수 있다.

주목할 것은, 현재 교회 소그룹 운영 수준이다. 소그룹 운영이 잘 되고 있다는 응답자는 40%, 잘 되고 있지 않다는 60%의 결과를 보였다. 소그룹 사역이

20 목회데이터연구소, 기독교 통계(169호)-한국교회 목회자의 2023년도 목회 전망에 대한 조사, 2022.11.22, http://www.mhdata.or.kr/bbs/board.php?bo_table=gugnae&wr_id=72.

잘 안 되는 이유는 성도들이 바빠서 모일 시간이 없다, 헌신된 리더가 없다 등이었다. 이것은 장년 성도만의 문제가 아니다. 다음세대에게도 동일하게 적용되는 문제다.

목회데이터연구소 기독교 통계(165호)[21]에 따르면, 전국 고등학교 4곳 중 1곳에 기독 동아리가 있을 것으로 예상한다. 또한, 기독 동아리 활동 중인 고등학생을 대상으로 동아리 형태를 물은 결과, 10곳 중 7곳(72%)이 자율 동아리라고 응답했다. 다수의 기독 동아리는 정규 교육과정이 아닌, 수업시간 외 자율적으로 운영되고 있다. 교내에서 신앙생활을 갈망하는 학생들이 스스로 자율 동아리를 설립해 신앙 활동을 하고 있는데, 학생들이 주체가 된 동아리인 만큼, 그 한계 또한 분명하다.

기독 동아리 중 지역사회 교회와 연계되어 있는 비율은 38%로, 10곳 중 4곳 정도만이 교회와 연계되어 있다. 연계된 교회에서 사역자와 목회자, 물품, 후원금, 활동 프로그램 가이드 등을 지원 받고 있는데, 이는 학교와 교사가 지원해 줄 수 있는 부분이 아니다. 기독 동아리가 교회와 연계되지 않는다면, 해결하기 어려운 문제다.

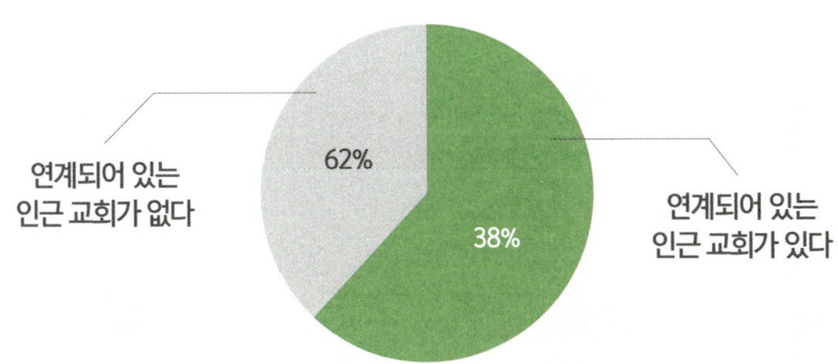

<표 I -11> 지역사회 연계 교회 유무 (현 기독동아리 담당 or 과거 담당 경험 교사 대상)

21 목회데이터연구소, 기독교 통계(165호)-고등학교 기독동아리 실태 조사, 2022.10.25, http://www.mhdata.or.kr/bbs/board.php?bo_table=gugnae&wr_id=68.

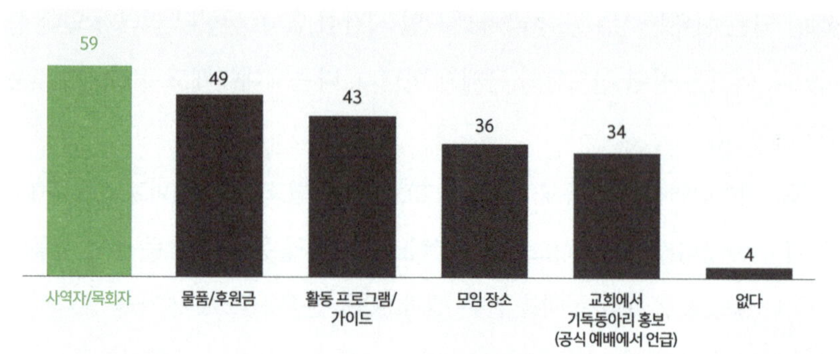

<표 I -12> 지역사회 연계 지원 항목 (현 기독동아리 담당 또는 과거 담당 경험 교사 대상, 중복응답, %)

오륜교회 꿈미교육국의 지역연계에 따른 교육[22]

오륜교회 꿈미교육국 학생을 대상으로 한 설문조사에 따르면, 참여한 대상자 중 약 65%가 지역 연계 프로그램에 참여한 적이 있다고 답했다. 설문조사에 참여한 대상자 중 약 2/3가 지역 연계 프로그램에 참여한 적이 있다고 답한 것이다.

오륜교회 꿈미교육국의 학생들을 대상으로 한 설문조사 결과, 약 65%가 지역 연계 프로그램에 참여한 경험이 있다고 답했고, 그 중 75%가 스쿨처치에 참여했다고 응답했다. 현재 오륜교회 꿈미교육국 청소년의 스쿨처치는 2024년 상반기 기준, 중학교 25개 학교, 고등학교 10개 학교에서 진행 중이다. 스쿨처치에 참여하는 학생들 중 약 80%는, 지역 연계 프로그램에 참여하게 된 동기를 교회 사역이라고 응답했다. 즉, 스쿨처치 사역에 대한 교회 사역과 관심이, 학교 내 자율 동아리 설립으로 이어진 것이다.

또한, 응답자 중 약 85%가, 지역 연계 프로그램이 지역 사회에 도움이 된다고 응답했다. 이는 오륜교회 꿈미교육국 청소년팀에서 진행 중인 스쿨처치 사역이, 학생 개인의 만족을 넘어, 그들이 속한 학교와 지역에서 스쿨처치 사역이 긍정적인 영향을 끼치고 있음을 확인할 수 있다.

22 오륜교회 청소년부 출석 인원 800명 중 227명이 응답했다.

[그림 I -19] 배명중학교 스쿨처치　　[그림 I -20] 성덕고등학교 스쿨처치

오륜교회 꿈미교육국에서 훈련된 학생들은, 각 학교 스쿨처치의 리더가 되어, 학교 안에 교회를 세우고 있다. 이들은 학기가 시작되면, 오륜교회 내 교사들에게 스쿨처치 안내와 홍보를 진행하고, 학생들에게 스쿨처치 신청을 받고 있다. 이후 청소년팀 사역자는 각 학교를 방문하고, 자율동아리(교내)와 기도모임(교외) 형태의 스쿨처치를 진행한다.

[그림 I -21] 경화여자 중,고,EB고 채플　　[그림 I -22] 하남고등학교 1학년 채플

오륜교회 꿈미교육국 청소년팀은 스쿨처치를 통해, 지역 연계 프로그램을 강화하고, 학교 내 소그룹 운영을 위해 힘쓰고 있다. 또한, 학교 채플 사역으로 스쿨처치 사역을 확대하고 있다.

24년 5월 경기도 광주 경화여자중학교, 여자고등학교, EB고등학교를 방문하여, 학생과 교사 2,000여 명과 함께 예배를 드렸다. 24년 8월에는 하남고등학교 1학년 학생, 교사 150여 명이 오륜교회를 방문하여 예배를 드렸다.

지역 학교 연계 사역을 통해, 교회를 홍보하고, 학생들에게는 교회에 대한 긍정적인 인식을 주고 있다. 24년 12월 하남고등학교, 성덕고등학교 채플을 오륜교회 꿈미교육국 청소년팀이 인도할 예정이다. 올해 뿐 아니라, 지속적으로 지역 연계 사역을 진행할 예정이다.

6) 사회문화에 따른 교육: 진로·진학

사회문화에 따른 교육의 필요성

교육부가 전국 초·중·고등학교, 학생, 학부모, 교사, 50,800명을 조사한 결과에 따르면, 학생이 희망 직업을 알게 된 경로는 초등학생과 중학생은 '부모님' 이 1위이고, 고등학생은 '대중매체'가 1위로 응답했다.[23] 주목해 볼 것은 고등학생의 응답 1위였던 '대중매체'가, 초등학생과 중학생의 응답에서도 2위였다는 사실이다. 청소년뿐 아니라, 아동들에게도 부모 이상으로, 대중매체가 그들의 진로에 큰 영향을 끼치는 것이다.

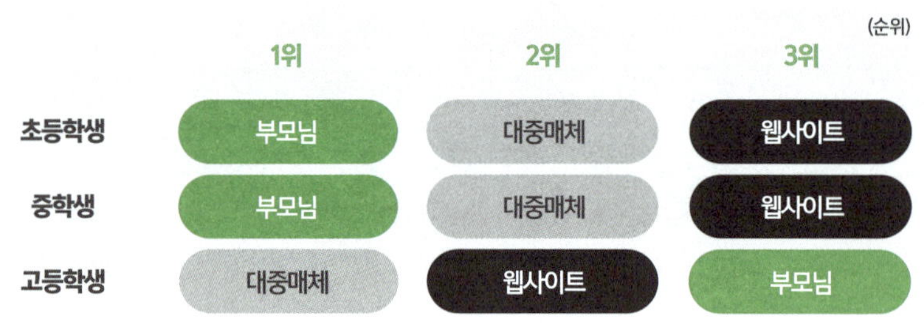

*자료 출처: 교육부, '2019 초중등 진로 교육 현황 조사', 2019/12.11(전국 초중고 학생 /교사/학부모 총 50,800명, 온라인 조사, 2019.06.18.)

<표 I -13> 희망 직업을 알게 된 경로(상위 3위)

기독교 설문조사 기관인 바나 그룹의 연구에 따르면, 기독교인의 52%는 교회가 지역 사회에서 상담과 돌봄을 제공해야 한다고 답했다.[24] 이는 아동, 청소

23 교육부, '2019 초, 중등 진로 교육 현황 조사'. 2019.12.11.(전국초,중,고 학생/교사/학부모 총 50,800명, 온라인 조사, 2019.06.18.)
24 Source: Barna Group n=1,520 U.S. adults, October 9-20, 2020; n=584 U.S. Protestant senior pastors, September 6-16, 2022.

년의 정신건강에 학교, 지역사회 특히 교회가 관심을 갖고 상담 관리 프로그램 등의 인프라를 갖추어야 할 필요가 있음을 보여주는 것이다.

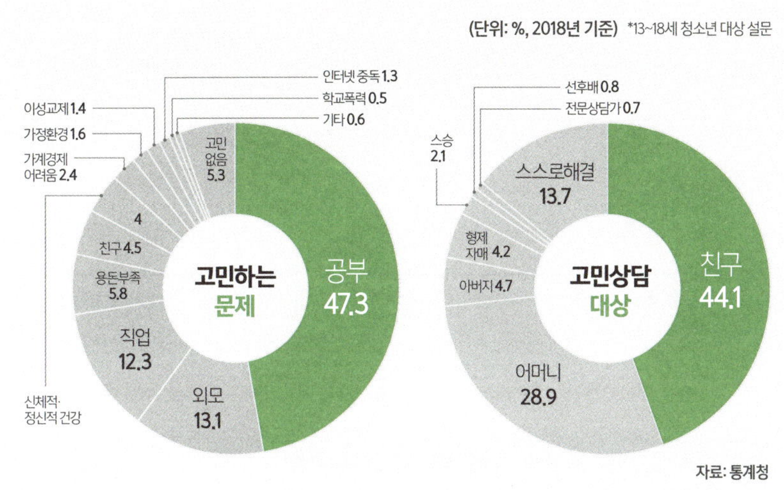

<표 I -14>청소년 고민 설문

통계청에 따르면, 13세에서 18세 사이 청소년을 대상으로 설문한 결과 청소년의 94.7%는 고민을 가지고 있다고 응답했다. 가장 심각하게 고민하는 것은 성적, 적성 등 공부에 관한 문제(47.3%)였고, 외모와 직업이 뒤를 이었다.[25] 경쟁을 강조하는 한국사회에서 청소년 중 절반은 학업에 대한 고민을 갖고 있고, 이외에도 대부분의 청소년이 말 못할 고민을 갖고 있다는 것을 볼 수 있다. 문제는 고민 상담의 대상이 상담사와 같은 전문인이 아니라, 친구나 가족이라는 것이다. 전문상담가에게 상담하는 비율은 0.7%에 불과했다.

교육부 자료에 따르면, 전국 학교 1만 1,736개교에 전문상담교사는 2,906명이다.[26] 상담사 배치율은 24.3%, 학교 10곳 중 8곳에는 상담교사 없는 것으로

25 통계청, 전국 13-18세 청소년 대상, 청소년 고민 설문 자료 참고.
26 교육부, 전국 초,중,고등학교 전문상담교사 현황 자료 참고.

학교 수는 물론 학생 수에 비해 터무니 없이 적은 인원이다.

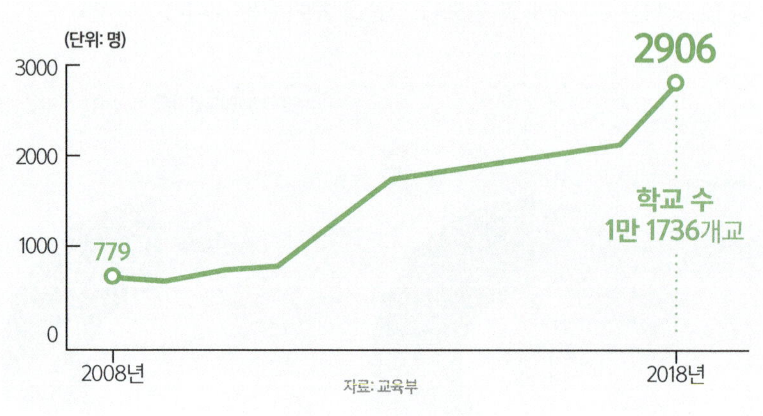

<표 I-15> 전문상담교사 현황

오륜교회 꿈미교육국의 사회문화에 따른 교육

오륜교회 꿈미교육국은 학생들을 대상으로 교회에서 제공한 진로, 진학 프로그램에 참여한 경험이 있다고 밝힌 학생 중 약 45%는 아이도스를 통해 진로, 진학에 대한 도움을 받았다고 응답했다. 아이도스는 서울시 지역사회서비스, 아동, 청소년 심리지원서비스 바우처 대상기관(강동구)으로 오륜교회 창립 20주년을 맞은 2009년 사회공헌활동 일환으로 구상해 2년 뒤 개설한 기관이다. 연간 6만여 명의 청소년을 상담하고, 그들에게 진로, 진학의 상담까지도 제공하고 있다. 오륜교회 꿈미교육국 학생들은 각 부서 교역자, 교사를 통해 아이도스 상담을 신청하거나 개인 자격으로 신청해 상담 서비스를 제공 받고 있다. 전문 상담사와 상담을 통해, 학생들은 부모와 친구에게도 말하지 못하는 고민을 털어 놓고 있다. 나아가 진로에 대한 고민도 상담하고 있다.

오륜교회 꿈미교육국 학생 중 약 30%는 각 부서별 진로, 진학 세미나를 통해 진로, 진학에 대한 도움을 받았다고 밝혔다. 오륜교회 꿈미교육국은 1년에 2차례 진행하는 캠프(여름, 겨울)를 통해, 학생들의 정체성 교육은 물론 진로,

진학에 대해 도움을 줄 수 있는 전문 강사를 섭외해서, 세미나를 진행하고 있다. 공무원, 교사, 의사, 디자이너 등 각 분야의 전문 강사 섭외뿐 아니라, 각 부서 교사 중 전문 인력을 통해, 학생들의 진로, 진학에 도움을 주고 있다.

또한, 설문에 참여한 오륜교회 꿈미교육국 학생들 중 약 10%는 램넌트 청년국에서 진행하는 '붐'을 통해 진로, 진학에 대한 도움을 받았다고 응답했다.[27] 램넌트 청년국의 '붐'은 11월과 12월에 진행되며, 청년국 소속의 대학생, 청년들이 진로, 진학에 고민이 많은 고3 학생들과 직접 만나, 학생들이 희망하는 진학 대학과 직업에 대해 소개하고, 멘토링을 받는 프로그램이다. 또한, 단순히 진로, 진학에 대한 도움으로 끝나는 것이 아니라, 이 시간을 통해 자연스럽게 청년부를 소개하고, 정착할 수 있는 이점 또한 누리고 있다.

III. 온 세대 사역을 위한 중고등부 교육목회 이렇게 하라!: "교회-가정-지역사회가 함께하는 중고등부 사역을 이루라"

미국 드루대학교의 레너드 스위트(Leonard Sweet) 석좌교수는 "어떤 문제가 여러 세대에 걸쳐 지속되면 위기가 아니라 상태가 된다"고 말했다. 이 말은 오늘날 다음세대의 신앙과 교육 현실을 바라보는 데 깊은 통찰을 제공한다. 현재 교회와 가정이 직면한 문제는 단순히 일시적인 위기로 여길 수 없는, 이미 고착화된 상태에 접어들었다는 점에서 심도 깊은 논의가 필요하다. 이러한 상황을 방치한다면 신앙의 전수는 단절될 가능성이 높고, 청소년들은 점점 더 교회로부터 멀어질 우려가 있다. 이는 단지 미래의 문제가 아니라 지금 우리 눈앞에 놓인 현실이다.

이러한 도전에 대응하기 위해 오륜교회 꿈미교육국 청소년팀은 대안적 모

27 오륜교회 청년국은 매년 11월, 12월 고3학생들의 진로, 진학, 신앙상담을 위한 램넌트 청년국 '붐' 을 진행하고 있다.

델을 제시하고 있다. 핵심 사역 중 하나는 '원포인트 통합교육'이다. 이는 교회와 가정이 협력하여 전 세대가 동일한 말씀을 묵상하고 가정예배를 드리는 체계를 통해 신앙이 가정에서부터 뿌리내릴 수 있도록 돕는 접근 방식이다. 이를 통해 부모와 자녀가 함께 신앙을 공유하며 가정이 신앙교육의 중심이 되는 구조를 강화하고 있다.

뿐만 아니라, 오륜교회는 스쿨처치 사역을 통해 학교와 교회를 연결하며, 각 학교에서 리더로 활동할 청소년들을 양육하는 데 힘쓰고 있다. 이는 단순히 교회 내 신앙생활에 국한되지 않고, 청소년들이 삶의 모든 영역에서 하나님의 사람으로 살아갈 수 있도록 준비시키는 데 초점을 맞추고 있다. 학교와 교회의 연결고리를 강화함으로써 청소년들이 자신이 속한 지역사회와 세상에 선한 영향력을 끼치도록 돕는 것이다.

오륜교회의 사례를 통해 우리는 청소년들에게 신앙을 전수하기 위해 교회와 가정의 협력이 얼마나 중요한지를 확인할 수 있다. 교회는 가정이 신앙교육의 중심 역할을 충실히 수행할 수 있도록 적극적으로 지원해야 한다. 이를 위해 가정 예배 세미나와 부모 교육 프로그램을 확대하여 부모세대가 자녀들에게 신앙을 전수하는 구체적인 방법을 배우고 실천할 수 있도록 돕는 것이 필요하다. 부모들에게 신앙교육의 첫 번째 책임이 가정에 있음을 깨닫게 하고, 교회는 이를 뒷받침할 자료와 훈련을 지속적으로 제공해야 한다.

또한, 신앙 전수는 단순히 다음세대가 신앙을 이어받는 데 그치지 않아야 한다. 교회는 청소년들이 세상 속에서 하나님의 대사로 살아갈 수 있도록 준비시키는 데 힘써야 한다. 이를 위해 교회는 단순히 예배와 교육의 공간에 머물지 않고, 청소년들이 실질적으로 삶의 모든 영역에서 신앙을 실천하고 증거할 수 있는 환경과 기회를 제공해야 한다. 교회와 가정, 학교가 다음세대 교육의 중심이자 협력 파트너임을 기억하며, 이 세 축이 긴밀하게 연계된 사역을 전개할 때, 우리는 청소년들을 믿음의 세대로 세울 수 있을 것이다.

결국, 교회와 가정, 지역사회가 하나 되어 하나님의 나라를 확장해야 한다. 청소년들이 믿음 안에서 성장하며, 세상 속에서 하나님의 일꾼으로 살아갈 수 있도록 모든 세대가 연합해야 한다. 지금 내가 섬기는 다음세대가 훗날 한국교회를 섬길 믿음 세대가 될 날이 머지않은 미래이기 때문이다.

노하우 공유 질문

1. 코로나 발생 후 사회적 변화에 민감한 청소년 세대에게서 나타난 변화는 어떤 것이 있는가? 그리고 그런 변화들에 교회는 어떻게 대처하고 있는가?

2. 청소년의 신앙이 교회에서만 아니라 가정 안에서도 이어질 수 있도록 교회는 어떤 역할을 감당해야 하는가? 중고등부 사역이 가정과 연계되기 위해서 오륜교회가 실천하고 있는 실제적인 예는 무엇이 있는가?

3. 청소년 사역에 있어서 신앙발달, 교육과정, 가정 연계, 교육시설 등이 갖는 의의는 무엇인가? 그리고 현재 교회들이 더 관심을 가져야 할 부분은 무엇이라고 생각하는가?

4. 교회와 가정, 지역사회가 연계된 청소년 사역을 위해 오륜교회가 실천하고 있는 방안은 무엇인가? 그리고 그 실천 방안을 각 교회에 적용하기 위해서는 무엇이 필요한가?

5. 중고등부 사역이 교회 전체 비전과 어떻게 연결될 수 있는가? 현재 교회의 중고등부 사역은 교회 전체의 목회철학과 얼마나 유기적으로 연결되어 있는가?

온 세대

이야기

한국교회 일곱 교회의 사역 사례와 노하우

온 세대
교육목회 이야기

‘사랑이꽃피는교회’ 이야기

20대 청년 사역

이기룡 원장

'사랑이꽃피는 교회' 이야기: 20대 청년 사역

이기룡 원장 총회교육원·고신대학교

I. 근원적인 질문을 제기하는 세대

한국사회 20대의 가장 큰 특징은 무엇일까? 그들은 앞선 세대보다 디지털을 빨리 접했고 변화하는 사회 속에서 다양한 경험을 하길 원한다. 하지만 이 세대는 현실의 불확실 속에 많은 걱정을 안고 있으며 미래(성공)에 대해 긍정보다 부정적인 생각을 더 가진 채 살아가고 있다. 20대 청년의 사회적, 심리적, 환경적 요인을 고려한다면 가장 종교성이 활발해야 할 텐데, 실제 종교 생활을 들여다보면 가장 취약한 세대이다. 그 결과 한국교회에 20대는 아픈 손가락처럼 여겨진다.

"지금요, 제가요, 왜요?"

요즘 20대가 학교나 직장에서 가장 많이 하는 질문이다. 그리고 이들과 함께하는 윗세대가 가장 답답해하는 말이기도 하다. 이 답답한 질문이 학교나 직장에서도 그렇지만, 신앙에 있어서도 이 세대를 대표하는 핵심 키워드다. 10대

시절에는 부모의 손에 이끌려 말 그대로 교회학교를 다녔지만 20대는 더 이상 자신의 삶에 왜 신앙이 필요한지를 되묻는 세대다. "제가 왜 지금 교회를 굳이 다녀야 할까요?" 이 질문에 교회가 답을 주지 않으면 언제든지 떠날 수 있는 세대다. 교회는 어떻게 이 근원적인 질문에 답을 주고 원만히 교회에 안착시킬 수 있을까?

여러 가지 방법과 시도가 있겠지만 이 글에서는 성경적이고도 사역적으로 성과를 거둔 사랑이꽃피는교회를 모델로 제시하며 그 답을 찾아가 보려 한다. 다만 그에 한국사회와 한국교회 내 20대의 모습을 먼저 살펴보고자 한다. 현실 진단이 분명할수록 대안을 모색하기가 쉬울 것이다.

II. 20대는 누구인가?

1. Z세대와 한국사회

한국사회 세대별 분석에 따르면 1994-2005년에 태어난 20대는 알파벳 세대의 마지막인 Z세대로 불린다. 이들은 그들의 부모세대인 X세대와 바로 위 Y세대를 지나 알파벳의 마지막인 Z를 부여 받았다. 2020년 통계청 인구주택 총조사에 따르면 한국사회에서 Z세대는 596만 9천 명으로 전체 인구의 11.9%를 차지하고 있다. 이들 중 절반 정도가 학업 또는 직장을 이유로 수도권에 살고 있는 것으로 파악된다.[28]

Z세대의 특징은 기술, 경제, 가치, 소비, 생활 다섯 가지 키워드로 요약된다. 첫째, Z세대는 기술 친화적 세대다. 이들은 태생부터 디지털 환경에서 성장한 세대로, 첨단 기술과 온라인 플랫폼에 쉽게 적응한다. 스마트폰, 소셜미디어, 모바일 결제 등 디지털 기술을 일상생활의 자연스러운 부분으로 인식하며, 빠

28 인구 통계 자료는 국가통계포털 www.kosis.kr 을 참고하라.

르게 변화하는 기술 트렌드에 민감하게 반응한다. 그 결과 현실 세계보다는 온라인상에서 더 많은 교류를 한다.[29] 둘째, Z세대는 경제적 불확실성 속에 살아가는 세대다. 청년 실업, 높은 주거비용, 취업의 어려움 등으로 인해 매우 불안정한 경제 환경에 노출되어 있다. 이로 인해 전통적인 경력 경로를 벗어나 프리랜서, 창업, 다중 직업(멀티 잡) 등 유연하고 다양한 생존 전략을 모색하는 특징을 보인다. 셋째, Z세대는 급진적 가치관을 가진 세대다. 이들은 급진적 변화와 사회적 인식으로 개인의 행복, 자아실현, 다양성 존중 등을 중요시한다. 그 결과 기성세대와 가치관 충돌이 쉽게 일어난다. 성평등, 인권, 환경 문제 등 사회적 이슈에 적극적으로 목소리를 내고, 소셜미디어를 통해 사회 변화를 이끄는 주체로 자리 잡고 있다. 넷째, Z세대는 소비에 있어 개인화와 합리성을 추구하는 세대다. 기성세대와 달리 브랜드 충성도보다는 개인의 취향과 가치에 부합하는 소비를 추구한다. 가격 대비 품질, 윤리적 소비, 개인화된 경험 등을 중요하게 여기며, 온라인 리뷰와 정보에 기반한 합리적 소비 결정을 내리는 경향이 있다. 마지막으로는 Z세대는 생활에 있어 일과 삶의 균형(Work-Life Balance, 워라밸)을 추구하는 세대다. 이들은 과도한 업무 환경과 위계적 조직문화를 거부하고, 개인의 삶의 질과 행복을 최우선으로 고려한다. 워라밸을 중요한 가치로 여기며, 탄력 근무제, 재택근무 등 유연한 근무 형태를 선호하고 적극적으로 요구한다.

요약하자면 한국사회 안에서 20대, Z세대는 디지털 기술과 깊이 융합된 세대로, 급변하는 사회 환경 속에서 끊임없이 적응하고 혁신을 추구하는 세대다. 또한 이들은 단순히 변화를 따라가는 세대가 아니라 능동적인 변화의 주체로 전통적인 사회 패러다임에 도전하고 새로운 가치를 창출하는 세대다. 그리고 경제적 불확실성과 사회적 압박 속에서도 개인의 행복과 자아실현을 포기하지 않으며, 자신만의 독특한 생존 전략과 세계관을 형성해 나가고 있다. 소비

29 진 트웬지, 『제너레이션: 세대란 무엇인가』, 이정민 역(서울: 매경제신문사, 2023), 377.

[그림 I-23] Z세대

와 노동, 삶의 방식에 대한 이들의 혁신적인 접근은 한국 사회와 기업에 근본적인 변화를 이끌고 있다. 결국, 한국사회 속 20대는 단순한 청년세대가 아닌 한국사회의 미래를 책임지는 핵심 동력이자 변화의 촉매제로 자라가고 있다.

2. 20대와 한국교회

그렇다면 한국교회 안에서 20대의 모습은 어떨까? 2024년 4월에 발표된 목회데이터연구소의 '무종교인의 종교의식에 관한 조사'에 의하면 종교에 관해 가장 많은 관심을 보인 세대는 20대였다. 20대의 50%가 '영혼이 있다'라고 생각하였고 40%는 '부적이나 사주가 사람의 인생에 영향을 미친다'고 생각하였다. 현실에 대한 불만과 미래에 대한 불안이 종교성에 가장 많이 영향을 주었음을 알 수 있다.[30]

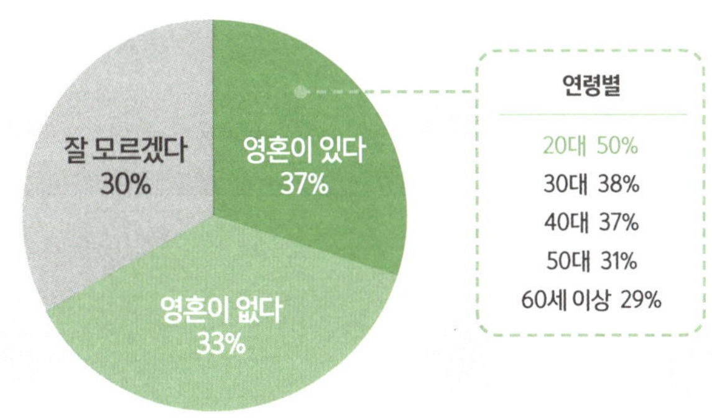

<표 I-16> 영혼에 대한 믿음(무종교인)

30 목회데이터 연구소, 무종교인의 종교의식, 조사 http://www.mhdata.or.kr/bbs/board.php?bo_table=gugnae&wr_id=118, 2024년 8월 11일 접속.

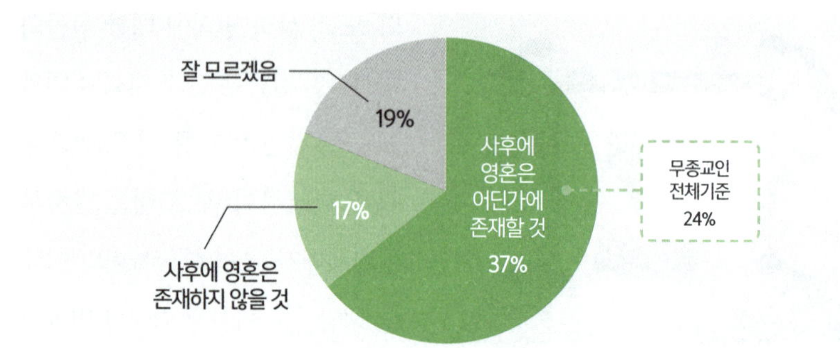

<표 I -17> 사후 영혼에 대한 생각 (영혼 있다고 믿는 무종교인)

그러나 역설적이게도 (비록 다른 조사이긴 하지만) 매주 종교 활동을 하는지 묻는 질문에서는 20대가 가장 낮은 수치를 기록했다. 특히 개신교의 경우 최근 10년간(2012-2023년) 20대 교인 수가 10%가 감소하여 한 자리 수인 9%를 기록했다. 다른 세대는 모두 두 자리 수였는데 말이다.[31] 즉 이제 교회 안에서 20대를 찾아보려고 해도 찾기 어려워졌다는 뜻이다.

		1998년*	2012년*	2023년	증감(2023-2012)
전체		20.7	22.5	16.6	-5.9%p
성별	남성	17	21	16.6	-6%p
	여성	24	24	18	-6%p
연령	19~29세	20	19	9	-10%p
	30~39세	19	21	11	-10%p
	40~49세	24	26	14	-12%p
	50~59세	26	23	17	-6%p
	60대 이상	19	24	24	0%p
지역	서울	26	28	17	-11%p
	인천/경기	28	27	18	-9%p
	대전/세종/충청	19	22	18	-4%p
	광주/전라	24	25	22	-3%p
	대구/경북	10	14	14	0%p
	부산/울산/경남	11	14	9	-5%p
	강원/제주	20	14	19	5%p

*자료출처: 한목협, '한국기독교분석리포트, 한국인의 종교생활과 신앙의식조사 보고서'. (전국의 만 19세 이상 성인남녀 대상) note) 수치를 단순화하기 위해 소수 0자리로 표시

<표 I -18> 인구 특성별 개신교 인구 변화 추이 (만 19세 이상, %)

31 목회데이터 연구소, 2023 한국인의 종교현황, http://www.mhdata.or.kr/bbs/board.php?bo_table=gugnae&wr_id=108, 2024년 9월 12일 접속.

그렇다면 남아있는, 또는 교회와 연결 끈이 조금이나마 남아있는 한국교회 안에서 20대, Z세대는 한국사회와 비교하여 어떤 특징을 가지고 있을까? 교회 안 20대의 특징을 개인과 관계적인 측면에서 살펴볼 때 개인주의, 진짜주의, 열심주의로 요약할 수 있다.[32] 첫째, 개인주의란 기존의 공동체보다 개인의 삶이 우선됨을 말한다. 자신의 삶이 가장 중요하고 공동체에 대한 헌신을 더 이상 기대하기가 어렵다. 공동체 조직에 있었어도 일방적인 봉사를 강조하는 위계적인 구조보다 스스로의 자유와 평등을 추구한다. 둘째, 진짜주의란 모든 판단 기준이 자신이 되어 진짜와 거짓을 파악하는 것을 말한다. 교회 안의 불합리한 부분을 마주할 때 기존 세대는 참고 넘어가는 편이라면 20대는 그것을 겉으로든 속으로든 드러낸다. 믿을 거면 제대로 믿고 아니면 떠나는 선택을 한다. 그 결과 일방적인 순종보다는 개인의 납득이 우선시되는 세대다. 마지막은 열심주의로 개인이 필요하고 좋아하는 것에만 최선을 다하는 것을 말한다. 자신에게 도움이 되는 일이라면 교회 일도 열심을 가지지만 대부분은 교회 밖 일에 더 열심을 가진다. 여기에는 실제 도움이 되는 현실주의와 쾌락을 즐기려는 향락주의가 함께 포함된다. 흔히 교회 안에 열심주의에 빠진 청년을 '어노이팅 증후군'이라 부르는데 이는 교회 안에서는 열심을 다해 인정을 받지만 세상에서는 전혀 인정을 받지 못하는 사람을 두고 Z세대가 비꼬아 부르는 말이다.[33] 개인주의, 진짜주의, 열심주의 이 세 가지 특징 가운데에는 하나님 중심이 아닌 사람 중심이 있다. 개인의 시간과 삶이 우선시되고 모든 판단의 주체가 자신이 된다. 일의 열심도 개인이 좋아하는 일에만 집중된다. 그 결과 세 가지 중 하나라도 교회가 부족하다고 여길 때 20대는 교회를 떠나고 싶어 하고 실제 떠나가고 있다.

32 에제키엘, 『MZ 세대 사역자가 쓴 MZ 세대와 한국교회』 (서울: CLC, 2024), 34-47.
33 앞의 책, 45.

3. 공동체 중심의 접근

그렇다면 한국교회는 20대에 대해 어떤 접근을 해야 할까? 그 해답은 아이러니하게도 개인이 아닌 '공동체'에서 답을 찾아야 한다. 특별히 교회 공동체가 이러한 개인을 담을 수 있는 큰 그릇이 되어야 한다. 기독교 교육학자인 웨스트호프 3세는 신앙발달에 있어 이 Z세대의 특징을 청소년기의 "탐구적 신앙(Searching Faith)"를 지나 청장년기의 "소유된 신앙(Owned Faith)"으로 나아가는 단계로 표현했다.[34] 그는 20대 경우 외부에서 주어진 신앙이 아니라 자기 스스로가 깊이 성찰하는 단계로 공동체가 가져왔던 전통과 개인의 경험이 종합적으로 통합되는 시기로 보았다. 즉 개인의 자율성과 함께 책임을 가지는 시기로 그 결과 신앙에 있어 주체적이고 능동적인 태도를 가질 수 있다는 것이다. 그리고 공동체 안에서 개인의 신앙과 공동체의 가치가 서로 통합될 뿐만 아니라 개인과 개인 간에 서로 영향을 주고받는 역동적인 관계가 되는 것이다. 달리 말하면 앞서 언급한 한국교회 안에서 20대가 가지는 개인주의, 진짜주의, 열심주의가 공동체 안에서 부정적인 방향이 아닌 긍정적인 방향으로 구체화되고 실현될 수 있다는 것이다.

III. 한국교회 20세대 사역적 모델:
사랑이꽃피는교회

나는 여기서 한국사회와 한국교회 20대의 여러 특징을 '옴니보어'(omnivore) 한 단어로 요약하고자 한다. 옴니보어의 사전적 의미는 잡식성인데, '여러 분야에 관심을 갖는다'는 모습을 뜻한다. 이 단어는 신조어로서 『트렌드 코리아 2025』에서 한국사회를 빗대어 처음 사용한 단어다.[35] 책에서는 전 세대를

34 존 웨스트 호프, 『교회의 신앙교육』, 정웅섭 역(서울: 대한기독교 교육협회, 1998), 145-149.
35 김난도 외, 『트렌드 코리아 2025』 (서울: 미래의창, 2024), 133.

향해 사용했지만 내가 보기에 20대의 특징과 가장 잘 맞는다. 특정 문화에 얽매이지 않고 폭넓은 취향을 가진 세대가 바로 Z세대다.

그렇다면 교회는 이러한 옴니보어 세대에 맞추어 어떻게 사역을 해야 할까? 그들의 다양한 잡식성을 인정해 주어야하지만 사역에 있어 중심을 잡을 필요가 있다. 그래서 Z세대 교회 사역의 핵심 단어를 이 글에서는 '옴니버스(omnibus)' 청년 사역이라 칭한다. 옴니보어와 옴니버스 모두 '모든 것,' '모든 방식'을 뜻하는 옴니(omni)를 포함하고 있지만 결정적인 차이가 있다. 옴니버스는 하나의 주제를 중심으로 여러 이야기가 다양하게 형성되는 것을 뜻한다. 즉, 교회가 20대 청년 사역을 할 때 그들의 여러 가지 특징을 잡아 줄 핵심 가치를 반드시 가지고 그것을 중심으로 다양한 사역을 펼쳐가야 한다는 뜻이다. 다양성 가운데 표류하지 않을 핵심 가치를 제시하는 동시에, 그들의 다양성에 대한 갈망을 다양한 사역으로 충족시켜 주어야 한다는 의미다.

이러한 옴니버스 청년 사역의 좋은 모델로서 사랑이꽃피는교회를 제시하고자 한다. 사랑이꽃피는교회는 경상북도 경산시에 있는 교회로 1953년에 대조교회로 시작하여 70년이 넘는 역사를 가졌다. 이 교회는 도시와 농촌 사이에 위치한 전형적인 도농교회이다. 이런 교회가 청년 사역 모델이 될 수 있을까 의문이 들 것이다. 실제로 2002년 현재 담임목사인 구빈건 목사가 부임할 때는 불과 청년부는 5명 미만의 작은 공동체였다. 그러나 현재는 미혼 청년만 200-300명이 모이는 큰 공동체로 부흥하였다.

사랑이꽃피는교회는 단지 청년이 많은 교회가 아니라 청년이 교회의 주축이 되어 다음세대를 더욱 강력하게 세우는 교회를 기대한다. 이에 세 가지 비전, 하나님 나라를 누리고 하나님 나라를 세워가는 교회, 이웃과 함께 희망을 노래하는 교회, 일체 모든 은혜와 감사만 있음을 고백하는 교회로, 교회 이름대로 매일 가정과 교회 공동체를 통해 사랑이 꽃피도록 노력하는 교회다. 특별히 예장 고신총회에서 사역자들이 사역해 보고 싶은 교회 중 하나로 손꼽힌다.

[그림 I -24] 사랑이꽃피는 교회 전경

사랑이꽃피는교회 대학청년부에는 충성, 화평, 온유, 사랑 총 4개 공동체가 있다. 그리고 공동체 아래 다시 7-8개의 목장이 있다. 각 공동체의 규모는 50-70명 정도이며 간사를 중심으로 소그룹 목자가 6명, 목자를 중심으로 목원이 8-10명 정도 구성되어 있다. 충성과 화평 공동체는 20대 대학생 중심이고, 온유 공동체는 대학 졸업한 20대 중후반 직장인 중심, 사랑 공동체는 30대 직장인 중심의 공동체이다. 겉보기에는 여타 다른 교회 대학청년부와 큰 차이가 없다. 이들은 매주일 오후 1시에서 2시 30분까지 청년 예배(3부 예배)로 모인 이후 각 공동체, 목장별로 5시까지 2시간 30분 정도 모임을 갖는다.

IV. 청년 사역 핵심 원리와 사역 원리

1. 옴니버스 청년 사역 핵심 원리: 목회 철학이 분명한 교회가 되라! "하나님 나라가 중심이다"

옴니버스 청년 사역에서 가장 중요한 것은 '핵심 원리'다. 이 핵심 원리가 사역 원리의 기준이 되고 뿌리가 된다. 청년 사역을 바르게 잘 하길 원한다면 제일 먼저 핵심 원리를 세워야 한다. 핵심 원리가 무엇인가? 분명한 목회 철학이 있는 교회다. 흔히 '철학이 밥 먹여 주냐?'라고 말하지만 교회 사역에 있어 목회 철학은 사역을 배불리 먹여 준다. 왜냐하면 목회 철학이 모든 사역의 시작이고 끝이기 때문이다. 분명한 철학이 모든 사역을 가능케 한다.

사랑이꽃피는교회 역시 목회 철학이 분명하다. 구빈건 목사의 목회 철학은 '하나님 나라'다. 사랑이꽃피는교회는 모든 구성원이 '하나님 나라를 누리고 그 나라를 세워 가는 교회'라는 동일한 비전을 가진다. 이 문구는 구빈건 목사가 교회에 부임하기 전부터 오랫동안 고민하면서 가졌던 비전으로 단지 구호가 아니라 지금까지 흔들림 없이 삶으로 본을 보여 주고 있다.

구빈건 목사는 현재 한국교회가 청년 사역에서 어려움을 겪는 이유가 지난 세기 한국교회의 급성장에서 비롯되었다고 본다. 보다 정확히 말하자면 한국교회 안의 세속적 성장주의, 물질주의, 물량주의가 청년의 마음을 상하게 하고 그들로 하여금 교회를 떠나게 했다고 생각한다. 그래서 그는 사랑이꽃피는교회에 부임할 때부터 교회가 어떤 꿈을 가져야 할지에 관해 깊은 고민을 하였다. 기존 교회와 성도가 가지고 있었던 소위 세속적인 꿈이 아니라 "하나님께서 원하시는 진짜 비전이 무엇인가?", "성도는 무엇을 꿈꾸며 살아가야 하는가?"라는 질문을 끊임없이 던졌다. 그리고 이 질문에 관해 구빈건 목사가 내린 결론이 바로 '하나님 나라'다.

구빈건 목사는 성경 전체에서 하나님께서 원하시는 바를 '하나님 나라가 이 땅 가운데 임하는 것'으로 요약한다. 구약 시대 에덴동산, 가나안 땅에서, 신약 시대 제자 공동체 안에서 그리고 복음 전파를 통해 세워진 교회 안에서 하나님 나라가 그곳 가운데 실현되는 것을 핵심 가치로 보았다. 그리고 그 일을 이루기 위한 새 계명을 '사랑'이라 확신하고 2008년에 교회 이름도 대조교회에서 '사랑이꽃피는교회'로 바꾸었다. 교회는 사역에 앞서 사랑이 먼저 일어나야 하며 그 사랑은 하나님 나라가 임할 때 가능하다고 보았다. 하나님을 아버지로 모시고 예수님을 맏형님으로 모신 사랑의 가족임을 교회 공동체 안에서 경험할 때 이것이 이루어진다고 보았다. 그리고 그렇게 자란 성도를 통해 그 사랑이 강화될 것을 확신하였다. 재미있는 사실은 사랑이꽃피는교회의 경우 "하나님 나라의 임재"에 관한 비전이 담임목사와 가까운 특정 그룹이나 당회, 제직 그룹만이 아니라 청년세대를 비롯한 모든 세대에게 뿌리내려 있다는 것이다. 매주 설교, 성도 간 교제 시간마다 이 이야기가 빠지지 않는다. 그 결과 하나님의 비전이 목회자의 비전이 되고 목회자의 비전이 성도의 비전이 되고 그것이 공동체 전체의 비전이 되어 이제는 전체 교회가 한 마음, 한 뜻, 한 말을 하게 되었다. 담임목사의 흔들림 없는 분명한 목회 철학과 생활의 본이 모든 사역을 가능케 하는 핵심 기초가 된 것이다.

2. 옴니버스 청년목회 사역 원리 1: 청년이 중심이 되는 교회가 되라! "청년이 중심이다!"

"청년이 미래다"라는 한 기업의 광고처럼 많은 교회가 "청년세대가 중요하다"라고 외친다. 하지만 진짜 청년이 중심이 되는 교회는 찾아보기 어렵다. 기껏해야 전담 사역자를 두거나, 부서 예산을 늘려 주는 정도가 대부분이다. 사랑이꽃피는교회도 처음에는 청년이 중심인 교회가 아니었다. 앞서 말한 것처럼 교회에 청년은 5명뿐인 시골교회였다. 그러나 구빈건 목사가 '하나님 나라의 임재'라는 분명한 목회 철학을 가지고 사역을 하는 중, 청년 중심의 교회로 세울 것을 교회에 선포하였다. 말로만 선포한 것이 아니라 모든 사역 중심에 청년을 두고 매주 교회 근처에 있는 대학교를 찾아가서 복음을 전하였다. 그리고 전도를 통해 모여든 청년을 중심으로 청년 사역이 시작되었다. 부임한 지 20년이 넘었지만 구빈건 목사에게 가장 중요한 사역은 청년 사역이다.

사랑이꽃피는교회는 매주일 1-3부 예배가 있다. 마지막 3부 예배(1시-2시

30분)가 청년을 대상으로 하는 예배다. 매주 설교를 담임목사가 목숨 걸고 한다. 그리고 매주 금요일마다 청년이 중심이 되는 저녁집회가 있다. 청년이 자율적으로 찬양팀을 만들어 돌아가면서 찬양을 인도하고 목장별로 다양한 행사를 한다. 놀라운 사실은 두 예배 모두 200-300명이 되는 청년이 모여 뜨겁게 예배를 드린다는 사실이다. 서울이나 수도권, 부산 같은 대도시가 아니라 도농 지역인데 말이다. 대도시 가운데 있는 대형교회 청년 예배보다 더 열정적이다. 청년 5명 있던 교회가 어른 성도 600명 중 절반이 청년세대로 채워진 교회로 변화되었다.

어떻게 이런 일이 가능할까? 목회자와 교회 중심에 청년이 있었기에 가능한 일이다. 구빈건 목사는 청년 사역을 바라는 목회자에게 이렇게 이야기한다. "청년 설교를 절대로 부교역자에게 맡기지 마라!" 주일 청년 설교는 담임목사가 목숨 걸고 챙기고 평일 청년 사역을 담당 교역자에게 위임하라고 말한다. 청년 중심 교회에는 청년 중심 예배가 있고 청년 중심 예배에는 청년 중심 설교가 있다. 이것을 담임목사가 절대로 포기하지 마라는 것이다. 왜 이것이 중요할까? 청년 사역의 핵심 원리인 하나님 나라의 임재를 담임목사가 선포해야 하고 이를 삶으로 보여줘야 하기 때문이다. 그리고 청년 스스로가 그러한 삶을 살도록 교회가 장을 열어 주어야 한다. 사랑이꽃피는교회는 교회의 모든 사역 중심에 청년을 둔다. 장년 세대가 교회학교, 지역 봉사, 해외 선교, 국내 선교 등에서 청년세대를 도와주는 시스템으로 구성되어 있다. 이러한 사역 원리가 어떤 파장을 일으켰을까? 교회가 청년을 중심에 두자 청년이 교회를 중심에 두게 되었다. 단적인 예로 대학을 졸업하고도 여전히 지역에 남아 교회로 모이고 섬긴다. 흔히 대학을 졸업하고, 직장을 찾아 결혼을 통해 대도시나 수도권으로 떠나는 모습과는 사뭇 다르다. 어떻게 이런 일이 가능한가? 교회 중심에 청년을 두었기 때문이다.

3. 옴니버스 청년목회 사역 원리 2: 말씀대로 사는 본을 보여라!

"평생 함께 갑시다."

구빈건 목사는 청년 사역을 위해서 말씀대로 사는 본을 보여야 한다고 힘주어 강조한다. 누구나 다 아는 이야기지만 특별히 그는 부교역자와 관계에서 더욱 말씀대로 행하고자 한다. "여기가 끝입니다.", "다른 사역지를 알아보세요." 흔히 교회에서 부교역자가 자주 듣는 이야기다. 사역의 열매가 없을 때, 준비한 행사가 실패하였을 때 이를 품어 두었다가 내보낼 때 구실로 사용한다. 설령 담임목사의 마음이 그렇다고 해도 부교역자의 마음이 그렇지 않는 경우도 많기 때문이다. 하지만 사랑이꽃피는교회에서는 교역자와 성도에게 '평생 함께 갑시다'라는 말을 자주한다. 성도에게 그런 말을 하기란 쉽게 보여도 함께 하는 부교역자에게 그런 말을 하는 것은 한국교회에서 낯선 일이다. 그러나 구빈건 목사는 예수님과 제자의 관계를 떠올리며 예수님이 제자를 버린 적이 없듯이 담임목사와 부교역자의 관계도 평생 함께 갈 수 있는 관계가 되어야 함을 말한다. 그리고 교회를 떠나갔어도 언제든 돌아올 수 있는 관계가 되어야 한다고 확신한다.

이런 것은 세상이 말하는 섬김의 리더십을 넘어서 말씀대로 살고자하는 태도에서 비롯된 것이다. 말씀대로 교역자가 먼저 된 자가 나중 된 자를 섬기는 종이 된다면 모든 관계에서 마찰이 일어날 수가 없다. 그 결과 사랑이꽃피는교회의 경우, 교역자가 자신이 맡은 일에 있어 안정감을 가지고 섬김의 본을 보이면서 사역을 감당하고 있다. 그리고 오랜 시간 한 사역에 집중하면서 각자 맡은 사역의 전문가로 양성되고 있다. 또한 담임목사의 섬김의 리더십을 통해 교역자와 성도 간에 상하 관계가 아닌 예수님 안에서 진짜 가족과 같은 관계를 형성하고 있다. 그 결과 그리고 매년 대학을 졸업한 청년 가운데 사역자를 꿈꾸며 신학대학원으로 진학하는 인원이 줄지어 있다. 청년에게 바른 말씀을 전하는 것도 쉬운 일은 아니지만 그것보다 더 중요한 것은 그것을 삶으로 보여주는 것이다. 옛말에 머리는 머리를 변화시키고 가슴은 가슴을 변화시키지만 삶이 변화되기 원한다면 삶으로 만나야만 가능하다고 했다. 사랑이꽃피는교회에서는 담임목사를 비롯해 교역자들이 먼저 삶으로 보여줌으로써 변화를 이루어내고 있다.

4. 옴니버스 청년목회 사역 원리 3: 용광로와 같은 공동체가 되라!

"작은 불씨도 함께 녹여라!"

"이런 이야기까지 어떻게 여기서 이야기할 수 있지?" 사랑이꽃피는교회 청년 목장에 처음 간 사람의 반응이다. 청년부를 담당하고 있는 구예찬 강도사는 기존 교회에서 온 청년이 사랑이꽃피는교회 청년부에 참여할 때 가장 부담스러워 하는 시간이 목장별 나눔의 시간이라고 말한다. 아무리 나눔 시간이라도 기존 교회에서라면 나누기 힘든 내용을 목장 모임에서 솔직하게 나눈다. 일주일간 자신의 삶에 일어났던 문제와 죄를 이야기하고 용서와 회개를 구한다.

어떻게 이런 일이 가능할까? 여기에는 세 가지 숨겨진 비밀이 있다. 첫째는 목장 모임이 일반적인 친교 모임이 아니라 말씀 중심의 모임이기에 가능한 일이다. 매주 금요일 저녁집회 전 리더 모임이 있다. 8시부터 9시 30분까지 1시간 30분 정도 모이는데, 담임목사가 여기에서 주일 설교할 말씀을 먼저 집중적으로 나눈다. 담임목사가 일주일 동안 준비한 말씀을 가지고 그 본문에서 하나님께서 우리에게 원하시는 삶의 모습이 무엇인지를 먼저 자신에게 적용하고 그 적용된 말씀을 리더에게 가르친다. 그리고 주일 설교를 듣고 난 이후 목장별로 모임을 가진다. 목자를 통해 예배 때 들었던 말씀의 핵심 내용을 다시 들은 후에 지난주에 살았던 말씀을 가지고 나눔을 갖는다. 여기까지는 여느 교회와 다를 바 없어 보인다. 이어서 솔직한 나눔이 가능한 두 번째 비밀은 가능한 매일 또는 매주 공동체 시간을 가진다는 것이다. 사랑이꽃피는교회의 20대 대부분이 대학생활을 하고 있다. 이 부분을 십분 활용하여 각 대학별로 점

[그림 I -25] 사랑이꽃피는 교회 목장 모임

심식사를 활용한 다양한 모임을 가진다. 일주일에 주일 한번만 만나는 게 아니라 주중 모임을 통해 여러 번 만나고 삶을 공유하는 시간을 가지니 나눔이 더욱 풍성해질 수밖에 없다. 또한 남녀 학사를 운영하기도 해서 함께 생활하는 가운데 일어나는 다양한 문제를 공감할 수 있게 된다. 세 번째는 한번 목장이 정해지면 상위 부서로 올라가기 전까지 목장이 바뀌지 않는다. 기존 교회 소그룹 모임이 분기별 또는 해마다 변경되는 것과 다르다. 적어도 대학 입학한 이후 4-5년 정도는 변동 없이 함께 삶을 나눈다는 것이다. 그러다 보니 처음에는 어색하고 주저하다가 결국에는 진솔한 삶의 나눔이 이어진다. 단순한 친교 모임이 아닌 말씀 중심의 모임이며, 주중에 자주 만나 삶을 공유하고, 주일에 다시 오랜 기간 동안 함께해 온 가족과 같은 공동체에 자신의 문제와 고민을 나눈다. 이것이 나눔이 풍성해지는 비결이다.

물론 사랑이꽃피는교회도 완벽한 교회가 결코 아니다. 오랜 시간동안 함께 있다 보면 다툼도 있고 상처도 있다고 말한다. 그런데 그 모든 것이 목장이라는 용광로 속에서 없어진다고 한다. 문제가 생길 만한 작은 불씨가 올라올 때 이것이 마른 장작더미로 옮겨 붙어 더 타버리는 게 아니라 훨씬 더 뜨겁고 깊은 용광로 속에 함께 녹여 내릴 때 그 문제가 해결된다는 것이다. 이것이 다른 교회 청년 사역과 사랑이꽃피는교회 청년 사역의 또 다른 차별점이다. 개인을 중시하는 사회 분위기에서 교회는 공동체 회복에 주목해야 한다. 공동체만이 품을 수 있는 삶의 문제를 나눌 때 흔들리는 믿음이 아닌 소유된 믿음을 가질 수 있게 될 것이다. 세상 여느 동호회나 사교 모임에서 경험하는 재미와 친교가 아닌 살아 있는 말씀과 말씀의 능력을 나누는 모임이 청년과 교회를 변화시킬 것이다.

5. 옴니버스 청년목회 사역 원리 4: 문화를 선도하는 교회가 되라! "세상보다 더 재미있게!"

"너무 재미있어 다시 왔어요!" 사랑이꽃피는교회 청년부를 경험한 사람의 고백이다. 한국교회가 성장하던 시기를 돌아보면 청소년이든 청년이든 교회에서 모이기를 힘썼다. 왜냐하면 혼자 있기보다 함께 있었을 때 더 재미있고 좋았기 때문이다. 구빈건 목사는 이 점을 한국교회가 다시금 주목해야 할 필요가 있다고 강조한다. 그는 교회 문화가 세상 문화를 따라가지 못하는 시대가 되었다는 점이 한국교회의 큰 문제라고 진단한다. 굳이 교회에 오지 않아도 세상이 더 재미있다. 이에 구빈건 목사는 교회가 세상 문화보다 앞서 문화를 선도해야 한다고 말한다. 사랑이꽃피는교회의 경우 교회와 교회 주변의 환경을 활용하여 청년세대가 즐길 수 있고 함께할 수 있는 문화를 만들어 가고 있다. 대표적인 활동이 동아리 활동이다. 이미 사랑이꽃피는교회 내에는 여러 동아리 활동이 진행되고 있고, 또 앞으로도 새로운 동아리 활동 생성과 지원을 아끼지 않을 계획이다. 소수의 사람이 동아리를 만들고 싶다면 얼마든지 새로운 동아리를 만들 수 있으며 새로 전도 받아 온 사람이라도 동아리 가입이 자유롭다. 그리고 교회 안에 풋살, 카페, 놀이방 그리고 교회 밖에 지역사회와 각 연령에 필요한 다양한 시설을 갖추고 여기에 사역자를 배치, 자유롭게 청소년과 청년이 활동할 수 있도록 돕고 있다.

앞서 언급한 대로 처음 사랑이꽃피는교회에 전도 받아 온 청년은 교회에 나오는 이유가 교회가 너무 재미있어서다. 친구, 선후배와 시간을 보내고 함께

[그림 I -26] 대학부 동아리 모임

활동하는 것이 세상보다 더 재미있어 그 재미에 교회에 정착하게 되었다는 것이다. 그리고 이후에 재미보다 더 귀한 말씀을 통해 삶의 의미를 발견하게 되었다고 한다. 처음에는 재미로 접근했던 교회 문화가 이후에는 말씀을 통해 진지함으로 받아들여진다는 것이다. 청년 사역에 있어 흥미와 재미는 놓칠 수 없는 중요한 요소다. 그들의 눈높이에 맞는 활동을 자유롭게 할 수 있도록 교회가 장을 마련해 주고 그 활동 이후 말씀에 기초한 진솔한 삶의 나눔이 일어나도록 아낌없이 지원해 주어야 한다. 이러한 일에는 앞서 설명한 대로 교회가 문화를 만들어 내야 하며 그 문화를 만들기 위해서는 문화를 선도하는 교회가 함께 세워져야 한다.

6. 옴니버스 청년목회 사역 원리 5: 다음세대를 세우는 교회가 되라! "교회학교 153원리 실천하라!"

"사랑이꽃피는교회 청년은 1인 1사역이 필수입니다." 오늘날 한국교회의 큰 고민 중 하나는 더 이상 교회에서 청년 봉사자를 모집할 수 없다는 것이다. 돌봄과 배움까지는 참여하지만 무보수로 이용만 당하는 교회 봉사는 하지 않으려고 한다. 봉사는 귀찮은 일이며 한번 봉사를 시작하면 빠져나갈 수 없다는 인식이 강하다. 그 결과 교회 안에 봉사하는 청년은 소수이고 그 봉사하는 청년도 번 아웃 상태에 빠지기 쉽다.

[그림 I -27] 교회학교 교사 활동

그런데 놀랍게도 사랑이꽃피는교회의 경우 청년은 1인 1사역이 필수다. 가능한 주중이나 주말을 이용하여 한 가지 사역에 봉사를 하라는 것이다. 여기서 봉사는 하나님 나라를 삶에서 실천하기 위한 방법이기도 하다. 사랑이꽃피는교회의 경우 청년이 가장 많이 봉사하는 사역은 교회학교 섬김이다. 다음세대를 세우는 일에 청년세대가 가장 많은 힘을 쏟고 있다. 사랑이꽃피는교회의 경우 교회학교에 새로운 모델을 시도하고 있다. 바로 '153의 원리'다. 한(1) 반 다섯(5) 명 학생에게 세(3) 명의 교사를 붙이는 것이다. 한 명의 어린이도 소외됨 없이 돌봄 교육을 하겠다는 것이며 그 중심에 청년 봉사자들이 있다. 교육학적으로 가르침과 배움이 가장 잘 일어날 수 있는 나이 차이는 10살 정도다. 서로의 언어와 문화를 잘 이해할 수 있기 때문이다. 노년의 교사들로 가득한 보통의 교회학교 형편에서는 무척이나 부러운 모습이다.

물론 그 가운데 너무 열심을 내어 자신이 감당하지 못할 정도의 일을 하겠다는 청년도 있다고 한다. 그럴 경우에는 청년 리더가 조율을 해 준다. 그럼에도 불구하고 봉사를 하다가 힘들어 할 때는 언제든지 쉬게 해 준다. 물론 교회학교의 경우 핵심 교사 역할은 리더 정도의 숙련된 청년이 감당하고 새로운 청년의 경우에는 이를 뒷받침하는 보조교사의 역할을 맡김으로 쉴 때에도 서로간의 불편을 최소화 한다. 놀라운 사실은 이러한 청년교사의 헌신을 통해 사랑이꽃피는교회의 교회학교도 함께 성장해 가고 있다는 사실이다. 외적인 성장뿐만 아니라 내적인 성장도 함께 이루어져 가고 있다. 청년교사의 헌신을 본 많은 청소년이 자신도 이후에는 저렇게 교회 봉사를 해야겠다는 것을 자연스럽게 받아들인다고 한다. 머리로써만의 교육이 아닌 성경에서 말하는 믿음의 도제식 교육이 자연스럽게 일어나고 있다.

7.옴니버스 청년목회 사역 원리 6: 필요를 채워 주는 교회가 되라! "삶과 맘의 평안을 주라!"

"삶의 실제적인 필요를 교회가 채워 주고 있어요!", "결혼식이 너무 기대돼요" 사랑이꽃피는교회는 청년의 필요를 채워 주는 일에 최선을 다한다. 청년 사역에 있어 한국교회가 주목해야 할 점이 여기에 있다. 보통 한국교회의 경우 청년에게 금전적인 지급으로 필요를 채워 주는 경우가 많다. 물론 이것도 매우 좋은 방법이지만, 보다 더 고민하고 한 발 더 들어갈 필요가 있다. 사랑이꽃피는교회의 경우, 금전적인 지원에 앞서 그들의 필요를 한번 더 고민하고 그들의 입장에 서려고 노력한다. 여기에 청년의 마음이 열린다.

사랑이꽃피는교회는 청년을 위해 각 대학교를 중심으로 6곳의 학사가 운영되고 있다. 처음 학사를 운영하기 시작한 것도 다른 지역에서 오는 학생을 어떻게 도울 수 있을까 하는 생각에서 시작되었다. 지금은 매 학기 40명이 넘는 학생이 이 학사를 통해 많은 지원을 받고 있다. 뿐만 아니라 향후 학생의 입장을 고려해서 학사를 더 늘려갈 계획도 가지고 있다. 또한 대학을 졸업한 이후 취업을 준비하거나 취업 후 퇴직을 한 경우라도 교회를 통해 삶의 필요를 채울 수 있도록 배려를 하고 있다. 앞서 이야기한대로 교회가 성도를 책임지는 교회의 사명에 최선을 다한다.

오늘날 한국사회뿐만 아니라 한국교회 내에서도 청년세대에게 결혼은 큰 고민거리다. 여기에 사랑이꽃피는교회는 한 발 더 고민하고 배려한다. 청년이 결혼할 때가 되어 교회에서 결혼할 경우 필요한 모든 경비를 교회가 부담한다.

결혼식장의 식사나 피로연보다 더 알차고 재미있게 꾸며 준다. 결혼 이후 임신과 출산 과정에서도 교회와 성도가 많은 도움을 주고 있다. 또한 학교 생활이나 직장 생활에서도 선후배 간 소통을 통해 실제적인 도움을 준다.

청년 사역을 위해서는 피상적인 대답으로는 효과를 볼 수 없다. 실제적이고 실존적인 문제에 적극적으로 개입하여 도와주고 함께 해결해 나가야 한다. 그럴 때 청년이 감동하고 마음을 열게 된다. 청년 사역은 구호나 마음만으로 하는 사역이 아니라 문제를 해결하고 돕는 사역임을 알아야 한다.

8. 옴니버스 청년목회 사역 원리 7: 스스로 움직이는 교회가 되라!

"자율에서 아이디어가 나온다."

"모든 것이 자율이지만 그 안에 진짜 책임이 있어요!" 청년 사역의 마지막 원리는 스스로 움직이는 교회다. 사랑이꽃피는교회는 자율성이 강조되는 교회다. 스스로가 알아서 움직인다. 담임목사가 부교역자를 채근하지 않는다. 새벽기도에 나오지 않더라고, 교회에 출근을 하지 않더라도 자율적으로 믿고 사역을 한다. 청년 사역자가 청년 리더를 나무라지도 않는다. 때로는 일이 답답하게 흘러가도 기다려 준다. 그런데 시간이 지나면 모든 일이 자연스럽게 돌아간다. 물론 속도의 차이는 있지만 결과는 똑같다. 어떻게 이런 일이 가능할까? 그것은 신뢰를 바탕으로 둔 자율에서 나온다. 모든 것의 선택은 자율이지만 그 자율 속에서 책임을 깨닫게 한다. 사랑이꽃피는교회는 모든 사역과 봉사를 자율적으로 선택한다. 해외 선교든 국내 봉사든 다 자율적으로 선택한다. 그리고 그 선택 이후에 따르는 책임도 스스로가 진다. 해외 선교를 예로 들어 보자. 흔히 일반적인 교회의 경우 해외 선교를 갈 때 많은 비용을 교회가 부담해 준다. 그러나 사랑이꽃피는교회에서는 그런 형태를 띄지 않는다. 스스로 준비해야 할 부분은 스스로 준비하게 한다. 부담을 느껴 달아날 것 같지만 오히려 책임감을 느끼고 힘써 준비한다.

[그림 I-28] 대학부 봉사 활동

또 주어진 자율 안에서 다양한 사역의 아이디어가 나온다. 어떻게 하면 조금 더 잘 할 수 있을까 하는 고민을 하고 교회는 그 일을 할 수 있도록 돕는다. 물론 교회가 앞서 더 좋은 생각을 제안할 수 있지만 그것의 수용 여부는 개인에게 선택하도록 한다. 청년세대를 교회가 기다려 줄 뿐만 아니라 스스로가 해낼 수 있도록 격려한다. 한국교회에서 사라진 것 중에 하나가 이러한 자율성이다. 마지 못해 하는 사역에는 보람과 긍지보다 두려움과 피곤함만 더한다. 교역자가 스스로 움직이고 청년이 스스로 움직이는 교회가 되어야 한다. 다양한 의견을 수렴할 뿐만 아니라 그 일을 함께 듣고 들여다 볼 수 있는 마음의 눈과 귀가 필요하다.

이렇게 보면 사랑이꽃피는교회 모델을 모든 교회에 다 적용할 수 있을까 의문이 든다. 하지만 생각만 바뀌면 누구나 적용 가능한 교회의 이야기다. 게다가 사랑이꽃피는교회도 완벽한 교회가 아니다. 지금까지 우리가 알 수 없는 많은 문제를 겪어 왔고 또 새로운 어려움들을 겪어 나갈 것이다. 그러나 20대, Z세대 청년 사역에 있어 한국교회가 참고할 만한 교회임에는 분명하다. 그리고 구빈건 목사의 말처럼 사랑이꽃피는교회가 되었다면 다른 교회도 못할 이유가 없다. 소위 사랑이꽃피는교회는 몇천 명이 모이는 대형교회가 아니다. 20년 전 전형적인 시골교회에서 소수의 청년과 함께 하나님 나라를 향해 품은 한 목회자의 비전이 세월이 흘러 성도의 비전이 되고 교회의 비전이 된 이야기다.

V. 20대, Z세대 청년 사역의 핵심 방향

20대, Z세대는 한국사회와 교회에 있어 가장 중요한 세대라 해도 과언이 아니다. 이들은 삶에 있어 열정이 강할 뿐만 아니라 변화를 일으킬 수 있는 핵심 세대이기 때문이다. 비록 현실에 대한 걱정과 두려움이 있지만 이를 신앙 공동체 안에서 잘 녹여 낼 수 있다면 오히려 더 큰 믿음과 헌신으로 나아갈 수 있는 세대임에 틀림없다. 이에 사랑이꽃피는교회의 예를 통해 발견한 20대, Z세대 사역을 위한 사역 방안 5가지를 제시하고자 한다.

1. 목회 철학에 삶을 걸어라!

한국교회 청년 사역의 본질적인 문제는 담임목회자의 목회 철학 부재에 있다. 깊은 성찰이 없는 목회 철학은 방향을 잃은 배의 키와 같다. 목회자는 교회와 성도를 바라보고 하나님의 마음으로 개체 교회에게 주시는 말씀을 붙잡아야 한다. 또한 목회 철학과 어울리는 삶의 본을 가져야 한다. 말씀에 기초한 근사한 구호는 어느 교회에나 다 있다. 그러나 그 표어대로 살아가는 목회자는 여전히 부족하다. 청년세대는 말이 아닌 목회자의 삶을 보는 세대이다. 그러므로 청년 사역에 앞서 교회가 가져야할, 모든 세대가 품어야할 비전을 선포하고, 그 비전에 맞는 삶의 본이 필요하다. 앞서 Z세대가 던지는 질문, "왜, 제가, 지금 교회를 다녀야 할까요?" 이 근원적인 질문에 관한 답이 교회에 있어야 하고 목회 철학에 담겨 있어야 한다.

2. 청년 사역을 중심에 놓아라!

교회 사역 중심에 청년이 놓인다는 건 엄청난 변화이며, 새로운 시도다. 단지 청년에게 자리를 내어 주고, 기회를 준다는 의미가 아니다. 교회의 모든 시스템이 '청년을 중심으로 돌아간다'는 의미다. 이것은 앞서 말한 목회 철학의 문제이고 사고의 변화가 있을 때 가능한 것이다. 청년이 교회를 떠나는 이유 중에 하나는 마치 자신을 기계의 부속품처럼 여긴다는 것이다. 지시에 의해 필요에 의해 한번 잠시 쓰거나 버려지는 느낌을 가질 때 청년은 교회를 떠난다. 그런 것이 아니라 청년이 교회의 중심이 되어 자신이 주도적으로 교회를 이끌어 갈 수 있도록 도와주고 기다려 주어야 한다. 이를 위해서는 교회 담임목회자의 사역 중심에 청년 사역이 있어야 한다. 직접 자신이 청년세대를 돌봐야 한다. 사랑이꽃피는교회와 같이 주일 청년설교는 담임목회자가 담당하면서 주중 사역을 담당교역자에게 맡기는 시스템은 고려해 볼만 한다.

3. 공동체의 역동성을 회복하라!

교회 안의 두 날개는 예배와 소그룹이다. 둘 중 청년 사역자가 보다 더 고민하는 것이 소그룹이다. 소그룹 안에 역동성을 가지길 원하는데 그것이 쉽지가 않다. 역동성을 가지길 원한다면 우선적으로 공동의 관심을 찾아야 한다. 물론 이러한 공동의 관심이 세상에서 말하는 성공, 연애, 취업 등이 되어서는 안 된다. 그 중심에 말씀이 있어야 하고 그 말씀을 실천할 수 있는 구체적인 삶의 노력이 필요하다. 이를 위해서는 먼저 말씀을 통한 리더 양육이 선행되어야 한다. 먼저 말씀으로 준비된 리더가 일주일 동안 말씀대로 살았을 때 받은 은혜를 나누는 시간이 되어야 한다. 그리고 일주일에 한번 만나는 것으로 깊은 삶의 문제를 나누기가 쉽지 않다. 매일 또는 주중에 서너 번의 오프라인 또는 온라인 모임을 가지도록 해야 한다. 그리고 매년 목장, 셀, 구역을 바꾸기보다 장시간 동안 함께 시간을 보낼 수 있는 구조를 만드는 것도 시도해 볼만 하다.

4. 문화를 선도해 나아가라!

세상이 줄 수 없는 가치를 교회가 보여줄 때 20대는 다시 교회로 돌아온다. 세상이 줄 수 없는 흥미, 재미, 의미를 교회가 가져야 한다. 이것을 가능케 하기 위해서는 교회 안의 청년 문화를 바꾸어야 한다. 늘 안 된다는 영적 패배주의가 아니라 하나님이 주시는 지혜를 가지고 다양한 문화를 적극적으로 시도해 보는 것이다. 개체 교회가 가지고 있는 지역의 필요를 발견하고, 그 필요에 따라 청년이 모여 도전해 볼만한 것을 선정해 보는 것이다. 그리고 실패를 두려워하지 말고, 책임을 묻지도 말아야 한다. 시도한 것에 의미를 두고, 되지 않는 것을 보완해 나가면 된다. 이러한 자율성 안에 새로운 아이디어가 발현될 수 있다.

5. 삶의 필요를 즉시 채워 줘라!

20대, Z세대는 즉각적인 변화와 반응을 요구하는 세대다. 하지만 한국교회는 그들의 속도에 비해 너무 느리다. Z세대를 품기 위해서는 그들의 삶의 필요를 즉시 채워 줘야 한다. 이를 위해서는 소통의 채널을 간결하게 하는 한편, 청년 사역을 담당하는 교역자와 리더에게 많은 권한을 부여해야 한다. 그리고 변화를 요구하기 전에 그들의 필요를 먼저 살필 수 있는 안목도 필요하다. 20대의 경우 오프라인과 온라인 모두 소통이 원활한 세대이다. 그리고 자신의 마음과 필요를 가감이 표현하는 세대이기도 하다. 그들의 필요에 교회가 먼저 민감하게 반응해 주고 채울 수 있다면 그들이 교회를 멀리할 이유가 전혀 없다.

VI. 온 세대 사역을 위한 20대 청년 교육목회 이렇게 하라!: "20대, Z세대를 세상의 옴니보어를 넘어 복음의 옴니버스로 세워 가라!"

20대, Z세대를 성경은 어떻게 표현할까? 제일 먼저 떠오르는 단어가 시편 110:3의 '새벽이슬 같은 주의 청년'이다. 새벽이슬에는 많은 의미가 담겨 있다. 시간의 의미도 가치의 의미도 존재의 의미도 있다. 새벽, 시간이라는 것이 있다. 인생에 있어 가장 빛나는 시기, 이제 사회로 나아가는 젊음의 시간이 있다. 이슬, 가치가 존재한다. 한국과 달리 이스라엘은 이슬의 가치가 이루 말할 수 없다. 작물 재배에서 이슬은 어떤 것과도 비교할 수 없는 큰 가치를 지닌다. 20대가 인생에 있어 그런 가치의 시간이다. '새벽 이슬' 쉬 사라지는 모호한 존재다. 20대 미래에 대한 여러 불안과 걱정이 지배하는 시기이기도 하다. 그런 새벽이슬 같은 주의 청년들이 다시금 주님 앞에 나오기를 소망한다.

세상의 잡식성으로 살아가는 옴니보어가 아니라 복음을 중심에 두는 옴니버스로 그 다양성을 활용해 나가는 주의 청년으로 세워지길 소망한다. 세상은 늘 청년들에게 빠름을 이야기한다. 한번에 빠르게 살아가라고 하지만 하나님은 20대 청년세대에게 말씀하신다. 방향이 틀리면 속도는 아무것도 아니라고, 한번에 빠르게가 아니라 한번에 바르게 살아가라고 말씀하신다. 청년목회, 청년 사역 힘들고 어려운 문제이지만 한번에 빠르게가 아니라 한번씩 바르게 천천히 주의 지혜를 구하며 걸어가기를 소원한다.

노하우 공유 질문

1. '근원적인 질문을 하며 교회를 떠나가는 세대'로 인식되고 있는 20대 청년들을 대상으로 사역할 때, 교회와 담당 사역자는 어떤 준비를 해야 할까? 교회는 어떻게 20대의 정체성 혼란 속에서도 신앙의 뿌리를 내릴 수 있는 곳이 될 수 있는가?

2. 자율성과 공동체성을 동시에 살리는 청년 공동체는 어떤 모습이어야 할까? 자율성과 질서를 균형있게 지도하는 방법은 무엇인가?

3. 감성적이고 경험 중심적인 경향이 큰 현대 청년들에게, 말씀과 삶의 연결 고리를 어떻게 세워야 할까? 청년들이 말씀 중심성을 지켜낼 수 있는 방법은 무엇인가?

4. 사랑이 꽃피는 교회의 담임목사와 부교역자 간의 관계가 청년들에게 줄 수 있는 유익은 무엇인가?

5. 대다수의 교회가 청년들에게 제공하는 도움과 사랑이 꽃피는 교회에서 제공하는 도움의 근본적인 차이는 무엇인가? 청년들의 실제 필요를 파악하기 위해 교회적 측면에서 필요한 노력은 무엇인가?

'스피릿교회' 이야기

3040세대 사역

함영주 교수

'스피릿교회' 이야기: 3040세대 사역

함영주 교수 총신대학교

I. 낀세대인가? 브리지세대인가?

중년기에 접어드는 3040세대는 인생에서 큰 전환기를 맞이한다. 개인의 정체성 면에서나 신앙적인 면에서 많은 혼란을 경험하기 때문이다. 이 세대는 흔히 신세대도, 쉰 세대도 아닌 '낀 세대'라고 불린다… 3040세대는 한국교회의 약한 고리가 되고 있다.[36]

우리는 인생을 살아가면서 다양한 삶의 전환기를 맞이한다. 인생이라는 긴 여행 중에 어떤 시기에는 가슴 떨리는 설렘과 흥미진진함으로 삶의 변화를 경험하기도 하지만 또 어떤 시기에는 보이지 않는 미래에 대한 두려움과 살 떨리는 긴장감으로 그 변화에 저항하며 살아가기도 한다. 그래서 어쩌면 인생은 인

36 지용근, 조성돈, 신상목, 조성실, 주경훈, 정재영, 류지성, 이상화, 백광훈, 이상훈, 양형주, 『한국교회 트렌드 2040』, (서울: 규장, 2023), 135.

간이 경험할 수 있는 거의 모든 감정을 소화하고 처리하는 법을 배우는 평생 수업의 여정과 같은 것이 아닐까? 그런데 이 인생의 수업 시간 중에 아마도 설렘과 두려움을 포함한 다양한 감정을 모두 경험하는 시기가 바로 3040시기일 것이다. 내가 누구인지를 알아가는 청소년 시기, 수많은 성공과 실패를 경험하면서 인생의 단 맛과 쓴 맛을 경험하는 불안한 대학 청년기, 그리고 이 시기를 지나 순식간에 자신과 타인의 인생을 함께 책임져야 하는 3040세대로 들어오면 이전에 경험하지 못했던 또 다른 인생의 과업이 줄을 서서 기다리고 있다. 분명 이 시간이 설레는 시간임에 틀림없지만 피부로 느끼는 현실에서는 혼란과 갈등을 훨씬 더 많이 겪는다. 그래서 이 시기는 모든 면에서 '낀 세대'가 틀림없다.

일반적으로 우리의 인생을 전반부와 후반부로 나눈다. 인생의 전반부는 다양한 경험을 통해 자아를 형성해 가고 외부 세계와 상호작용을 하면서 많은 것들을 경험하며 성장한다. 반면에 인생의 후반부에는 자신의 내면을 돌아보고 성찰하며 인생의 목적과 의미를 깊이 탐구하는 것에 많은 에너지를 소비한다. 그런데 인간은 이 인생의 전반부와 후반부 사이에 새로운 삶의 환경 변화에서 오는 정체성의 혼란을 겪게 된다. 주로 결혼과 육아, 그리고 경제적 안정과 직업의 선택에서 많은 갈등과 혼란을 경험한다. 만일 이 인생의 전환기에 이 과업들을 부드럽고 자연스럽게 해결하면 정체성이 선명해지지만 그렇지 않는 경우에는 개인적, 사회적 정체성이 심하게 흔들리게 된다. 따라서 이 시기는 인생에서 정말 중요한 시기이면서도 "약한 고리"의 시기인 것이 분명하다.

그런데 이 시기는 개인적이고 사회적인 차원에서만 약한 고리가 아니라 신앙적 정체성 형성에 있어서도 약한 고리가 될 수 있다. 일반적으로 인간발달의 단계상 3040세대는 초기 성인기(Young Adulthood)에 속한다. 이 시기는 청년기와 장년기의 중간에 속하는 시기이다. 이로 인해 이 세대는 청년기와 장년기 세대가 가지고 있는 발달적 특징을 일정부분 공유하고 있는 세대이다. 바로 앞 세대인 청년기는 '신앙 정체성 탐색의 시기, 자신의 말로 신앙을 재구조화하는 시기, 자유와 책임이 공존하는 시기'이다.[37] 즉 신앙적인 흔들림과 재조정의 과정을 겪는 시기라고 할 수 있다. 이 시기가 신앙적으로 정체성을 찾아가는 시기임에는 틀림없으나 가족이나 타인과 관계에서 형성되는 신앙보다는 개인적 차원에서 신앙을 재조정하는 시기이기 때문에 상대적으로 신앙공동체적인 책임은 비교적 약한 세대라 할 수 있다. 반면에 장년기는 경제적, 사회적, 심리적 안정성이 어느 정도 이루어진 세대로 교회 내에서 다양한 신앙활동을 하면서 맡겨진 일을 역동적으로 해 낼 수 있는 '생산적인'세대이며 가정, 사회, 교회에서 모든 일을 '책임'을 갖고 수행하는 교회의 주축 일꾼 세대이다.[38] 즉 이 세대는 개인적 차원을 넘어 가정과 교회 내에서 책임있는 공동체적 신앙을 보여주는 세대이다. 그런데 3040세대는 이 두 세대 사이에 끼어 있다. 현실 세계에서 3040세대의 삶의 영역은 개인에서 가정과 사회로 확대되며, 신앙생활 역시 개인 신앙활동에서 공동체적인 신앙활동으로 확대되는 과정에 있다. 즉 결혼을 통해 새로운 가족이 구성되고 자녀를 출산하면서 신앙생활의 측면에서도 수많은 새로운 책임이 부여되는 시기이다. 이와 함께 교회도 이들을 어엿한 성인으로 바라보기 때문에 교회 내에서 일정한 책임을 가지고 신앙공동체에 헌신하고 봉사할 것을 요청 받는 시기이다. 즉 3040세대를 한 마디로 요약하면 '급격한 삶의 변화로 인해 분주하며 안정되지 않은 생활 속에서 많은 책임감을 갖고 헌신과 섬김을 요구 받는 세대'라고 할 수 있다. 이와 같이 3040세대는 낀 세대임에 틀림없다.

그러나 이 세대는 국가적으로 매우 중요한 위치에 있는 세대인 것도 부인할 수 없는 사실이다. 인구통계학적으로 3040세대는 상당히 많은 인구분포를 보이고 있는 연령대이다. 통계청이 발표한 자료에 의하면[39] 2022년 확정인구 기

37 박향숙, "신생성인기를 위한 기독교신앙교육," 기독교 교육논총, 37(2014), 295-323.
38 박용진, "한국교회의 힘의 원천, 건강한 장년신앙," 교육목회, 291(2001), 28-29.
39 인구통계 자료는 국가통계포털 www.kosis.kr을 참고하라.

준으로 30대 6,872,945명, 40대 8,097,011명으로 3040 총 인구는 14,969,956으로 집계되었다. 이는 50대 8,603,509명, 60대 7,211,963명으로 5060 총인구 15,815,472명 다음으로 많은 인구분포이다. 국가적 차원에서 보면 3040세대는 전체인구의 '허리'에 해당하는 연령대로 가정, 경제, 국방, 교육 등 우리 사회의 거의 모든 분야에서 매우 중요한 위치에 있는 세대임에 틀림없다. 뿐만 아니라 신앙공동체적 차원에서 볼 때 3040세대는 낀 세대이지만 공동체 안에 있는 인생 전반부 세대와 후반부 세대를 이어주는 '브리지세대'(Bridge Generation)이다. 그래서 이 세대가 영적으로 건강하면 인생의 전반부 세대를 지나고 있는 자녀 세대를 신앙적으로 바르게 세워줄 수 있고, 또한 인생의 후반부에 있는 노년 세대가 영적으로 건강한 노년을 맞이하는데 크게 기여할 수 있다. 이 점에서 3040세대는 신앙세대 중에 가장 약한 고리이며 낀 세대이지만 역으로 생각해 보면 이 세대는 세대와 세대를 잇는 '브리지세대'가 될 수 있고 한국교회 내에서 좋은 신앙의 전통을 잇고 전수할 수 있는 가장 역동적인 세대가 될 수 있다.

이와 같이 우리 사회에서 3040세대는 갈림길에 서 있는 세대이다. 이 인생의 갈림길에서 무엇을 선택하고 무엇에 전념하느냐에 따라 인생의 그림이 달라진다. 안정과 성장의 길을 갈 수도 있고 불안과 좌절의 길로 갈 수도 있다. 자주적이고 주체적인 결정을 내리며 살 수도 있고 누군가 내려주는 결정에 수동적으로 따라가는 삶을 살 수도 있다. 하나님 앞에서 신실하고 역동적인 신앙생활을 할 수도 있고 미지근하고 흔들리는 신앙생활을 하게 될 수도 있다. 그러기에 교회는 3040세대가 분명한 신앙적 자아정체성을 갖도록 도와주어야 하며 세대와 세대를 연결하는 브리지세대로 살아갈 수 있도록 적극적으로 지원해야 한다. 교회가 3040세대에게 많은 관심과 지원을 아끼지 말아야 하는 이유가 바로 여기에 있다.

II. 사례교회: '스피릿교회'는 어떤 교회인가요?

3040세대 사역을 잘 하는 교회를 찾는다는 것이 생각처럼 쉽지는 않다. 특히 중소형 교회에서 3040세대에게 많은 관심과 투자를 아끼지 않는 교회를 찾기는 더욱 어렵다. 왜냐하면 중소형 교회의 경우 성도 구성에 있어서 젊은세대가 많지 않을 뿐 아니라 젊은세대의 교회 정착을 위한 목회철학이 분명하게 확립되어 있는 교회도 많지 않기 때문이다. 그래서 필자는 단순히 3040세대 사역을 잘 하는 교회를 찾기 보다 건강한 목회철학을 가지고 있고 세대와 세대를 연결하는 것에 관심을 갖고 있는 교회를 찾고자 했다. 그러던 중 건강한 목회철학을 기반으로 목양사역을 하고 있는 한 교회를 만나게 되었다. 바로 '스피릿교회'이다.

스피릿교회는 경기도 고양시 일산동구에 위치한 교회이다. 담임목사로 섬기고 있는 전하석 목사는 보스턴에 있는 고든콘웰 신학교에서 유학을 마치고 한국에 귀국한 후 2006년에 하나님의 부르심을 따라 이곳에 스피릿교회를 개척하였다. 전하석 목사의 목회철학은 '주 안에서 모두가 평등한 교회, 부르심을 받은대로 살아가는 삶'을 살도록 하는 것이다. 교회라면 누구라도 올 수 있어야 하며 모두가 함께 식탁의 교제를 하면서 주 안에서 하나 됨을 경험할 수 있어야 한다는 신념을 갖고 교회를 개척하였다. 또한 성도 각자가 자신이 부르심을 받은 그대로 은사와 달란트를 사용하여 하나님의 나라를 세워가도록 돕는 것이 목회의 본질이라고 생각하고 교회를 개척하였다. 처음 개척의 시작은 어렵게 얻은 전세집에서 기도모임이었다. 그러다가 공식적으로 처가집에서 예배를 드리며 개척을 시작하였는데 1년에 3만 장이 넘는 전도지를 돌리며 영혼 구원에 모든 힘을 쏟았다. 그러다가 성도들이 점점 많이 등록하게 되자 비좁은 장소 문제를 해결하기 위하여 지금 있는 장소에 부지를 마련하고 컨테이너를 사서 예배당으로 꾸며 예배를 드리기 시작하였다. 이후 성도들이 조금씩 늘어나고 교회학교 어린이들이 교회에 등록하기 시작하면서 어린이들의 신앙교육을 위해 상가건물을 임대하였고 선교를 위한 비용을 마련하기 위하여 카페를 시작하였다. 지금은 예배당 외에 교회 옆의 건물을 매입하여 교육과 선교를 위한 장소로 활용하고 있다.

스피릿교회는 현재 주일예배에 출석하는 장년 인원이 140여 명이 되며 교회학교도 140여 명이 출석하고 있어서 총 280여 명의 성도가 신앙생활을 하고 있는 교회이다. 세부적으로 보면 교회학교 부서가 미취학, 초등, 청소년, 청년부로 나뉘어져 있는데 각 부서별로 약 30여 명씩 출석하고 있다. 이 교회의 특징 중 하나는 장년출석 대비 교회학교 학생들의 출석 비율이 매우 높다는 것이다. 장년 성도들 중에 3040세대는 약 30-40명이 분포되어 있고 75세 이상의 노년부는 상대적으로 많지 않은 비교적 젊은 교회에 해당한다. 스피릿교회는 장년부 주일 낮 예배를 9시와 11시에 드리고 유치부와 유초등부는 11시에 각각 예배를 드리며 청소년부와 청년부가 오후 1시 30분에 함께 예배하고 있다.

스피릿교회의 전임 사역자는 담임목사 한 사람밖에 없다. 대신 교회학교는 간사와 대표교사 제도를 실시하여 어린이들을 신앙으로 돌보고 있다. 간사와 대표교사는 외부에서 청빙한 사람이 아니라 이 교회에 출석하고 있는 사람들 중에서 임명한다. 이 교회는 몇 년 동안 사역자를 청빙하여 교회학교를 맡겼었는데 사역자가 교회를 옮길 때마다 어린이들을 위한 신앙교육이 단절되는 현상을 지켜보면서 '우리 어린이들을 끝까지 사랑할 수 있는 사람, 부모의 마음으로 어린이들을 가르칠 수 있는 사람'을 찾았고 결국 교회 내에서 이러한 신실한 마음을 가진 사람들을 대표교사로 세워 부서를 운영하도록 하고 있다. 그리고 이들 중에 전문적인 사역에 대한 비전이 있는 경우 신학대학원에 진학하여 공부하게 하고 간사로 세워 사역하도록 하고 있다. 이와 같은 사역의 원리에 따라 스피릿교회는 현재 두 명의 대표교사가 영유아부와 유치부를 섬기고 있고 두 명의 간사가 청소년부와 청년부를 섬기고 있다. 스피릿교회가 가

[그림 I -29] 스피릿교회 공동체

진 이러한 특징은 교회학교에 다니는 자녀를 둔 대부분의 3040세대 부모들에게 매우 큰 유익을 주고 있다. 무엇보다 먼저 간사와 대표교사가 교회 내부에서 세워진 일꾼들이기 때문에 어린이들을 진심을 사랑한다. 또한 그 누구보다도 어린이들과 그 가정을 잘 알고 있기 때문에 교회와 가정을 연계하는 사역을 효과적으로 할 수 있다. 여기에 더하여 담임목사는 '교육부서가 원하면 무엇이든 다 해준다'라는 마음의 자세를 가지고 있어서 교회학교에 자녀를 보내는 3040세대의 부모들이 교회의 신앙교육에 무척 만족하고 있다.

III. 스피릿교회의 3040세대 사역의 핵심가치와 주요사역은 무엇인가요?

스피릿교회는 3040세대만을 위한 사역에 중점을 두고 교회 사역을 하지는 않는다. 오히려 목회의 본질에 충실하다 보니 젊은세대가 하나님의 은혜를 체험하고 등록하기 시작하였고 이렇게 등록한 젊은세대들을 신앙적으로 바르게 세우려는 노력을 하다 보니 자연스레 3040세대를 위한 몇 가지 교육 프로그램을 개설하고 시행하게 된 것이다. 즉 스피릿교회는 인위적으로 3040세대를 타겟으로 전도하거나 교육한 것이 아니라 오히려 교회의 본질적 사명에 집중하였고 그것이 젊은세대들이 모이게 되는 계기가 된 것이다. 그렇다면 스피릿교회가 3040세대를 위하여 가장 중점을 둔 사역은 무엇인가?

1. 예배에 승부를 걸다

스피릿교회 3040세대 사역의 핵심은 예배에 있다. 교회 사역과 관련한 인터뷰를 하면서 "교회 사역에서 가장 중점을 두는 것은 무엇인가요?" 라는 질문에 전하석 목사는 주저 없이 단호하게 "예배입니다"라고 대답하였다. 전하석 목사가 진단한 3040세대의 가장 큰 갈급함은 바로 예배에 대한 갈급함이었다. 젊은 성인 중에는 과거 어렸을 적 교회를 다니다가 성인이 되면서 더 이상 다니지 않게 된 사람들이 많다. 그러나 이들은 여전히 자신의 신앙에 대하여 고민하고 있다. 그래서 다 큰 성인이 되고 나서 큰 맘을 먹고 교회를 '방문'한다. 그런데 이렇게 오는 성인들 중 상당수는 예배를 드려보고 이 교회에 계속 출석할 것인지 아닌지를 결정한다. 스피릿교회의 담임목사는 바로 이 점을 가장 중요한 승부처로 보았다. 그래서 예배를 통해서 성도가 진정으로 하나님께 자신을 드릴 수 있도록 예배 전체를 정성스럽게 기획한다고 하였다. 특히 예배의 형식을 현대적으로 수정하여 3040세대가 열정적이고 감격적으로 예배를 드릴 수 있도록 한다. 예배의 순서는 '영광의 찬양 - 사도신경 - 설교 - 헌신의 찬양' 등의 순서로 구성한다. 특히 신경 쓰는 부분이 바로 예배를 통해 성도가 하나님께 영광을 돌릴 수 있도록 하는 것이었다. 그래서 스피릿교회는 예배 초반에 영광송을 따로 선택하여 부르며 은혜와 감동 가운데 하나님을 찬양하고 예배를 드릴 수 있도록 한다. 스피릿교회의 예배에서 특징적인 것은 찬양만 있는 것이 아니다. 담임목사는 젊은 성도들이 말씀을 중심으로 예배에 참여하도록 하기 위하여 설교를 예배의 앞부분에 배치하고 그 설교 이후에 결단과 헌신의 찬양을 집중적으로 올려 드린다. 여기에서 한 가지 주목할 점은 젊은 성도들이 예배와 찬양에 쉽게 몰입할 수 있도록 찬양팀을 매우 수준 높게 운영하고 있다는 것이다. 건반 반주자, 기타 연주자, 드럼 연주자, 그리고 싱어가 상당한 수준의 실력자들로 구성되어 있어서 성도들이 예배에 온전히 몰입할 수 있는 상황과 여건을 만들어 준다. 특히 비교적 나이가 있는 장년이나 노년들도 예배의 구성요소를 3040세대에 맞게 현대적으로 디자인하는 것에 대하여 반감 없이 적극적으로 동의해 주고 있다. 전하석 목사의 설명에 의하면 주일 예배를 통해 자신을 드리고 하나님의 은혜를 경험한 3040세대들이 새벽예배에도 적극적으로 참여하고 소그룹 모임에도 주도적으로 참여하고 있다고 했다. 이와 같은 점을 종합해 볼 때, 스피릿교회 3040세대 사역의 핵심은 바로 예배였다.

2. 말씀 나눔과 회복을 위한 소그룹 사역에 집중하다

스피릿교회의 3040세대 사역의 핵심 중 하나는 바로 진리와 공감의 소그룹 사역이다. 전하석 목사는 교회가 해야 할 가장 중요한 사역으로 '말씀사역'을 꼽았다. 3040세대는 결혼과 육아, 그리고 불안한 고용과 직장에서 받는 다양한 스트레스로 인해 영적인 침체를 겪게 되는 시기이다. 이러한 영적인 결핍은 영적인 갈급함을 느끼게 하고 자연스레 말씀을 사모하게 한다. 그러므로 교회가 관심 가져야 할 중요한 사역은 말씀으로 3040세대를 양육하여 이들에게 진리 안에서 온전해지도록 하는 것이다. 스피릿교회의 3040세대를 위한 말씀사역은 투 트랙(Two Track)으로 진행된다. 하나는 진리에 대한 기준을 세워주는 성경공부이며 다른 하나는 공감과 회복을 위한 성경공부이다. 첫째, 스피릿교회는 담임목사가 인도하는 성경공부를 통해 성경말씀 자체를 가르치며 진

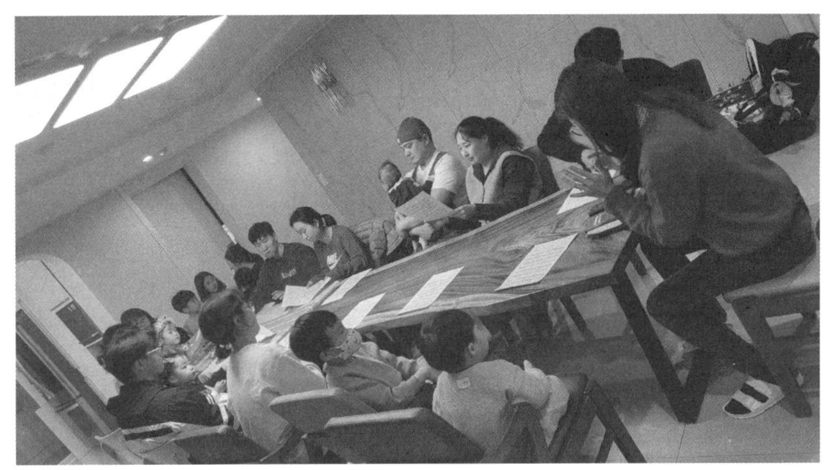

[그림 I-30] 스피릿교회 소그룹

리에 대한 갈급함을 채워준다. 담임목사는 매주 목요일 오전에 전교인을 대상으로 하는 성경공부를 진행한다. 물론 이 성경공부 모임이 3040세대만을 위한 모임은 아니다. 그러나 이 시간에 3040세대의 젊은 일꾼들이 상당히 많이 참여한다. 담임목사는 성경의 진리를 가르쳐서 성도들로 하여금 성경적인 기준을 세우도록 도와주며 그 말씀대로 실천하며 살아가도록 가르친다. 이 소그룹 모임이 좋은 점은 성경을 배우는 것만이 아니라 다양한 세대들이 함께 만나 교제하기 때문에 신앙공동체를 통한 자연스러운 신앙의 전수가 이루어진다는 데 있다. 즉 3040세대는 자신들보다 앞선 신앙의 세대들과 말씀을 매개로 교제하면서 더 다양하고 확대된 관점을 보고 배울 수 있는 기회를 얻는다. 전하석 목사와 인터뷰 중에 들었던 흥미로운 이야기는 "이 성경공부를 쉬고 싶어도 쉬지 못해요. 3040세대 성도들이 이 성경공부 모임을 쉬지 말고 계속하자고 요청해요"라는 말이었다. 전하석 목사는 젊은세대가 성경공부를 좋아하고 열망하는 이유가 예배 때문이라고 설명한다. 예배를 통해 감격을 얻고 새로운 감동을 받으니 진리의 말씀대로 살기 위해 성경을 더 배우고자 한다는 것이다.

둘째, 스피릿교회는 담임목사의 사모가 인도하는 소그룹 모임에서 공감과 위로를 통해 회복이 일어난다. 담임목사 사모가 인도하는 소그룹 모임은 주 1회 이루어지는데 월요일 오전 10-12시에 진행된다. 이 모임은 3040세대가 주축이 된 모임인데 소그룹 성경공부를 하고 함께 식사를 하며 교제를 한다. 담임목사는 이 소그룹 모임의 리더를 선정하는 데 상당한 고심을 했다고 한다. 특히 이 모임의 인도자는 '아이를 키워본 경험이 있는 사람, 영적인 능력이 있는 사람, 성도를 양육할 수 있는 역량을 갖춘 사람'이어야 한다고 강조한다. 그런데 교회 안에 이러한 소그룹 인도 역량을 갖춘 사람으로 담임목사 사모가 가장 적합하다고 판단하여 사모로 하여금 이 소그룹을 인도하도록 하였다. 그리고 그 결과는 무척 만족스러웠다. 사모가 인도하는 성경공부의 초점은 '공감과 위로'이다. 이 모임에 참여하는 3040세대 여성들의 대부분은 육아와 경력단절로 인해 상당한 스트레스와 심적 어려움을 겪고 있는 사람들이다. 바로 이들에게 필요한 것이 하나님의 말씀을 통한 위로와 회복이기 때문에 사모는 담임목사에게 배운 성경진리에 대한 설명과 더불어 성도들의 현실과 아픔을 들어주며 공감하는 것으로 이 시간을 활용한다. 중요한 것은 3040세대들이 사모가 인도하는 이 성경공부 소그룹 모임을 너무나도 사모하며 참여한다는 것이다. 이처럼 스피릿교회의 3040세대 사역의 핵심은 진리와 공감이 있는 소그룹 모임이라 할 수 있다.

3. 그들만의 문화적 속성을 간파하다!

스피릿교회는 3040세대의 문화적 특징을 파악하고 그것을 사역에 적절하게 활용한다. 전하석 목사는 이렇게 이야기한다. "이 시대의 목회자는 문화사역을 해야 합니다. 예수님을 이 시대의 언어로 설명할 수 있어야 해요."스피릿교회는 문화적 요소를 잘 활용해야 3040세대와 효과적으로 소통할 수 있다는 확신을 가지고 있다. 특히 음악적 요소에 상당한 관심을 갖는다. 스피릿교회는 찬양 사역에 많은 관심이 있어서 음악관련 전문가들이나 평신도 사역자들을 의도적으로 많이 훈련시키고 사역에 배치한다. 초창기부터 지금까지 찬양팀을 구성할 때 가급적이면 악기나 찬양을 전문적으로 배운 사람을 한 사람씩 채워 나가는 방식으로 세션을 구성하였다. 그래서 지금은 전문가 수준의 찬양팀을 구성하여 운영하고 있다. 이 교회가 음악을 중요하게 여기는 이유는 예배 시간에 찬양을 통해 하나님을 경배하고 은혜를 받으면 그것이 성도들의 신앙을 성장시키고 결국 교회의 모든 사역에 긍정적인 영향을 주기 때문이라고 설명한다. 교육사역에 교육 전문가가 필요한 것처럼 3040세대 사역에는 음악 전문가가 필요하다고 역설할 정도로 음악사역에 큰 관심을 두고 있다. 흥미로운 것은 담임목사가 성경의 내용을 기초로 곡을 '작사'하면 찬양팀이 그 가사를 기초로 작곡을 하여 성도들이 함께 부르기도 한다. 스피릿교회는 음악을 통해 3040세대에게 복음이 흘러갈 수 있다고 믿으며 음악이 이 세대와 소통하는 매우 중요한 문화적 코드가 될 수 있다고 믿고 있다. 스피릿교회는 3040세대의 문화를 활용하는 방법으로 예배 찬양 이외에도 클래식, 영상, 미술, 조각 등도 사역에 활용할 계획이라고 했다.

4. 교회가 진정성 있는 관심을 보여주다!

스피릿교회는 3040에게 진정성을 보여주고자 애쓰고 노력하는 교회이다. 전하석 목사는 챨스 테일러(Charles Taylor)의 『세속화 시대』를 인용하면서 과거에는 "동원의 시대"였으나 이제는 "진정성의 시대"[40]이기 때문에 성도들을 무작정 사역을 위해 동원하지 말고 오히려 그들에게 진정성을 보여주는 것이 필요하다고 강조한다. 오늘날 세대는 모이라고 해서 모이는 세대가 아니다. 오히려 자신이 경험하고 그것이 '진짜'라고 느끼면 그 어떤 대가를 치러서라도 모이는 세대이다. 그러기 때문에 그 어떤 프로그램보다 진정성이 있는 마음이 중

40 Charles Taylor, 『A Secular Age』, (Mass: Belknap Press of Harvard University, 2007), 423-504.

요하다. 이와 같은 원리를 따라 스피릿교회는 3040세대가 예배를 통해 하나님을 맘껏 찬양하고 은혜를 경험할 수 있도록 '베이비시터' 시스템을 가동하고 있다. 즉 주일예배시 3040세대가 어린 자녀(젖 먹이 - 영아)와 함께 교회에 나오면 자녀를 다 키운 교회 권사나 집사가 일대일 시스템으로 어린 어린이들을 돌봐준다. 예배시간에 젊은 부부는 본당에서 예배를 드리고 어린 어린이들은 실내 놀이시설이 있는 별도의 공간에서 베이비시터와 함께 예배를 드리도록 하고 있다. 이를 위해 어린이를 돌봐 주는 7-8명은 오전 9시에 나와 먼저 1부 예배를 드리고 3040세대가 주로 참석하는 11시 예배에 베이비시터 봉사를 한다. 사실 스피릿교회의 3040세대를 향한 진정성은 주일 예배 시간에만 국한된 것이 아니다. 주중 3040세대를 위한 성경공부 모임시에도 5-6명 정도의 베이비시터 봉사자들이 나와 어린이들을 돌봐주면서 그 시간에 젊은세대가 성경공부에 집중할 수 있도록 배려한다. 스피릿교회가 중대형 규모의 교회가 아님에도 불구하고 담임목사의 관심과 적지 않은 수의 자원봉사자들의 헌신으로 3040세대를 위한 예배와 성경공부 모임이 더욱 활성화되고 있다. 또한 수요 저녁예배를 전세대가 함께 드리는데 이때 3040세대를 위해 교회가 저녁식사를 제공하고 있으며 젊은 부부들은 자신의 자녀들을 교회로 데리고 와서 본당에서 모여 방해받지 않고 전세

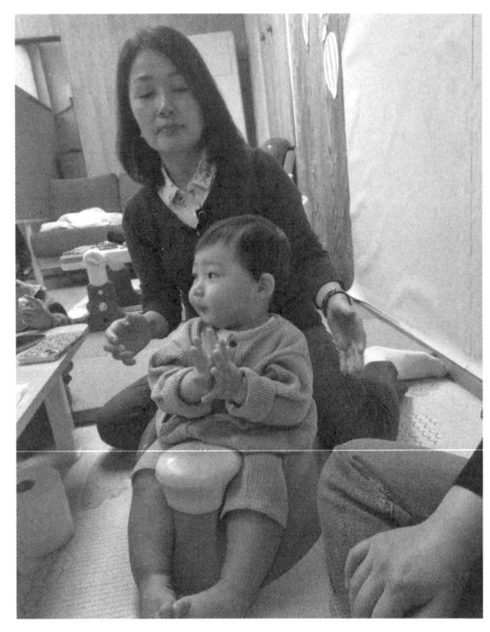

[그림 I -31] 베이비시터 봉사

대가 다 함께 예배를 드린다. 바로 이 점이 스피릿교회의 3040세대를 향한 진정성이다. 교회가 단순히 '우리는 젊은세대를 존중하고 배려합니다'라고 구호만 외치는 것이 아니라 이들의 가장 중요한 필요를 파악하고 그것을 위해 교회가 온 힘을 다해 진정성을 가지고 문제를 해결해 주기 때문에 3040세대가 성장할 수 있게 되는 것이다.

5. 자율성을 기반으로 팀웍(Teamwork)을 형성하게 하다!

스피릿교회 3040세대 사역의 기초 중 하나는 바로 자율성과 팀웍이다. 이 세대는 규율과 강요에 의한 순종 보다는 자발적인 참여를 더욱 선호한다. 이 점에서 교회는 3040세대가 자유롭게 모이고 활동할 수 있는 장을 마련해 주고 그 모임과 활동의 주도권은 당사자들에게 맡기는 것이 중요하다. 스피릿교회의 3040세대는 한 달에 한 번 자율적인 전체 모임을 갖는다. 예배를 통해 하나님의 임재를 경험하고 진리와 공감의 소그룹을 통해 영적인 회복을 경험한 젊은세대가 교회 바깥에서 정기적으로 모임을 가지면서 영적인 친밀성을 회복하고 서로 교감하는 시간을 갖는다. 한 달에 한번 교회 밖에서 모이는 아웃팅(Outing)은 어린이들을 포함하여 가족 전체가 참여하는 것을 기본으로 한다. 모두 함께 모일 수 있는 시간과 장소를 결정해야 하기 때문에 담임목사가 개입하기 보다는 3040세대 소그룹 리더와 참여자들이 함께 논의하여 결정한다. 아웃팅 모임은 레스토랑에서 식사, 영화 관람, 스포츠 관람, 캠핑 등과 같은 활동을 하거나 온 가족을 모두 수용할 수 있는 파티룸을 빌려서 페스티벌 형식의 모임을 갖기도 한다. 이 모임의 기본 컨셉은 철저하게 자율성과 팀워크이다. 즉 자율적으로 모임을 갖고 이 모임을 통해 주 안에서 하나 됨을 경험하는 것이 모임의 목표이다.

한편 스피릿교회 3040세대는 주중에 정기적으로 갖는 모임 외에도 주일에 교회에서도 자율적인 모임을 갖는다. 일반적으로 주일 예배를 마치면 성도들이 함께 식사를 하는데 스피릿교회는 3040세대만을 위한 식사 장소를 마련해 주고 음식을 따로 제공해 주어 그곳에서 식사의 교제를 할 수 있는 장을 마련해 준다. 특히 어린 어린이들이 함께 있기 때문에 식사를 배달해 주어 불편함이 없도록 한다. 3040세대에게는 이 모임도 매우 중요한 의미를 갖는다. 일주일 동안 육아와 직장에서 시달렸던 몸과 마음이 이 모임을 통해 서로 치유가 되고 회복이 되는 경험을 한다. 즉 일종의 '동지의식'이 형성되어 친밀감이 더욱 깊어지는 계기가 된다.

6. 받은 은혜를 봉사와 섬김으로 표현하게 하다!

교회가 해야 할 중요한 사역 중에 봉사와 전도를 빼 놓을 수 없다. 스피릿교회도 교회적 차원에서 봉사와 섬김을 쉼 없이 감당한다. 지역사회는 물론이고 해외 선교와 국내에 들어와 있는 외국인을 위한 섬김에 앞장선다. 그런데 이러한 섬김과 봉사는 육아로부터 해방이 되고 직장에서 어느 정도 안정이 있는 사람들만 하는 것은 아니다. 스피릿교회 3040세대들은 여전히 육아와 직장에서 많은 스트레스를 받고 있지만 섬김과 봉사를 쉬지 않는다. 전하석 목사는 성도 본인들이 교회와 지역사회를 위해 섬기고 싶은 것을 하도록 해주는 것이 중요하다고 이야기한다. 봉사는 교회나 담임목사의 요청이 중심이 되어서는 안 되고 성도들이 진정으로 하고 싶은 것을 할 수 있도록 해주어야 한다고 강조한다. 그래서 스피릿교회는 3040세대의 경우 피아노를 전공한 사람은 피아노를 활용하여 봉사할 수 있도록 하고 워십을 잘 하는 사람은 그것으로 섬길 수 있는 장을 마련해 준다. 디자인을 전공한 사람에게는 다양한 굿즈를 만들어서 교회를 홍보하거나 혹은 도움이 필요한 사람을 섬길 수 있도록 한다. 즉 철저하게 성도들의 은사에 따라 봉사를 할 수 있도록 한다. 이는 전도에 있어서도 마찬가지이다. 스피릿교회는 특별한 전도 프로그램이 있지는 않다. 그러나 예배에서 은혜를 경험하고 성경공부에서 신앙의 의미를 발견한 성도들은 자신이 감동받은 것을 자신의 이웃과 친구들에게 적극적으로 전한다. 즉 은혜 받은 사람이 삶으로 전도하니 자연스럽게 전도가 되고 그 효과도 매우 크다.

7. 청년들과 브리지를 놓다!

스피릿교회는 부서와 부서, 세대와 세대 간 자연스러운 브리지 사역이 이루어진다. 대형교회의 경우 부서간, 세대간 분리 예배를 드리는 경우가 많기 때문에 교회 안에서 전세대를 아우르는 신앙공동체 활동을 하기 어렵다는 단점이 있다. 그러나 중소형 교회의 경우 규모가 작기 때문에 인격적인 소그룹과 친밀한 상호작용이 가능하여 신앙공동체 안에서 세대간 신앙의 전수가 효과적으로 이루어질 수 있다. 스피릿교회도 청년과 3040세대 간에 이러한 브리지가 잘 놓여 있다. 스피릿교회의 경우 청년부가 따로 예배하지 않고 주일에 청소년부와 함께 예배한다. 물론 이 예배 후에 이루어지는 소그룹 모임은 연령에 따라 분리하여 실시한다. 그러나 청소년부와 청년부가 함께 예배하면서 신앙공동체성을 확인한다. 한편 청년들도 3040세대와 자연스러운 브리지가 연결되어 있다. 청년들도 교회 차원에서 진행하는 성경공부에 참여하는데 이 모임에는 3040세대도 함께 참여한다. 이 모임에서 성경도 배우지만 세대 간에 다양한 상호작용이 일어나서 많은 신앙적 도움을 주고받는다. 한 예로, 청년 한 명이 성경공부 모임에 참여하면서 피아노 학원을 운영하는 3040세대 집사를 알게 되었는데 이 청년의 상황을 들은 집사가 그 청년에게 피아노 학원의 공간을 빌려주었고 그곳에서 보컬, 음악제작, 음악교육 등의 일을 같이 할 수 있도록 하였다. 이처럼 소규모 교회에서 한 부서를 조직적으로 운영하기는 어렵지만 그 대신 전체 신앙공동체적 차원에서 다양한 도움을 주고받을 수 있는 장점이 있고 이를 통해 세대와 세대 간에 탄탄한 가교를 놓을 수 있다는 큰 장점이 있다.

IV. 우리 교회 3040세대 모임은 이래서 좋습니다

스피릿교회 3040세대는 교회가 제공하는 자신들을 위한 사역에 대하여 어떻게 생각하고 있을까? 이를 확인해 보기 위하여 스피릿교회에 출석하고 있는 두 명의 3040세대 성도를 인터뷰하여 교회의 사역에 대한 생각과 느낌을 들어보았다. 인터뷰에 참여한 첫 번째 성도(1)는 30대 초반으로 두 명의 어린이를 기르고 있는 성도였다. 몇 년 전 아는 동생의 소개로 이 교회에 등록하게 되었고 말씀과 찬양을 통해 많은 은혜를 받고 있다고 자신을 소개하였다. 두 번째 성도(2) 역시 30대 초반으로 두 명의 어린이를 키우고 있는 성도였다. 청년 시기부터 이 교회에 다니기 시작하여 8년 넘게 교회를 출석하고 있다. 이 성도들은 교회의 3040세대를 위한 사역에 대하여 다음과 같이 이야기한다.

1. 예배가 너무 은혜로워요!

스피릿교회의 3040 젊은세대는 그 무엇보다 예배에 은혜를 받고 있었다. 육아문제에 있어서 힘든 시기를 보내고 있는 이 세대가 예배를 통해 영적인 회복을 경험하고 있었다. 특히 본인들이 예배에 집중하는 데 있어서 교회가 자녀들을 돌보아 주고 있는 것에 감사한 마음을 가지고 있었다.

"저의 상황이 좀 많이 힘들었는데 그 상황을 뒤로 하고서 그냥 오로지 찬양과 말씀에 집중하는데 너무나 열린 귀로 들리더라고요. 또 예배를 드리면서 은혜를 받는 분들의 모습을 보니까 저도 또한 너무나 은혜가 되었고요" (1)

"원래 영아부가 없었는데 이번에 영아부 어린이들이 많아지면서 따로 목사님이 영아부 선생님들을 세워주셨어요. 사실 작년에는 예배에 제대로 참여를 못했어요. 그러면서도 예배에 참여하지 못하는 것이 힘들다고 생각하지 못했었는데 지금은 예배를 드리면서 '아 그때 예배를 참여하지 못해서 내 삶이 조금 피폐해졌었구나'라는 것을 느낄 수 있었어요. 이제 제대로 11시 예배를 온전히 드릴 수 있게 된 게 어떻게 보면 감사해요. 예배를 드리면서 예배의 소중함을 좀 알게 되었어요. 당연하다고 느꼈던 건데 이게 당연하지 않았던 거니까 이제 소중함을 좀 알게 되었어요" (2)

2. 소그룹에서 소통이 잘되고 위로가 돼요!

스피릿교회 3040세대 성도들은 소그룹에서 소통이 되는 경험을 한다고 이야기하고 있다. 즉 하나님이 주신 자녀들을 어떻게 하면 믿음 안에서 자라게 할 것인지에 대하여 서로 소통하고 있었으며 자녀양육과 관련된 사안에 대하여 자신만 어려운 문제를 겪고 있는 것이 아니라 다른 사람들도 모두 겪는 문제라는 것을 인식하면서 위안을 삼고 있었다.

"가정이 있는 사람들의 모임이다 보니까 엄마들끼리 소통할 때는 대체적으로 아이 이야기들이 많이 나왔던 것 같아요. 바깥에서 만나는 분들과 대화는 '너무 힘들다'라는 느낌이 있고 단순히 일반적인 정보를 얻는 정도인데 교회 안의 소모임 같은 경우에는 '어린이들을 어떻게 하면 조금 더 믿음으로 성장시킬 수 있을까, 그리고 내가 믿음의 엄마로 어떻게 더 자라날 수 있을까'라는 그런 대화를 많이 하게 되는 거 같아요" (1)

"모임을 하면 아이가 울고 떼쓰고 그러는데 다른 사람들한테 피해를 준다고 느끼게 돼요. 특히 솔로인 사람들이랑 만날 때는 약간 피해를

주는 거 같고 약간 불편을 주는 거 같다는 느낌이 드는데 같은 환경에 있는 사람들이랑 모이면 서로서로 이해가 되고 '그럴 수 있다' 라고 생각을 하게 되니까 좀 더 편하게 그 모임에 참여하게 되는 것 같아요" (2)

"공통된 분야와 관련하여 소통을 할 수 있고 그리고 어떻게 보면 나만 가지고 있는 문제라고 생각했었는데 대부분 비슷한 문제를 갖고 살고 있으니까, '아 이거는 큰 문젯거리는 아니구나, 뭐 가정 생활에 있어서 또 이거는 큰 문젯거리가 아니고 그냥 다 이 시기 때 다 비슷하게 경험할 수 있는 문제들이구나'라고 크게 문제삼지 않게 되는 거 같아요" (2)

3. 다양한 활동을 하면서 마음을 나눠요!

스피릿교회는 3040세대가 참여할 수 있는 몇 가지 프로그램을 시행하고 있다. 교회 안에서는 담임목사 사모가 인도하는 커피 브레이크 모임이 있는데 성도들은 이 모임에서 독서를 매개로 자신들의 신앙을 더 견고하게 만들어 간다. 또한 교회 밖에서는 아웃팅 모임을 진행하는데 이 과정에서 다양한 활동을 하면서 신앙이 성장하는 경험을 한다.

"교회 안에 베드로 공동체 모임이라고 사모님께서 인도하시는 모임이 있는데 이것을 커피 브레이크라고 해요. 책을 한 권 선정해 주시면 저희가 한 파트별로 읽고 오고 사모님이 그것에 대해서 요약해주시고 한 가지 주제를 가지고 서로 나눔을 해요. 이 모임은 '어떻게 하면 좀 더 하나님께 마음을 열 수 있고 어떻게 살 수 있을지' 그런 나눔을 하는 모임이에요" (1)

"베드로 공동체 모임이 있는데 30대에서 40대 사이에 가정이 있는 분들이 모여서 모임을 하거든요. 사모님이 인도하시고 매월 넷째 주 토요일에 모여요. 이 모임에서 서로 어떻게 지내는지 이야기하고 서로 기도하는 시간도 갖고 그래요. 또 밖에서 어린이들이랑 아웃팅도 해요. 요번에는 양화진에 가서 그런 모임을 했었어요" (2)

4. 설레고 숨통이 트여요!

스피릿교회 3040세대 성도들은 교회 내 활동을 통해 설렘과 숨이 트이는 경험을 한다고 이야기한다. 자녀들을 돌보아야 하는 현실적인 가정 내 과업으로 인해 교회 행사에 적극적으로 참여하기 어려운 상황이지만 시간을 내어 의미 있는 활동을 하고 사람들과 대화하면서 숨통이 트이는 경험을 한다고 이야기한다.

"다른 교회는 있을지는 모르겠는데 요번에 크리스마스 준비를 해요. 예배 때 각 성도님들이 무언가를 준비해서 하나님께 올려드리는 건데 워십이 될 수도 있고 찬양이 될 수도 있고 그래요. 그런데 그 행사 덕분에 아이 엄마들 다섯이 모여서 워십 준비를 하게 되었어요. 우리가 어린이들 엄마이기 때문에 어린이들에게만 신경을 쓰는 시간들이 너무 많았는데 그 순간은 오로지 조금 더 나를 하나님께 드리는 시간이 되는 거 같아서 굉장히 설레는 것 같아요" (1)

"교회에서 만난 사람이랑 밖에서 만나는 경우도 있거든요. 청년 때 만났던 사람이랑 결혼하고 나서도 한번씩 만나는 사람들이 있는데 그 사람들이랑 집에 가서 이야기하고 커피 마시고 이렇게 소통하는 거 자체가 좋아요. 잠깐 한두 시간 그렇게 시간을 갖는 것이 약간 숨통 트이는 것 같아요" (2)

이와 같이 스피릿교회의 3040세대는 현재 교회가 자신들에 대하여 관심을 갖고 성장하도록 돕는 과정을 매우 의미있고 감사하게 생각하고 있었다. 특히 담임목사의 3040세대를 위한 목회철학과 교회의 실제적인 관심이 젊은 성도들에게 잘 전달되고 있었으며 그 효과도 가시적으로 나타나고 있었다.

V. 3040세대 사역, 이렇게 하라

교회는 전세대를 하나님의 말씀으로 신앙교육해야 한다. 또한 생애주기별로 그에 맞는 신앙교육도 해야 하고 특히 생애전환기에는 더 세심하고 실제적인 교육적 관심과 배려가 있어야 한다. 바로 3040세대가 중요한 생애전환기이다. 이 시기를 신앙 안에서 잘 보낼 수 있다면 교회 내에서 중요한 일꾼으로 세울수 있으며 세대와 세대를 연결하는 브리지 역할을 할 수 있다. 이에 3040세대 사역을 위해 다음과 같은 7가지 사역의 원리를 제안한다.

1. 관심과 지원을 극대화하라

교회의 모든 사역이 그렇지만 교회의 관심과 지원은 사역을 가능하게 하고 완성하게 하는 데 결정적 요인이다. 특히 담임목사와 당회의 관심과 지원이 필수적이다. 교회의 신앙교육에서 성패를 좌우하는 것이 바로 '담임목사의 목회철학'이다.[41] 담임목사는 3040세대 사역과 관련하여 분명한 목회철학을 가지고 있어야 한다. 앞서 언급한대로 이 세대는 '브리지세대'이다. 교회학교에 다니는 자녀를 둔 세대이면서 현재 교회에서 주축으로 활동하고 있는 장년세대 사이에 끼여 있는 세대이다. 따라서 3040세대가 이 두 세대를 이어주는 견고한

41 함영주, 전병철, 신승범, 이현철, 조철현, 한국교회교육에 대한 교육지도자의 인식도 연구," 성경과 신학, 75(2015), 19.

다리 역할을 할 수 있도록 이 세대에 대한 특별한 관심이 필요하다. 30년 후 교회의 미래를 내다보면서 3040세대를 건강하게 세우기 위한 특별한 관심을 보여주어야 한다.

2. 의사결정 과정에 적극 참여하게 하라

교회의 중요한 정책을 결정하는 데 있어서 모든 구성원들은 소외되어서는 안 된다. 그러나 현실적으로 한국의 많은 교회들의 경우 젊은세대들이 교회의 의사결정 과정에 참여하기가 쉽지 않다. 즉 교회의 조직 자체가 매우 경직되어 있으며 대체적으로 권위주의적인 구조를 가지고 있다. 이러한 구조 속에서는 젊은세대들의 생각과 의견이 반영되기 어렵다. 따라서 교회의 의사결정 구조 안에 3040세대를 의도적으로 참여시켜서 이들의 의견이 적극적으로 반영될 수 있도록 해야 한다. 특히 위계 중심의 교회문화를 개선해야 하고 의사결정을 위한 투명한 소통 채널을 개설해야 한다. 더불어 교회의 사역에 대한 정기적인 평가와 피드백에 3040세대를 참여하게 하여 교회의 사역을 지속적으로 개선해 나가야 한다.

3. 니즈(Needs)를 분석하라

현재의 3040세대는 기성세대가 그 시기에 경험했던 필요들과는 또 다른 필요를 가지고 있기 때문에 이들의 의견을 청취하고 반영하기 위하여 니즈를 분석해야 한다. 이들은 문화적으로는 포스트모더니즘의 문화 속에서 자랐다. 그리고 포스트휴머니즘의 문화를 경험하며 살아가고 있다. 즉 개인주의적이고 상대주의적인 문화와 인공지능이나 사물인터넷과 같은 4차 산업혁명이 가져다준 새로운 미디어의 혜택을 누리며 살아가는 세대이다. 한편 인간발달 단계상 결혼과 육아, 그리고 취업과 가족부양이라는 매우 중요한 발달의 과업을 성취해 가고 있는 세대이다. 따라서 교회는 이들이 가진 문화적, 발달적 특징을 잘 고려하고 각 개인이 가지고 있는 다양한 필요들을 고려하고 반영하여 3040세대를 위한 목회전략을 수립해야 한다.

4. 의미와 가치를 찾도록 하라

3040세대는 장년 노년세대와 달리 가난을 겪지 않고 자란 세대이다. 다분히 개인주의적이고 자신의 스펙을 쌓는 것을 매우 중요하게 여기며 자라왔다. 그래서 개성이 매우 강하고 편리한 삶에 익숙해져 있는 세대이다. 바로 이러한 세대를 움직이게 하려면 교회의 사역이나 모임에 대한 의미와 가치를 명확히 알게 해야 한다. '내가 왜 이 행사에 참여해야 하는지, 이 사역에 나의 역할은 무엇인지, 내가 우리 교회 공동체에 기여할 수 있는 부분이 무엇인지' 등의 질문들에 대하여 설득력이 있는 이유와 근거를 제시해야 한다. 교회 일이라면 무조건 순종하고 참여했던 이전 세대와 달리 이 세대는 그것에 대한 의미와 가치가 명확해야 비로소 참여한다.

5. 역할을 부여하라

교회는 3040세대를 방관자가 아닌 참여자가 되도록 해야 한다. 그런데 적극적인 참여자가 되도록 하는 가장 효과적인 방법은 적절한 역할을 부여하는 것이다. 대부분의 사람은 자신이 참여하지 않은 일에 대해서는 무관심하다. 반면에 일정한 역할과 책임의식을 가지고 참여한 일에 대해서는 과업이 진행되는 과정에도 적극적으로 참여하고 그 일을 마친 후에도 끝까지 관심을 갖는다. 따라서 3040세대를 위한 효과적인 사역을 위하여 교회는 그들에게 일정한 역할부여, 자율적이고 자치적인 권한부여, 그리고 그것에 대한 책임도 함께 부여해야 한다. 특히 역할부여와 관련하여 3040세대 소그룹 리더 양성을 적극적으로 고려해야 한다. 왜냐하면 동일세대 내에서 소그룹 리더가 나와야 그 세대를 더 잘 이해하게 되고 자율성과 자발성에 기초하여 사역을 할 수 있기 때문이다. 가능하다면 담임목사가 3040세대 리더를 직접 양육하는 교육과정을 개설하고 교회 안팎에서 친밀한 영적인 교제를 통해 온전한 일꾼으로 세우도록 하는 것이 좋다.

6. 대그룹과 소그룹을 효과적으로 활용하라

교회 신앙교육은 크게 대그룹과 소그룹으로 이루어진다. 대그룹의 주요한 방법은 예배이며 소그룹의 주요한 방법은 성경공부 모임이다. 교회는 3040세대가 예배를 통해 하나님을 경배하고 그분을 진정으로 사랑하는 사람이 되도록 신경 써야 한다. 예배 자체를 특정한 연령대에 맞추어 기획할 필요는 없으나 적어도 예배를 통해 하나님을 경외하고 신앙이 회복되는 은혜를 경험하도록 해야 한다. 또한 동시에 소그룹으로 이루어지는 성경공부는 3040세대가 자신의 이야기를 말하고 공유할 수 있는 공감이 있는 시간으로 만들어 주어야 한다. 사람들은 자신이 고민하는 것을 누군가 함께 고민해 줄 때 위로와 평안을 느낀다. 따라서 화려하지는 않아도 하나님을 만날 수 있는 본질에 충실한 예배를 설계해야 하고 위로와 회복이 있는 소그룹 성경공부를 마련하는 것이 필요하다.

7. 실질적인 혜택을 누리게 하라

대체적으로 3040세대는 자신에게 돌아올 분명한 혜택이 있을 때 훨씬 더 잘 움직인다. 육아와 직장문제로 많은 어려움을 겪고 있고 심리적인 불안함 속에서 예배에 참여하는 3040세대들에게 이들이 예배에 집중할 수 있는 환경을 만들어 준다면 예배를 포함한 교회의 다양한 활동에 훨씬 더 능동적으로 참여할 것이다. 물론 교회마다 가용한 자원과 프로그램이 다르고 제한적인 것은 사실이다. 그러나 교회가 할 수 있는 범위 내에서 3040세대에게 실질적인 도움을 줄 수 있는 준비를 하는 것은 매우 중요하다. 예배와 성경공부 모임을 위한 탁아 서비스, 수유와 기저기를 갈 수 있는 공간 제공, 자녀 양육과 관련된 세미나, 콘서트 및 뮤지컬 관람과 같은 문화활동, 캠핑과 바비큐 파티와 같은 야외 활동의 기회를 제공하는 등 3040세대가 실질적인 도움을 받을 수 있는 프로그램을 기획하여 실행하는 것이 필요하다.

VI. 온 세대 사역을 위한 3040세대 이렇게 하라: "3040세대를 교회의 브리지로 견고하게 세워가라!"

한국교회에서 3040세대는 분명 '낀 세대'임에 틀림없다. 더군다나 신앙적으로는 가장 '약한 고리'인 것도 사실이다. 그러나 이 시기에 있는 성도들을 제대로만 신앙교육을 시킬 수 있다면 낀 세대가 아니라 '믿음의 다리를 놓는 세대'가 될 수 있으며 약한 고리가 아니라 '강한 고리'가 될 수 있다. 이 점에서 3040세대는 견고한 브리지세대가 될 수 있다.

한국교회가 3040세대를 견고한 브리지세대로 세우기 위해서는 가장 먼저 담임목사의 목회철학이 모든 세대 친화적이어야 한다. 교회학교 교육이 필요한 다음세대만 강조하는 것도, 그렇다고 지금 당장 열심히 헌신하고 있는 장년과 노년세대만 강조하는 것도 좋지 않다. 오히려 모든 세대를 아우를 수 있는 목회의 방향설정이 필요하다. 그리고 그 목회의 방향에 따라 각 세대에게 적합한 교육과정과 프로그램을 설계하는 세부전략이 있어야 한다. 특히 3040세대는 결혼과 육아 문제, 그리고 직장과 경제적인 문제로 인해 상당한 스트레스를 받고 있는 세대이다. 그래서 온전히 맘 놓고 예배 한번 드리기도 쉽지 않은 세대이며 주중에 시간을 내어 교육프로그램에 참여하기도 어려운 세대이다. 바로 이런 상황적 특징을 가지고 있는 세대를 위해 '그들' 친화적인 신앙교육 내용과 방법을 고안하여 실행해야 한다. 무엇보다 3040세대를 '강한 고리를 가진 브리지세대'로 만들기 위해서는 예배에서 하나님의 임재를 경험하도록 해야 하고 성경공부를 통해 진리를 알고 회복하는 경험을 하도록 해야 한다. 또한 3040세대에 속한 온 가족이 함께 참여할 수 있는 교회 내외 활동을 통해 그들에게 신앙적 활력을 불어넣어 주고 다시 일어설 수 있도록 도와주어야 한다. 이와 같은 방향과 전략으로 3040세대를 '강한 고리를 가진 브리지세대'로 양육하는 교회가 더욱 늘어나기를 기대한다.

노하우 공유 질문

1. 한국교회는 왜 지금까지 3040세대 사역에 대한 논의를 거의 하지 않았을까?

2. 예배 중심 사역이 3040세대의 신앙 회복에 왜 결정적인 역할을 할까?

3. 진리 중심의 성경공부와 공감 중심의 소그룹은 어떻게 균형 있게 병행될 수 있을까? 3040세대의 정서적 필요와 신학적 성숙을 함께 고려할 때, 소그룹 설계는 어떤 방향으로 가야 할까?

4. 스피릿교회에서 실시하고 있는 베이비시터, 공간 제공 등의 제도 외에도 교회가 3040세대에게 제공할 수 있는 도움은 무엇이 있을까?

5. 3040세대를 교회의 브릿지 세대로 세워 청소년부, 청년부와 함께 신앙생활을 하게 될 때 교회가 기대할 수 있는 것은 무엇인가?

온 세대

이야기

한국교회 일곱 교회의 사역 사례와 노하우

온 세대
교육목회 이야기

'성천교회' 이야기

5060세대 사역

박신웅 목사

'성천교회' 이야기: 5060세대 사역

박신웅 목사 소망교회 담임

I. 오팔세대? 욜드 세대? 액티브 시니어?

한국 사회에 세대 구분이 유행이다. 베이비붐 세대, X세대, MZ 세대, 알파 세대, 그 이름도 복잡하고 어렵다. 사실, 세대를 나눈다는 것은 그 연령대만의 가치와 인식의 동질감을 가지지만, 다른 세대와는 차별성을 가진다는 걸 의미한다. 그냥 동질의 '대한민국 국민'에서 어느 순간, 십 대와 이십 대를 구분하고, 3040세대를 나누며, 5060세대가 있다고 한다. 이렇게 구분하고 보면, 세대마다 각기 다른 성향, 문화, 가치를 공유한다는 걸 알게 된다.

그중에서도 가장 소외되고 제일 무시되는 세대가 있다면 5060을 대표하는 베이비붐 세대가 아닐까 생각된다. 남경아는 이 세대를 "사각지대에 존재하는 세대"라 지칭한다. 그의 말을 들어보자. "꽤 오랜 기간 중장년은 성인에서 노인이 되는 브리지 단계로써만 기능하는 듯했다. 그들은 노인으로서 '돌봄'이 필요하지도, 청년으로서 '교육'이 필요하지도 않았고, 일자리에서 은퇴함이 자연스러운 단계처럼 여겨졌으며, 소비시장이든 정책 수요시장에서든 주목받지 못하는 사각지대에 머물렀다."[42]

이렇게 보면 5060세대는 소외되고 서글픈 시기로, 규정하기도 모호하다. 도와줄 안내서나 프로그램도 마땅찮다. 아동, 청소년, 청년을 위한 자료들은 넘쳐나고, 심지어 3040세대를 위해서는 부모교육의 이름으로, 자기개발의 이름으로 자료들이 차고 넘치지만, 어쩌면 가장 많은 도움이 필요한 5060세대를 위한 자료는 그다지 많지 않다.[43] 그런데도 5060세대는 여전히 건재하여 이 사회의 버팀목이 되고 있으며, 그들을 통해 이 사회는 여태껏 지탱되어왔다. 그러니 그들을 위해 이제 관심을 두고 어떻게 도울지 살펴야 할 것이다. 당연히 교회 사역의 관점에서 보면, 교회 안에 있는 그들을 어떻게 믿음으로 세울지, 그리고 어떻게 그들의 남은 시간을 하나님 나라를 위해 아름답게 사용할 수 있을지 도와야 할 것이다.

1. 그의 이름을 불러주기 전에는

김춘수 시인의 시, 꽃은 "내가 그의 이름을 불러주기 전에는/ 그는 다만/ 하나의 몸짓에 지나지 않았다/ 내가 그의 이름을 불러주었을 때/ 그는 나에게로 와서/ 꽃이 되었다"로 시작한다. 호명 행위가 한 사람의 존재에 의미를 부여한다는 뜻으로 읽힌다. 마찬가지로 세대 구분을 하면서 5060세대를 어떻게 호명하느냐는 그 세대를 어떻게 볼 것인가를 규정하게 될 것이다.

남경아는 5060세대를 다양하게 부를 수 있다면서 몇 가지 이름을 제안한다. 5060세대는 청년에서 노년으로 이어지는 전환기의 의미가 있다는 뜻으로 '제3연령기,' '세 번째 장,' '앙코르 단계,' '제2성인기'로 지칭할 수 있다고 한다.[44]

42 남경아, 『오십 인사이트』, (경기 파주: 서해문집, 2024), 30.
43 문장환, "장년 세대를 위한 목회," 『세대를 품은 교회, 세상을 향한 교회』, (서울:고신언론사, 2024),133.
44 남경아, 『오십 인사이트』, 28.

최근에는 '신중년'이라고도 불리는데, 생활이 비교적 풍요롭고(Riches), 정신적으로 성숙하며(Ripeness), 시간적 여유(Rest)가 있어서 3R에 적합한 세대로 보기도 한다. 이제는 '신중년'을 넘어 실버세대, '액티브 시니어'라고도 불린다. 노년을 바라보는(노년에 가깝지만), 활력 있는(액티브 active) 세대라는 의미이다. 또한, '50플러스 세대'로 불리는데 미국과 유럽의 베이비붐 세대를 지칭하는 이 표현이 한국에서도 널리 사용된다.

오팔(OPAL) 세대로도 불리는데, 영어 'Old People with Active Lives'의 약자로 2002년 일본에서 처음 소개되어 이제는 자유롭게 사용되는 말이다. 고령화 사회의 주축으로 떠오른 '액티브 시니어'의 다른 용례라 할 수 있겠다. 우리나라에서는 '58년생 개띠'의 '58'과 발음이 같아 베이비붐 세대를 가리키는 새로운 용어로 사용되기도 한다. 오팔 세대와 유사하게 일본에서 Young Old를 줄여 '욜드(YOLD)'라고 부르면서 전 세계적으로 확산하여 사용하기도 한다.[45]

여하튼, '제3연령기'든 '신중년'이든, '액티브 시니어'든, '오팔 세대' 혹은 '욜드 세대'든, 그들을 어떻게 부르든 상관없이 기존의 5060세대를 바라보는 시각이 점차 바뀌고 있고, 그들의 역할도 바뀌고 있다는 사실이 중요하다. 기대수명이 늘어나면서 예전에 늙어 은퇴만 바라보는 나이 정도로 이해되던 세대가 이제는 '액티브 시니어'로 소비시장의 주류로 인정받고, 일을 할 수 있고, 일해야 하는 '신중년'으로 바뀌어 버린 것이다.

2. 교회 안의 5060세대

교회 안이라고 다를까? 문장환은 교회 안의 5060세대를 일컬어 '애매하고 서글픈 장년'이라고 지칭한다. 그는 교회 안의 교육 프로그램을 예로 들면서, 청소년기까지는 교회마다 영아부, 유치부, 초등부, 중등부, 고등부, 청년1부, 청년2부, 청년3부 등으로 "심하다 싶을 정도로 세분되어 있고 체계화되어" 있

45 남경아, 『오십 인사이트』, 28-38.

지만, 장년부를 위해서는 장년 성경공부 정도만 있을 뿐이라고 지적한다.[46] 게다가 대개 장년은 30세부터 노년까지 하나로 뭉뚱그려 대우한다.

최근에는 장년 중에서도 3040세대는 예외적으로 많은 관심을 받고 있다. 바라보는 시선도 따뜻함을 넘어 뜨겁다. 왜냐하면, 3040세대가 교회로 오면, 그 자녀들 세대까지 함께 옮겨오기 때문이다. 소위 3040세대의 부흥이 곧 교육부서 부흥을 의미하기 때문이다. '덤으로' 얻는 효과가 쏠쏠하다는 말이다. 이런 이유로 3040세대를 위한 다양한 시도와 노력이 있지만, 5060세대는 여전히 더 많은 희생과 노력만을 강요받기 일쑤다.

반면, 양병희는 "젊을 때는 성장하고 일어나고 확장하기 위해 쉼 없이 달려가는 시기라면, 5060세대는 인생의 의미를 깨닫고 방향을 명확히 할 수 있는 시기"이기 때문에 오히려 긍정적인 부분이 많은 세대라고도 한다. 하나님 앞에서 어떻게 인생을 마무리해야 하는지가 보이기 시작하는 세대이기에 "익어가는 5060세대야말로 목회자는 목회의 희열을 느끼는 목회의 정점의 시기요, 성도들에게는 이생과 신앙의 전성기"가 될 수 있다고 한다.[47] 이런 이유로 그는 사명자는 늙어가는 게 아니라 익어간다고 말하면서 관점을 달리할 것을 요구한다.

이울러 5060세대는 교회의 허리 역할을 감당한다. 교회의 중직자 대다수가 5060세대이며, 그들은 교회의 구역과 같은 소그룹에서부터 시작해서 각종 위원회와 교육부서 중책을 맡고 있다. 그러다 보니, 이들이 없이는 교회가 움직여지지 않고, 이들을 통해 교회가 청년과 3040세대를 거쳐 노년으로 자연스레 연결될 수 있다. 이렇게 보면, 5060세대는 다양한 사역의 중심에 있을 뿐 아니라, 가장 중요한 역할을 '현재' 감당하고 있는 세대이다. 이렇게 보면, 이들이야말로 현 한국교회에서 가장 중요한 세대이자, 내일을 여는 가장 중요한 역할을 맡은 세대라 할 수 있다.

46 문장환, "장년 세대를 위한 목회," 133-134.
47 양병희, "사명자로서 심장을 깨우는 영성 목회로", 월간 목회, 6월 (2024), 43.

II. 사례교회: '성천교회'는 어떤 교회인가요?

5060세대 사역에 강점이 있는 교회들은 많을 것이다. 하지만 대형 교회가 아닌 중소형 규모의 교회에서, 그것도 코로나19 이후 위축된 교회 현실을 반영하면서도 현재 대한민국의 평균적인 교회와 유사한 상황에서 5060세대를 건강하게 세워가는 교회를 찾는 건 또 다른 문제다. 실제로 그런 교회를 찾는 건 여간 어려운 일이 아닐 수 없었다. 그렇게 어렵게 찾던 중 만난 교회가 '성천교회'이다.

성천교회는 1971년에 설립된 교회로 서울시 금천구 독산동 구도심지에 자리 잡고 있다. 필자가 교회를 방문했을 때, 두 가지 놀란 것이 있는데, 첫째는 구도심 연립주택들 사이 언덕배기에 있는 교회의 위치에 놀랐고, 둘째는 가족 같은 분위기로 맞아주는 성도들의 환대에 놀랐다. 처음에는 교회 주차장을 찾지를 못해서 애를 먹었는데, 예배당을 조금씩 증축해서 오늘에 이른 것이 아닌가 하는 생각을 하게 했다. 정문을 찾기가 쉽지 않았고, 들어가서도 출입구를 발견하기 쉽지 않은 구조는 전형적으로 조금씩 교회를 확장했다는 걸 알 수 있는 지점이었다.

교회 안에 들어서자 반갑게 맞아주시는 성도들을 보면서 참 따뜻하다고 생각하게 되었는데, 담임 목회자인 김병태 목사를 만나고서야 왜 그런지 알게 되었다. 온화한 김병태 목사의 성품이 성도들에게 그대로 드러났기 때문이라 생각된다. 교회를 들어서서 보니, 교회 사무실에 들어가는 길에 발 마사지를 하고 수지침을 놓으면서 어른들을 섬길 수 있는 공간이 있었는데, 매주 시간을 정해서 지역 주민을 섬기며 전도의 기회로 삼고 있다는 설명을 들을 수 있었다. 구도심의 노년과 5060세대가 밀집한 지역을 섬기기 위한 방법이 아닌가 생각된다.

성천교회도 대다수 한국교회의 현실을 그대로 반영하고 있다. 여느 교회처럼 5060세대가 교회의 주축을 이루고 있지만, 예전과 달리 다수의 5060세대 성도가 직장생활을 하고 있어 주중 사역이 쉽지만은 않은 실정이다. 또한, 교회가 서울시 금천구 독산동 구도심에 있어 도시 공동화 현상을 경험하고 있다. 젊은세대들이 서울 중심이나 경기도 신도시 지역으로 이동하고 있어 젊은 세대의 유출이 심하고, 새로 유입되는 성도는 주로 다문화 가정에서 온 분들이나 노년이 많은 실정이다. 특히 지역 특성상 중국교포가 최근에 많이 교회로 유입되고 있다. 작년(2023년) 한 해 대략 100여 명이 교회에 등록했는데, 이 중 70% 정도가 중국교포였다고 한다. 한때 서울 영등포구 대림동에 많이 몰려 있었던 중국교포와 중국인들이 점차 독산동으로 이전하면서 교회 주변에 많이 기거하게 되었고, 이후 시흥시 쪽으로 이동하고 있는 과정이라고 한다. 이렇듯 중국교포나 중국인들의 유입으로 언어, 문화, 소그룹 사역 등에서 교회 사역도 조금씩 변화를 맞고 있다.

필자가 교회를 방문했을 때도 교회 전도팀이 지역 전도를 하고 난 다음, 식사를 하고 있었는데 다수가 60대 이상으로 보이는 어르신들의 모습이었는데, 교회가 점차 고령화되고 있는 전통교회의 모습을 그대로 반영하고 있었다. 하지만, 김병태 목사의 말을 빌리면, 여전히 5060세대는 허약하지 않고 복음으로 회복되고 열심히 교회를 섬기며 지역사회에 꼭 필요한 사역을 감당하고 있다고 한다.

III. 성천교회의 5060세대를 위한 기본사역

1. 5060세대에 맞는 예배와 중보기도 사역

성천교회는 주일 오전에 4부에 걸쳐 예배를 드린다. 특별히 2~3부의 경우 김병태 목사가 5060세대를 중심으로 예배를 인도하는데, 많은 성도가 말씀으로 위로를 받고 치유와 회복을 경험한다고 한다. 김병태 목사는 “교회는 예수님이 만드신 대안 가족”이라고 강조하면서 가정과 같은 교회가 되도록 애쓰고 있다고 한다. 그는 말씀을 통해 “행복한 ‘We’ 철학으로 무장”시키려 애쓰는데, 성도가 나만 생각하는 ‘I’ 철학에서 함께하는 ‘We’ 철학으로 옮겨가야 한다고 강조한다.[48]

성천교회는 중보기도를 상당히 강조하는데, 특히 ‘함께 모여’ 기도하는 일에 힘을 쓰고 있다. 금요일 연합 기도합주회를 통해 함께 뜨겁게 기도하면서 기도하는 하나의 공동체를 만들어가고 있으며, 주일 오후 찬양예배와 수요기도회에서도 함께 기도하는 시간을 확보하려 애를 쓰고 있다고 한다. 이를 통해 심리적, 정서적, 영적 유대감과 친밀감을 더해간다고 한다.[49]

5060세대가 주를 이루는 성천교회의 특성상 한 달에 한번 주제를 정해 예배를 드리는 ‘테마 예배’를 오후에 드리려고 계획하고 있다. 5060세대의 필요를 따라 헌신예배 혹은 오후 예배 시간에 그들의 필요를 터치해 주는 방식의 예배를 드리는데 이것을 확장하려는 것이다. 가정 내 갈등 해소를 위한 세미나, 부모교육 등 다양한 주제로 점차 형식화되어 가고 있는 예배를 새롭게 하고 있다고 한다.

2. 성천교회의 두 기둥: 제자훈련과 가정사역

아무리 군인이 많아도 훈련되지 않으면 전투에 참여할 수 없듯이 성도들도 훈련이 되어야 영적인 전투에 임할 수 있고, 복음도 전하고 섬김과 봉사에도 임할 수 있다. 이런 면에서 성천교회는 현 담임 목회자인 김병태 목사가 부임한 이래(2002년 12월) 꾸준히 국제제자훈련원의 제자훈련 프로그램으로 성도들을 훈련, 양육하고 있다. 새가족반에서 시작해서 확신반, 성장반, 제자반, 사

48 Ibid, 21.
49 김병태, “흔들리는 5060세대를 다시 견고히 세우라”, 월간 목회, 6월 (2024), 40.

역반으로 이어지는 훈련과정을 통해 신앙의 기초를 다지고 점차 사역에 임할 수 있도록 훈련하고 있다.

무엇보다 김병태 목사는 직분자 교육에 탁월한 분이다. 직분자 교육을 위해 서점이나 도서관을 한번 이상 찾아본 분이라면 김병태 목사가 쓴 직분자 관련 책을 한번은 보았을 것이다. '교회를 세우는 행복한 권사', '교회를 세우는 행복한 장로', '교회를 세우는 행복한 집사', '교인을 양육하고 돌보는 행복한 권사', '교회를 세우는 일하는 집사', '교회를 웃게 하는 섬기는 장로' 등 다양한 직분자 관련 책을 집필하였는데, 실제로 성천 교회에서 직분자를 세우면서 만든 책들이다. 직분론(집사, 장로, 권사)과 교회론, 모범을 보여야 할 태도와 감당해야 할 일까지 다루고 있다. 일례로 교회의 권사님들이 대표기도를 힘들어 하는 것을 보고, '교인을 양육하고 돌보는 행복한 권사'에서는 대표기도문을 부록에 넣어, 어떻게 기도하는지, 어떤 내용으로 기도하는지 모델을 제시하고 있기도 하다. 이런 교재들을 바탕으로 성천교회는 오늘도 직분자를 반듯하게 세우고 양육하고 있다.

그나마 여기까지는 여느 교회와 비슷한 모습을 보인다고 할 수 있겠다. 하지만, 성천교회는 여기에 가정사역을 더하여 강조하고 있다. 사실, 양육은 잘 되는 것 같지만, 실제 삶의 현장인 가정은 깨어지고 무너지고 있는 경우가 얼마나 많은가? 양육과 함께 성경적인 가정사역이 보완될 때, 건강한 신앙생활과 삶이 영위될 수 있다고 믿기에 성천교회는 가정사역에도 힘을 많이 쏟고 있다.

우선, 부부성장학교를 통해서 부부의 역할, 가정의 중요성, 가정생활 전반에 걸쳐 배우고 훈련하는 시간을 갖는다. 일종의 부부성경공부인 셈인데 이를 통해 말씀과 기도로 가정에 대해 돌아보는 시간을 갖게 한다. 가정세미나(행복한 부부세미나)도 좋은 반응을 보인다고 한다. 신청하는 분들을 대상으로 40분 정도 강의를 하고, 1시간 정도 소그룹으로 나눠서 주어진 주제로 토론을 한 다음, 조별로 발표하면서 각자 가정에서 일어나는 여러 상황에 대해 성경적으로 어떻게 답해야 할지 고민하고 나누는 시간을 갖는다고 한다. 이어 부부가 함께 기도하면서 많은 부부가 회복을 경험한다고 한다.

3. 부부 추억 만들기 프로그램

김병태 목사의 말이다. "우리 세대 위로는 부부 추억을 못 만들었습니다. 부모세대인 7~80대는 아예 그런 시도조차 못 했고, 우리 세대도 부부가 서로 깊은 추억을 만들 여유가 없었습니다." 이런 이유로 교회가 일 년에 한두 차례 금요일 저녁부터 토요일 오후까지 부부 추억 만들기 프로그램을 개발하여 부부가 신앙 안에서 추억을 만드는 시간을 갖도록 돕고 있다.

25인승 버스에 부부가 함께 타면서 시작되는 이 프로그램을 위해, 교회는 섬김 도우미들을 준비시켜 버스 안에서부터 장식을 하여, 참여한 분들이 환영받고 있음을 확인시켜 준다. 서울에서 가까운 양평이나 인근에 가기 좋은 곳을 택해 카페 하나를 대여하여 찬양하고 감성적인 노래들도 곁들여서 부부간의 스킨십도 하면서 추억을 만들도록 한다. 테마가 있는 산책을 하고, 아침 식사, 작은 등산, 호수에서 배 타기 등의 활동을 통해서 부부가 교회 공동체 안에서 대화하고 서로를 돌아보는 시간을 갖도록 돕는다. 아울러, 미리 남편들에게 아내에게 깜짝 선물을 준비하게 하고 편지를 읽어줄 때면 아내 대부분은 눈물을 흘리며 감동하고 부부관계가 더욱 돈독해진다고 한다. 이런 일련의 부부 추억 만들기 프로그램을 통해서 교회 내 부부와 가정에 치유와 회복이 많이 일어났다고 한다.

사실, 5060세대는 김병태 목사의 말마따나 "흔들림의 세대"이다. 남편들은 다수가 퇴직으로 인해 '무위(無爲)'를 경험한다. 자신이 쓸모를 다했다는 생각과 허탈감에 젖게 되는데, 직장에서 역할이 사라지면서 가장으로서 위상도 흔들리게 된다. 자연스레 자신감을 잃어갈 때이다. 오히려 아내들은 자녀들에게 가던 손길이 줄어들면서 점차 일을 찾아 나서면서 바빠지고, 역할이 바뀌

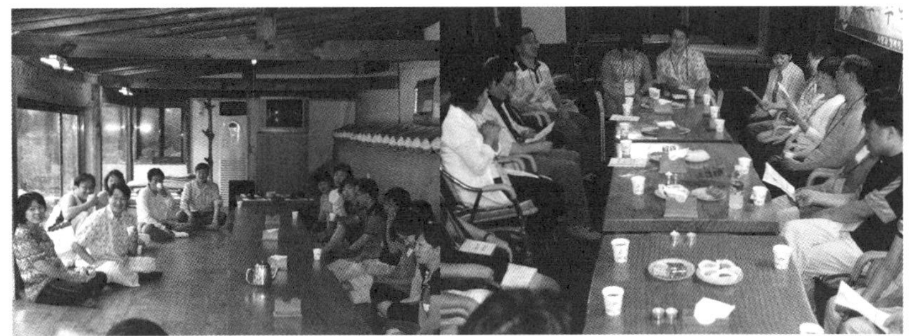

[그림 I -32] 부부 추억 만들기

는 일도 더러 벌어진다. 이런 남녀 간의 역할 변화, 가정에서 위상의 변화도 경험하면서 가정 내에서 여러 다양한 일들도 일어난다. 이때, 그간의 상황을 돌아보고 서로 사랑을 확인하며, 성경적인 부부의 역할과 앞으로 펼쳐질 상황에 관해 대화하고 나눌 기회가 제공된다. 이를 통해 부부간의 새로운 추억을 만들 뿐 아니라, 발전적인 대화들로 풍성해져 돌아오게 된다고 한다.

이후, 부부 추억 만들기는 부모-자녀 관계에서 추억 만들기로 확장되게 된다. 엄마와 딸, 아빠와 아들이 함께 추억을 만드는 시간을 교회가 제공해 줌으로 가정이 새로운 전기를 맞게 된다고 한다. 특별히 중년 이후 홀로 되신 분들이 늘어나면서 여자 성도들을 위한 추억 만들기를 시도했는데, 이것 또한 호응을 받고 힐링이 되고 치유되고 회복되는 경험을 했다고 한다.

4. 부부 행복 캠프 및 리마인드 웨딩

처음에는 부부 성경공부 도우미 중심으로 진행하다 2박 3일 부부 캠프로 발전하게 되었다고 한다. 4회부터는 가정 단위로 부부 캠프를 가게 되는데, 부부의 삶에 대해 가정세미나 형태로 진행된다고 한다. 성경적인 가정에 대해서도 생각해 보고, 부부가 서로를 돌아보는 다양한 프로그램도 진행한다고 한다. MBTI 검사, DISK 성격유형검사, 남편과 아내의 역할에 대해 살펴보는 시간, 다툼과 싸움에 관해서 이야기하면서 보다 실제적인 이야기를 나누는 시간

[그림 I-33] 부부 행복 캠프와 리마인드 웨딩

을 갖는다고 한다. 일례로 유서 쓰기를 하면서 남은 삶을 어떻게 부부로 살아갈지를 이야기하게 되는데, 많이 울고, 많이 도전받는 시간을 가지기도 했다고 한다. 현재는 '더 행복한 가족 캠프'라는 이름으로 가족 캠프를 계획하고 있다고 한다.

지역 특성상 중국교포나 연세가 있으신 분들은 결혼식을 올리지 못하고 가정을 이루신 경우가 많다고 한다. 이런 이유로 교회에서 장소, 식사, 선물 등을 준비해서 리마인드 웨딩을 하고 있다. 참여할 분의 지원을 받아 원하는 분들과 가족을 초청하여 교회에서 데코레이션과 모든 준비를 하고, 정식으로 합동결혼식을 진행하는 것이다. 물론 주례는 담임목사가 하고, 교회는 예식과 함께 뷔페식으로 식사도 준비해 주면서 진심으로 축하를 해 주는데, 이 예식에 참여한 분들 다수가 감동하고 각 가정에도 긍정적인 영향을 미치게 되었다고 한다.

IV. 성천교회의 5060세대를 위한 소그룹 사역과 섬김 사역

1. 다양한 소그룹 사역

성천교회는 흔들림의 세대인 5060세대를 잡아주기 위해 소그룹 활동에도 힘을 쏟고 있다. 5060세대는 부부의 삶이 흔들린다. 자신의 문제로 흔들리고, 가족의 문제로 흔들린다. 신체적, 정서적, 경제적 여건의 변화로 인해 어려움을 겪으면서 심하게 흔들린다. 직장의 퇴직, 갱년기와 같은 신체적인 변화와 건강의 문제, 자녀들을 떠나보내고 난 다음에 찾아오는 빈둥지 증후군 등과 같은 다양한 어려움으로 인해 많이도 흔들린다.

[그림 I-34] 토요일 목장

가령, 폐경의 경우 2020년 대한 폐경학회 조사에 따르면 우리나라 폐경기 여성 80.3%가 폐경 증상으로 어려움을 겪는다고 한다.[50] 대다수 여성은 폐경기가 되면 고통스러운 시간을 보낸다는 말이다. 그뿐 아니라 5060세대는 어깨가 무겁다. 책임져야 할 가족들과 일이 많기 때문이다. 때로 여전히 부양해야 하는 2~30대 자녀들로 인해 은퇴할 수 없고, 오히려 일을 더 찾아 나서야 하고, 돌봄과 관심이 필요한 8~90대의 고령의 부모들이 있어 감당해야 할 책임도 버겁기만 하다.

이런 책임들은 결국 5060세대를 여전히 현직에 머물게 만들고 맞벌이 부부로서 기간을 더욱 연장한다. 당연히 부부관계가 더욱 소원해지기 쉽다. 고령의 부모를 돌보느라 시간과 에너지가 많이도 드는데, 교회 일까지 더해지면 과부하도 이런 과부하가 없다. 필자의 교회 50대 중반의 안수집사, 권사 부부도 치매를 앓는 친정엄마를 찾아 2주에 한번은 지방으로 내려가야 하고, 다른 한 주는 요양병원에 있는 시아버지를 찾아 수발을 들어야 한다. 그러다 보면, 온전히 교회를 섬길 수 있는 시간은 한 달에 한번 정도에 그친다. 마음은 원인데 육신이 한인 셈

50 남경아, 『오십 인사이트』, 288.

이다. (마음은 맘껏 섬기고 싶은데 상황이 받쳐주지 않는 것이다.)

이러한 이유로 성천교회는 직장인 구역을 운영하고 있다. 서로의 상황을 이해하고 함께 모일 수 있는 시간을 고려하여 토요일 혹은 주일에 모여 말씀의 은혜를 나누고 함께 기도하며 서로 지지해 주는 영적 가족관계를 형성하고 있다. 어떤 그룹은 한 달에 한번은 온라인으로 모이기도 하는데, 코로나19 이후에 어느 정도 정착이 되어 지친 마음과 삶의 무게를 함께 나누며 영적인 힘을 공급받고 있다고 한다. 즉, 온라인과 오프라인을 오가며 모임을 가지는, 모임의 유연성을 주되, 정기적인 모임이 되게 하고 있다. 이를 통해 말씀과 기도, 영적인 지지를 위해 모이도록 하여 흔들리는 세대들이 함께 견고히 세워가도록 돕고 있다.

2. 힐링 등산

성천교회에는 모든 세대에게 열려 있는 독특한 소그룹이 있는데, 바로 등산을 위한 소그룹이다. 일명 '힐링 등산'이라고 하는데, 대개는 5060세대가 모여서 등산을 하며 속 이야기를 나누고 서로의 고민을 함께하며 교제하는 시간을 갖는다고 한다. 1년에 몇 차례 기회를 만들어 힐링 등산을 하는데, 등산 이후 관계 형성에 많은 도움을 얻고 있고, 삶의 의미와 힘을 축적하는 데 많은 도

[그림 I-35] 힐링 등산 모임

움이 될 뿐만 아니라 새가족 정착에도 도움이 된다고 한다.

3. 섬김과 전도 연계 사역

하비거스트(Havighurst)의 '성인기의 주요 과업'에 따르면, 5060세대를 포함한 중년기에는 전술한 중년기의 생리적 변화에 적응하는 일, 연로해 가는 부모에게 적응하는 일 등도 있지만 자신에게 알맞은 여가활동을 개발하는 일도 포함하고 있다.[51] 즉 5060세대의 신중년들은 자신의 시간을 보다 의미 있고 가치 있는 일에 사용하고 싶어 한다. 특별히 5060세대의 성도들은 자아 충족감과 함께 주님이 기뻐하시는 일을 하기를 원한다. 곧 섬김과 전도의 필요를 느낀다는 말이다.

이를 위해 성천교회는 사랑의 반찬 나눔 사역을 통해 교회 내외에 소외된 이웃을 돕고 있다. 또한, 선한 사마리아인 사역을 하고 있는데, 팀을 꾸려 점차 고령화되어 가는 지역을 섬기고자 홀로되신 어르신들을 돕는 사역을 하고 있다. 방충망 공사나 전기 배선 공사, 도배나 장판 교체 등의 일을 통해 집수리나 정비를 해주는 사역을 해오고 있는데, 이 사역의 대부분을 5060세대가 감당하고 있다. 이것은 지역 특성을 반영하여 지역을 섬기는 사역의 일종이라 하겠다.

이와 함께 매주 수요일 4~50명의 전도팀이 지역을 다니며 부침개 전도를 하고 있다. 담임목사의 사모가 주도하여 오래전부터 진행되고 있는 부침개 전도는 전도 자체만을 목적으로 하지 않는다. 오히려 이를 통해 교회의 좋은 이미지를 만들어 이웃들과 좋은 관계를 맺고 이웃을 돕기 위한 의미도 있다. 가난한 지역민에게 부침개를 나눔으로 최소한 한 끼 정도는 가볍게 때우면서도 교회의 사랑을 나눌 방법이 되기 때문이다. 이를 통해 지역과 함께하는 교회의 역할을 감당함과 동시에 5060세대들이 협력하여 전도하고 봉사하는 일을 하도록 하는 계기를 마련하고 있다. 코로나19 이전에는 실버대학도 진행했

51 이석철, 『기독교 성인 사역론』, (대전: 침례신학대학원 출판국, 2008), 185-186.

[그림Ⅰ-36] 전도팀 활동

는데, 실버대학을 섬기던 도우미 대부분이 60대 후반이었는데, 이제는 어느덧 70대가 되어가면서 실버대학의 도우미가 아니라 섬김의 대상이 되어 버려 다시 시작하는 것에 어려움을 겪고 있다.

V. 5060세대 사역 이렇게 하라!

5060세대를 '샌드위치 세대'라고도 한다(부모와 자녀 사이의 샌드위치). '부모로서' 자녀교육과 양육을 책임져야 하고, 동시에 '자녀로서' 자신의 부모도 부양해야 하기 때문이다. 한 조사에 의하면 중장년층 10명 중 8명(79%)이 노부모를 부양하고 있으며, 62%는 성인 자녀를 부양하고 있다고 응답했다. 기혼 자녀의 손자녀를 돌보고 있다는 응답도 5%를 답했고, 이중부양을 하고 있다는 응답도 56%에 달했다. (여기서 이중부양이란 노부모와 25세 이상 성인 자녀를 동시에 부양하는 경우를 말한다.)[52] 이러고 보면 5060세대는 흔들리는 세대일 뿐 아니라, 낀 세대, 샌드위치 세대로 부담 100배의 세대, 어깨가 짓눌린 세대라고 할 수 있겠다.

교회로 오면 그 상황이 달라질까? 아니다. 교회에서도 직분자로, 부서를 담

52 https://www.hankookilbo.com/News/Read/A2022092114540001838 2024. 12. 5, 접속.

당하는 임원으로, 여기저기서 역할을 담당하는 중추의 역할, 허리 역할을 감당하고 있어 역할과 책임이 무겁다. 그러니 이들에게 지금 당장 필요한 것은 책임과 역할에 대한 압박이라기보다는 배려와 관심, 그리고 격려가 아닐까 생각한다. 이제 그들을 좀 더 다독이며 용기와 격려를 하면서 그들에 '의한' 사역뿐 아니라, 그들을 '위한' 사역도 해야 할 것이다. 이런 면에서 5060세대를 '위한' 사역은 우선, 말씀을 통해 위로하고, 소그룹에서 함께 다독이는 사역이 필요해 보인다. 무엇보다 사명감을 고취하고 다가올 노년을 준비하는 것도 도와야 할 것이다. 이런 면에서 성천교회의 예를 통해서 다음의 몇 가지 5060세대를 위한 사역의 방향을 고민해 필요가 있다.

1. 관점의 변화: 복음으로 위로하라

이제 관점을 달리할 필요가 있다. 요즘 교회들을 보면 온 관심이 다음세대에 있고, 그다음은 3040세대에 있는 것 같다. 그리고 다수가 되어가는 노년에 관한 관심으로 넘어간다. 자연스레 낀 세대인 5060세대는 함께 사역하는 사역의 '주체'이지, 섬겨야 할 사역의 '대상'으로 보지는 않는 것 같다. 이제 관심을 돌려 5060세대에 '의한' 사역도 해야 하지만, 5060세대를 '위한' 사역도 감당해야 할 것이다.

성천교회의 경우, 5060세대를 위해 오후 예배에 테마 예배를 도입하여 그들의 필요(needs)를 터치해 주려고 애를 쓰고 있다.[53] 어쩌면 이중부양의 세대이자, 교회에서도 과중한 책임으로 인해 짓눌려 있는 그들에게 영적인 터치가 누구보다 필요하지 않을까. 이런 면에서 그들에 '의한' 사역과 함께 그들을 '위한' 사역의 장을 열 필요가 있어 보인다.

또한 5060세대는 신체적으로도 점점 숨이 차오르는 세대가 아닌가. 갱년

53 영어로 needs와 wants는 번역하면 다 같은 "필요"로 번역될 수 있지만, wants는 대상이 원하는 것을 말한다면, needs는 대상이 없으면 안 되는 필요를 말한다. 원하는 것과 필요한 것의 차이라고 할까. 이런 면에서 원하는 것을 그대로 들어주는 방식이 아니라, 영적으로 필요한 것을 터치해주는 방식이 필요해 보인다.

기를 힘겹게 넘기고 있고, '아, 옛날이여!'를 외치며 부서 장으로, 중직자로 힘겹게 교회의 책임의 무게를 짊어지고 가는 그들이 아닌가. 이제 말씀으로 격려하고 위로하고, 교회사역으로 인해 돌아보지 못한 가정을 돌볼 기회와 상황을 만들어 주면 어떨까. 성천교회처럼. 이를 통해 큰 숨 한번 내쉬고 다시금 일어서게 도울 필요가 있지 않을까.

2. 관계의 변화: 관계로 지지해 주라

통상 5060세대는 교회의 주축이요, 허리 역할을 하다 보니, 의사결정 과정에 깊이 개입하게 된다. 즉, 교회의 중요한 결정에 참여하고 책임도 함께 지는 구조로 되어 있다. 그러다 보니 결정을 하고 난 다음, 책임을 지려고 하다가 어려움을 겪기도 하고, 모든 책임을 다 감당해야 해서 힘들어하기도 한다. 얼마 전, 필자의 교회에 일이 있어 역할을 나누려고 하자, 한 성도가 노골적으로 이렇게 이야기하는 걸 들었다. "그래도 중직자들이 먼저 헌신해야 하는 것 아닌가요?" 자신은 중직자가 아니고 연배도 다르니 빠지고 싶다는 표시였다.

이 말을 듣자, '몇 번 모이지도 않는 작은 모임에서 헌신을 하면 얼마나 할까?' 하는 생각과 함께 '5060세대의 무게가 참 무겁구나!' 하는 생각을 하게 되었다. 이러니 이들을 서로 묶어 주어 서로 책임의 무게를 덜어주고, 위로하며 격려하는 시간과 모임이 필요하다. 성천교회의 경우, 힐링 등산과 같은 프로그램을 통해 또래들이 모여서 등산도 하고, 그간 어려웠던 점들도 나누면서 함께 치유하고 회복하는 시간을 가졌는데, 정기적으로 이런 필요를 교회가 살펴야 할 것 같다.

무엇보다 5060세대가 함께할 수 있는 소그룹을 만들어 주고, 그곳에서 말씀과 기도로 함께 치유하고 회복될 수 있도록 할 필요가 있다. 전통적인 교회는 지역을 중심으로, 혹은 관계를 중심으로 소그룹을 형성하는데, 평소 모이기 어려운 상황을 고려하여 직장인을 위한 구역과 온라인 오프라인이 함께 공존하는 조금은 유동적이면서도 쉽게 모일 방안을 고려하여 소그룹을 편성해 주는 것도 필요해 보인다.

3. 양육의 변화: 훈련하고 변화를 체험하게 하라

5060세대가 '흔들림의 세대'라면 흔들리지 않도록, 혹은 흔들려도 넘어지지 않도록 도와야 한다. 이를 위해서 영적으로 든든히 서갈 수 있도록 훈련하고, 스스로 영적으로 서가면서 변화를 체험하게 도와야 한다. 로이 주크(Roy B. Zuck)와 제인 게츠(Jane Getz)는 중년을 위한 교회 사역이 나아가야 할 방향에 대해서 몇 가지를 제안하는데, 그 첫째로 지적한 것이 "성경을 창조적이며 관련적으로 가르치라"라는 것이다.[54]

주지하듯 한국 사회에서는 중년은 학습하지 않는 세대로 스스로 규정한다. 배우는 걸 어려워하고 힘겨워한다. 단, 자신의 미래와 직접적인 관련이 있으면 쉽지 않지만 배우고 훈련하려 한다. 일례로 직장의 퇴직을 준비하면서 자격증 공부를 할 때는 어려워하면서도 감당하려 애쓴다. 자격증을 얻는 것이 자신의 퇴직 후를 보장해주고 그다음을 준비할 수 있는 현실적인 이유에서다. 같은 이유로 영적 훈련의 장이 자신에게 직접적으로 유익하고 관련이 있는 것으로 느껴지면 중년들도 훈련에 임할 수 있다.

이런 이유로 성경공부를 포함한 양육의 과정을 창의적이면서도 실제적이며, 자신들의 삶과 관련이 있는 방식으로 변화시킬 필요가 있다. 성천교회의 경우, 성경공부의 형태라기보다는 부부 세미나처럼 실제로 필요한 세미나를 개최하고, 나아가 연관된 캠프도 열어주면서 실제적이고 직접적인 도전을 주자, 참여한 가정과 부부가 놀라운 변화를 경험했다고 한다. 이처럼 더욱 실제적인 가정세미나, 직장세미나, 부모교육 세미나와 같은 것들을 제공하여 영적인 터치와 함께 실제적인 성장의 기회가 되도록 도우면 좋겠다. 물론, 기존의 제자훈

54 로이 주크 & 제인 게츠, 『교회의 장년 교육』, 신청기 역, (서울:기독교문서선교회, 1999), 67.

련 프로그램과 교회의 효과적인 교육훈련 프로그램과 잘 연관 지어서 말이다.

4. 의미와 가치의 변화: 의미 있는 섬김의 장을 마련해 주라

로이 주크와 제인 게츠에 의하면 장년은 섬김과 봉사의 욕구가 있다고 한다. 심지어 "많은 중년은 어떤 구체적인 분야와 때로는 고도로 기술적이고 전문화된 영역에 대한 무제한적인 능력과 체험을 소유하고 있다. 하나님께서 평신도들에게 직업적으로 부여한 각 재능은 개교회 내의 사역을 위해서 사용될 가능성도 있다."[55] 실제로 5060세대는 한 분야의 전문가들이 많다. 다년간 쌓은 제 분야의 실력을 갖춘 이들이니 이들을 섬김과 봉사의 자리로 잘 이끌 필요가 있다. 이를 통해 섬기는 이들도 의미를 찾고, 교회도 지역에서 역할을 감당할 수 있기 때문이다.

성천교회의 경우, 독거노인들과 고령의 어르신들이 많은 지역이다 보니 그들을 섬겨야 할 필요를 많이 느끼고, 선한 사마리아인 사역을 하고 있다. 자연스레 5060세대 가운데 달란트가 있는 분들이 집도 보수해 주고, 생활여건도 개선해 주면서 교회가 지역교회의 역할을 감당하게 하고, 개인들도 의미 있는 섬김의 장을 만들어가고 있다. 부침개 전도와 같이 지역에 필요한 전도와 선교의 장에도 적절히 섬길 수 있는 장을 마련해 주고 있다.

성천교회의 예만 아니라 교회 내 5060세대의 상황과 지역의 여건을 잘 고려하여 더욱 창의적이고 의미 있는 섬김의 장을 마련한다면, 교회는 교회대로 지역 봉사의 장을 펼쳐갈 수 있을 뿐 아니라, 개인은 자신의 가치와 유용성, 퇴직을 즈음하여 섬길 수 있는 장을 마련할 좋은 기회가 될 것이다.

5. 관심의 변화: 미래를 준비하게 도우라

5060세대도 결국 교회의 온전한 어른이 되어야 한다. 지금 당장은 허리 역

55 로이 주크 & 제인 게츠, 『교회의 장년 교육』, 69.

할을 한다고 하더라도 멀지 않아 노년이 되고 교회의 영적인 어른으로서, 기도의 사람, 지혜의 사람들이 되어야 한다. 이를 위해 노년 사역과 연계된 5060세대의 준비가 필요해 보인다. 즉, 미래를 준비할 수 있도록 도와야 할 것이다.

물론, 영적인 준비가 필요하다. 위에서 서술한 것처럼 영적인 필요와 상황을 살펴 그들의 실제적인 필요를 따라 훈련하고 양육할 필요가 있다. 예수님의 제자 요한은 요한일서에서 영적인 성숙도에 따라 수직적으로 아이, 청년, 아버지(요일 2:12-14)의 단계로 구분하지 않았는가. 이를 짐 푸트만(Jim Putman)은 조금 더 세분화한다. 1) 영적으로 죽은 상태, 2) 영적 아기, 3) 영적 아이, 4) 영적 청년, 5) 영적 부모의 단계가 바로 그것이다.[56] 즉, 영적으로 죽은 상태인 회심 이전의 상태에서 회심을 경험하고 영적 아기가 되었다가 점차 영적 아이로, 영적 청년과 영적 부모로 '성숙'하게 된다는 의미이다. 언제까지 영적 아이로만 있을 수 없지 않은가. 이렇듯 교회는 다양한 영적인 훈련을 통해서 영적으로도 5060세대가 영적 부모가 되도록 도와야 할 것이다

그다음은 신체적이고 정서적으로도 5060세대를 준비할 필요가 있다. 점점 약해지는 체력과 건강, 여러 요인으로 인한 정서적인 불안과 염려, 점차 쇠퇴해가는 기억력과 경제력 등을 고려하여 노년으로 겪게 될 여러 상황을 적절하게 준비하고 대비할 수 있도록 교회 공동체가 도와야 할 것이다. 단, 교회의 노년사역이 있다면, 그 사역과 연계해서 함께 준비하면 더 좋을 것이다.

VI. 온 세대 사역을 위한 5060세대 교육목회 이렇게 하라: "5060세대를 통합적인 영성으로 다시 세우라!"

교회에서 5060세대는 '흔들림의 세대'이다. 신체적, 정서적, 경제적으로, 무

56 짐 푸트만, 『영적 성장 단계별 제자양육』, 전의우 역, (서울: 두란노, 2017), 101-195.

엇보다 영적으로 흔들리는 세대이다. 다양한 직분과 직책을 맡으면서 책임과 의무는 많지만, 그에 따른 보상이나 격려와 응원은 적게 받는 세대이기도 하다. 가정은 가정대로, 직장은 직장대로, 교회는 교회대로 요구하는 바는 많고, 감당해야 할 일들은 많지만, 넋두리하면 들어줄 사람들은 적은 세대이다. 앞으로의 미래도 불안하다. 다가올 노후에 대한 준비는 쉽지 않은 데 반해 부양해야 할 노령의 부모와 아직 출가하지 못한 자녀들로 인해 마음고생도 많은 세대다. 어느덧 몸도 마음도 지쳐가는데, 교회에서는 더 많은 헌신만을 요구한다.

이런 그들에게 필요한 건 영적인 채움과 육적, 정서적 쉼과 위로와 치유가 아닐까 생각된다. 이를 위해 교회는 그들에게 적절한 영적인 회복과 치유의 기회를 제공해야 할 것이다. 1) 복음이 있고 실질적인 영적 터치와 적용이 있는 예배(영적 필요를 채움), 2) 영적 성장과 도전이 있는 양육과정과 현실적이고 체계적인 직분자 교육(사명감 고취와 감당할 능력 배양), 3) 무엇보다 좋은 소그룹을 통한 그들의 필요와 상황을 터치하는 공동체적 회복의 과정이 필요해 보인다(공동체의 지원과 지지). 4) 가능하다면 가정세미나와 캠프, 부부 상담과 치유 회복 세미나와 같이 무너져가는 가정을 회복할 기회를 제공하는 것도 유익하리라 본다(가정사역을 통한 가정의 회복). 5) 다가올 노년을 교회와 함께 대비하기 위한 노년 준비 과정도 필요해 보인다. 이를 위해 경제적인 점검, 신체적인 준비, 무엇보다 영적인 준비와 섬김의 훈련 등도 필요해 보인다(노년 사역 연계를 통한 노년 준비). 6) 5060세대의 좋은 은사와 달란트를 활용하여 교회의 중추 역할을 할 수 있도록 섬김의 기회와 장을 마련해 주는 것도 필요하리라 본다(섬김의 장 마련과 적절한 사역 배치). 기존의 교회 직분과 교회 내에서 감당해야 할 사역도 필요하고, 교회 밖 섬김의 자리도 마련해 주어 의미 있고 가치 있는 일을 교회와 함께 감당해 가도록 돕는 것도 유익하리라 본다. 이를 통해 5060세대가 흔들림의 세대가 아닌 견고한 세대로 거듭나 한국교회의 미래가 이들을 통해 다시금 밝아지기를 소망해 본다.

노하우 공유 질문

1. 기존 교회가 가지고 있는 5060세대에 대한 인식이 가지는 문제점은 무엇인가?

2. 교회가 'I' 철학에서 'We' 철학으로 옮겨 가야 하는 이유와, 또한 옮겨가기 위해 교회와 성도는 어떤 노력을 해야 하는가?

3. 부부 추억 만들기 프로그램이나 부부 행복 캠프 및 리마인드 웨딩 등과 같은 사역을 통해 기대할 수 있는 교회와 가정에서의 변화는 어떤 것이 있을까?

4. 5060세대가 사역의 주체로 설 수 있도록 하기 위해, 어떤 리더십 구조가 필요한가? 5060세대가 단순 조언자가 아닌 실질적인 리더로 세워지기 위해 어떤 사역 설계와 위임이 필요한가?

5. 5060세대가 다음세대를 위하여 남겨야 할 가장 중요한 신앙 유산은 무엇인가? 교회는 5060세대가 자신의 신앙 여정을 회고하고, 다음세대에게 전해줄 가치와 원리를 정리하도록 돕는 사역을 어떻게 설계할 수 있는가?

한국교회 일곱 교회의 사역 사례와 노하우

온 세대
교육목회 이야기

'갈렙교회' 이야기

시니어세대 사역

이현철 교수

'갈렙교회' 이야기: 시니어세대 사역

이현철 교수 고신대학교

I. 목사님, 시니어 사역은 '선택이 아니라 필수'입니다

나뭇잎 사이로 파란 가로등
그 불빛 아래로 너의 야윈 얼굴
지붕들 사이로 좁다란 하늘
그 하늘 아래로 사람들 물결
여름은 벌써 가 버렸나
거리엔 어느새 서늘한 바람
계절은 이렇게 쉽게 오가는데
우린 또 얼마나 어렵게 사랑해야 하는지…

조동진의 「나뭇잎 사이로」의 가사 일부

한국 포크 음악계의 거장 조동진(趙東振, 1947-2017)의 「나뭇잎 사이로」는 세월의 흐름과 함께 소소한 인생을 살아가는 한 평범한 개인의 삶과 사랑을 되돌아보게 하는 노래이다. "여름은 벌써 가 버렸나 거리엔 어느새 서늘한 바람, 계절은 이렇게 쉽게 오가는데 우린 또 얼마나 어렵게 사랑해야 하는지"를 읽고 듣노라면 '어렵게 살아가고' 있는 우리네의 인생을 담담하게 표현하고자 한 화자의 마음을 느낄 수 있다. 특별히 나는 그 화자의 감정 속에서 굽이굽이 인생길을 걸어온 우리 사회와 교회 시니어세대의 모습이 느껴졌고, 화자가 노래한 나뭇잎 사이로 시니어세대의 야윈 얼굴이 포착되었다. 한국교회의 6080 시니어세대는 '무수히 많은 계절의 변화' 속에서 그동안 얼마나 헌신하며, 얼마나 어렵게 신앙을 붙잡고 살아왔는가! 그들이 걸어온 길이 존재하기에 한국교회는 여전히 지금도 사명을 감당하고 있으며, 다음세대를 바라볼 용기도 내고 있는 것이다. 그리고 지금도 그들은 한국교회를 위한 중요한 역할을 감당할 수 있는 힘을 가지고 있는 세대이다.

최근 통계청 장래인구추계에 따르면 우리나라의 65세 이상 고령인구는 기대수명 연장 및 출산율 감소 등의 영향으로 2022년 17.4%에서 2025년 20.3%, 2036년 30.9%, 그리고 2050년에는 40%를 초과할 전망이다(통계청, 2024). 실제로 2024년 1월 10일 행정안전부가 발표한 '2023년 말 기준 주민등록 인구 통계'에 따르면 70대 이상 인구는 631만9천402명으로, 20대(619만7천486명) 인구를 넘어선 상황으로 인구추계가 현실화되고 있음을 바라보게 한다. 실제로 2022년까지만 하더라도 70대 이상 인구(608만여 명)는 20대 인구(641만여 명)에 미치지 못했지만 20대 인구가 줄어들면서 처음으로 역전 현상이 벌어진 것이다(연합뉴스, 2024년 1월 10일 기사). 그야말로 대한민국은 '고령화 사회'로 진입한 것이다.

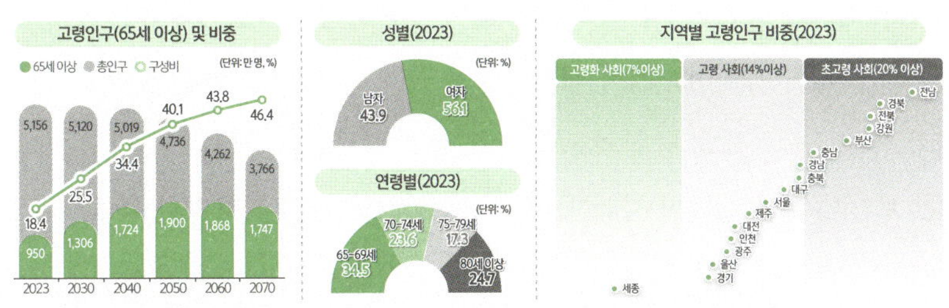

<표 I -19> 고령자 인구 및 가구 통계(출처: 통계청, 2023 고령자 통계)

전술한 맥락에서 한국교회는 더욱 심각한 고령화에 직면하고 있으며, 고령화의 변화 속도 역시 매우 가파르게 진행되고 있는 상태이다. 한국사회의 인구 변화와 맞물려 한국교회는 2023년 현재 교회 내에 60대 이상 성도 비율이 절반(53%)을 넘어섰으며, 20대 청년들은 최근 10년대비 절반이 넘게 감소되고 있다(목회데이터연구소, 2024). 이는 60대 이상이 교회의 핵심적인 주류 세대로 자리잡고 있다는 의미이며, 이들에 대한 사역적 배려와 전략을 가지고 사역에 임해야 한다는 것을 시사한다. 왜냐하면 교회 사역의 핵심적 대상자들이 이 6080세대이며, 이들이 교회에 대하여 다양한 것을 요구할 때 교회와 목회자들은 그 요구에 민감하게 반응 해주어야 하기 때문이다.

> OO교회 시니어(권사): 목사님 저는 아직 건강합니다. 열심히 직장생활 하고 이제는 은퇴하였지만 OO학교도 다니고 있고, 아직 교회와 하나님을 위해서 할 수 있는 일들이 많습니다. 다음세대와 자녀들이 물론 중요합니다. 그러나 우리 세대가 든든히 있어야 하고, 우리 역시 신앙적으로 양육 받고 쉬지 않고 뜨겁게 신앙생활 해야 할 성도들입니다. 말씀, 기도, 교제…교회에서 다양한 모임과 집중적인 활동들도 필요하다고 생각합니다.
>
> - OO교회 OOO권사와 인터뷰

이러한 상황 속에서 한국교회의 시니어세대 사역은 '선택이 아니라 필수'라는 목소리가 목회현장에서 터져나오고 있다. 기존 다음세대 중심의 교회사역과 함께 시니어세대 중심의 교회사역 강조와 관심이 나타나고 있다. 실제로 이를 반영하듯이 시니어 사역에 대한 목회현장의 관심은 다양한 부류의 목회자 모임과 세미나들을 통해서 터져나오고 있기도 하다. 이와 관련하여 17개 사역 단체와 교회 40곳이 연합하여 시니어 사역 연합 플랫폼으로서 출범한 '조이플 시니어'의 활동은 시니어 사역과 관련된 변화된 목회현장의 인식을 보여주는 좋은 사례이다. 또한 최근 분당우리교회, 선한목자교회, 여의도침례교회, 은현교회, 할렐루야교회, 새에덴교회 등의 시니어 사역 관련 집중과 움직임은 목회 패러다임의 변화와 관련하여 주목할 만하다.

목회현장에서 시니어그룹에 대한 관심은 한국사회 및 교회의 인구 변화를 고려할 때 자연스러운 것이며, 좀 더 선제적 그리고 공격적으로 이에 대한 관심과 전략 도출에 신경을 쓸 필요가 있다. 이는 시니어그룹을 섬김의 대상으로만 보았던 기존 패러다임을 벗어나 이들을 교회 사역의 주체로 안으며, 핵심적인 교회사역의 주류 세대로 변화를 전제하는 것이다.

이에 본 장에서는 역동적으로 시니어사역을 수행하고 있는 사례교회를 선정하여 해당 교회의 시니어 사역의 핵심적 특성을 도출하여 소개하고자 한다. 이를 통해 목회자 및 관심 사역자들에게는 시니어 사역과 관련된 실제적인 전략과 방향타를 제공할 수 있을 것이며, 나아가 현재 개별 흥미나 친교 위주의 시니어 활동에서 벗어나 교육목회적 차원에서 시니어세대에 대한 목회적 패러다임 변화를 위한 기초자료를 제공할 수 있을 것으로 기대한다.

II. 사례교회: '갈렙교회'는 어떤 교회인가요?

갈렙교회(담당 김영동 목사)는 선한목자교회(담임 김다위 목사)에 등록한 65세 이상된 교인들로 구성된 독립된 교회이다. 갈렙교회는 시니어세대들의 행복한 신앙생활을 위해 이들로 하여금 섬김 받기보다는 섬김을 지향할 목적으로 2012년 12월에 창립되었다(https://www.gsmch.org/). 갈렙교회는 시니어세대의 특성과 필요에 따른 맞춤사역을 통해 각자의 능력과 은사를 사용하고 있으며, 적극적으로 이웃을 섬기고 활기 있고 행복한 신앙생활을 지향하는

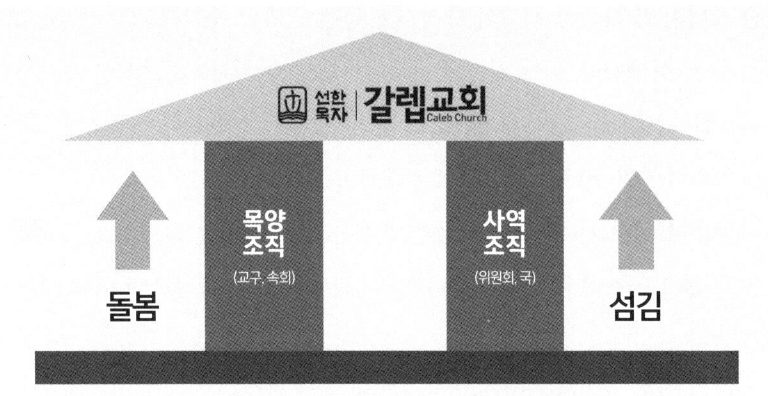

[그림 I-37] 선한목자 갈렙교회의 사역 기둥(출처: 갈렙교회 교회생활 가이드, 2024)

사역을 강조하고 있다(https://www.gsmch.org/).

구체적으로 갈렙교회는 시니어세대 사역을 위하여 사역의 3대 주요 방향을 설정하고 있는데 1) well-being과 관련된 "이음 공동체(connecting community)", 2) well-aging과 관련된 "적극적인 선교 공동체(actively missional community", 3) well-dying과 관련된 "기억공동체(remembering community)"의 가치들이다(갈렙교회, 2024). 시니어세대의 삶에서 놓치지 말아야 할 현재의 삶과 신앙 그리고 삶의 여정을 마치는 과정까지를 균형있게 설정하고 있는 것이다. 해당 사역의 방향성은 목양조직과 사역조직을 통하여 수행되며, 목양분야는 22개의 지역과 122개 속회와 사역분야는 8개의 위원회(예배, 선교, 제자양육, 복지, 재정, 지혜자대학, 장로선교단, 비전연구소)으로 나뉘어져 있다. 목양조직과 사역조직을 기초로 갈렙교회는 '갈렙예배'와 '지혜자대학'을 통해 역동적 시니어세대 사역을 추구하고 있었다(https://www.gsmch.org/).

먼저 갈렙예배는 주일예배 외에 갈렙교회 예배가 매주 수요일 오전 11시 선한자교회 지하 3층 본당에서 드려지고 있는 예배 모임으로 갈렙교인들뿐만 아니라 누구나 참여할 수 있는 열린 예배이다. 예배는 현장과 온라인이 동시에 이루어진다.

다음으로 지혜자대학은 영성학부, 건강학부, 음악학부, 교양학부로 나뉘어 18개 학과를 개설하여 운영 중이며, 오프라인 수업으로 시니어세대 사역을 수행하고 있다. 예를 들어 영성학부에서는 성경기초교실, 성경고급교실을, 건강학부에서는 라인댄스교실, 실버체육교실, 탁구교실을, 음악학부에서는 색소폰교실, 우쿨렐레교실, 오카리나교실, 하모니카교실, 난타교실, Sing & Song교실을, 교양학부에서는 음악여행, 서예교실, 미술교실, 양말목공예, 캘리그라피, 영어로 배우는 성경 등을 개설하여 운영하고 있다. 2024년의 경우 1학기가 3월 27일~6월 26일(10강), 2학기가 9월 4일~11월 20일(9강)이 매주 수요일 오후에 운영되고 있다.

2024년 7월 현재 갈렙교회는 약 1,600명이 출석하고 있으며, 초창기(2012년) 약 450명에 비하여 300%이상의 성장을 보이고 있으며, 고령화 사회 변화 속에서 그 증가 추세는 더욱 강화 및 유지될 것으로 예상하고 있다.

III. 갈렙교회의 시니어 사역 핵심 가치 3가지

갈렙교회 시니어 사역의 핵심적 요소들을 파악하기 위하여 '갈렙교회 현지조사, 담당교역자와 심층인터뷰, 갈렙교회 관련 책자 및 자료 분석' 등을 수행하였으며, 이를 바탕으로 몇 가지 갈렙교회의 사역적 특징들을 도출해보았는데 그 내용은 아래와 같다.

1. 시니어세대에 대한 남다른 인식: '그들은 뒷방 어른들과 은퇴자들이 아닙니다'

빌헬름 슈미트(Wilhelm Schmid, 2014)의 베스트셀러 『나이든다는 것과 늙어간다는 것』(Gelassenheit: Was wir gewinnen, wenn wir älter werden)은 '나이든다는 것'에 대하여 따뜻한 시선을 제공하고 있다. 단순히 '나이 듦'이 쇠하고 볼품없어지는 것이 아니라 성장과 성숙 속에서 인생의 또 다른 가능성과 차원을 평온하게 바라보게 한다는 점이다. 이러한 맥락에서 목회와 기독교 교육 영역에서 박신웅(2020)도 『노년사용설명서』를 통해서 노년에 대한 의미있는 성경적 관점과 방향성을 제시하고 있어 주목할 만하다. 노년이 죽음이요 절망이라는 세속적 가치가 아니라 행복과 좋음이라는 성경적 가치를 강조해주기 때문이다.

갈렙교회 시니어 사역의 핵심적 가치에는 해당 세대에 대한 기존 교회와 목회자가 지닌 고정관념과 다른 가치가 존재하고 있었다. 한국교회의 시니어세대에 대한 인식은 섬김의 대상이며, 적극적인 사역의 주체로써 가치를 지향하지 않는다. 오히려 '다음세대, Youth 사역, 미래세대, 청년사역, 3040세대 사역' 등의 가치 아래 시니어세대에 대한 교회의 관심이 소홀한 것이 사실이다. 하지만 여전히 시니어세대는 건강하며, 은퇴하였음에도 신앙생활에서는 은퇴할 수 없는 신실한 그리스도인들이다. 그러기에 시니어세대는 단순히 섬김의 대상을 넘어 그들 스스로가 신앙적 활동과 사역의 주체로써 품격있는 신앙인으로 삶을 지향할 수 있도록 장이 만들어져야 하는 것이다. 갈렙교회의 사역에서 시니어세대는 '뒷방 어른들' 또는 '은퇴자'들이 아니다. 갈렙교회의 사역적 특징에서 가장 두드러진 점은 시니어세대에 대한 인식이 기성교회와 완전히 달랐으며, 그들의 삶에 대한 존중과 가치를 철저하게 인식하면서 사역에 임하고 있다는 점이다. 이는 실제적인 갈렙교회의 사역적 활동으로도 나타나고 있었는데 예배위원회를 통한 예배국, 찬양국 사역, 선교위원회를 통한 국내 및 해외 선교, 특수 선교 사역 등이 시니어세대를 통해서 주체적으로 직접 이루어지고 있었다.

갈렙교회 담당 목회자: 80대 은퇴 권사님께서 해외 선교를 나가셨습니다.

직접 선교국에서 자신들이 준비하고 계획을 세워 선교를 직접 수행하신 것입니다. 현지…선교지에서는 고국에 둔 어머니를 떠올리게 하였으며, 그들에게 은혜가 컸던 것입니다. 80대가 직접 선교를 나간다니요. 교회는 어떠하겠습니까! 저분도 선교하시는데 우리는…이 얼마나 대단한 일입니까! 우리 교회에서는 일상입니다.

시니어세대에 대한 갈렙교회의 인식은 시니어세대들의 삶의 가치를 존중하며, 그들 역시 역동적인 신앙생활을 주체로 살아가야 함을 강하게 지향하고 있는 사역적 태도였다. 이러한 사역의 지향점은 구체적인 프로그램으로도 구현되고 있었으며, 시니어세대들 역시 해당 사항을 느끼며 역동적으로 신앙생활을 하고 있었다.

2. 세대 맞춤형 특화 사역 수행: ‘시니어세대의 요구를 반영한 프로그램 운영’

갈렙교회는 시니어세대를 교회의 핵심적 사역 대상으로, 그리고 동시에 그들 스스로가 사역의 주체로써 신앙생활을 해나갈 수 있도록 세워야 함을 강조하고 있었다. 이는 선한목자교회의 전 담임목회자(유기성 목사)의 목회 시대에서부터 강조되어온 사항으로 모든 성도들이 행복하게 신앙생활을 해나갈 수 있도록 교회는 사역하고 섬겨야 한다는 목회 철학이 자연스럽게 표출된 과정으로 볼 수 있다(유기성, 2018) 이러한 맥락에서 갈렙교회에서는 시니어세대를 신앙으로 세울 수 있는 구체적인 프로그램들을 고민하게 되었고, 기존 교회의 접근이 아니라 세대의 특성을 고려한 맞춤형 사역을 통하여 사역을 수행하고자 노력하고 있었다. 즉 시니어들의 요구와 상황을 충분히 고려한 사역적 활동을 구성하는 것이었다. 이러한 측면은 많은 예산이나 특별한 무엇인가라기 보다는 세심한 배려와 시니어세대의 목소리에 귀를 기울이는 과정을 통하

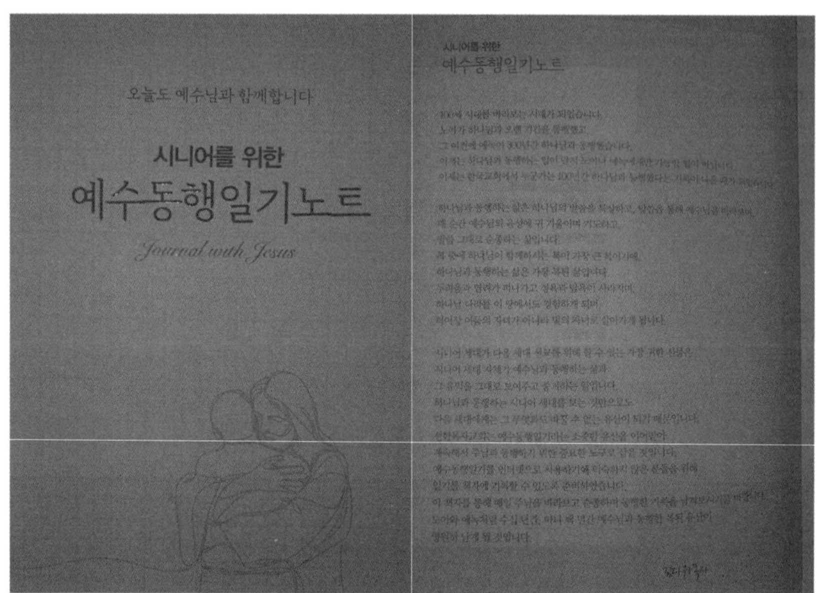

(출처: 갈렙교회, 시니어를 위한 예수동행 일기노트)

[그림Ⅰ-38] 시니어세대의 상황을 고려한 책자 형식의 사역 지원 예시

여 개발되고 진행되었다. 예를 들어 '시니어를 위한 예수동행 일기 노트'는 인터넷과 전자기기에 익숙하지 않은 시니어세대들을 위하여 자신들의 신앙 일기를 책자에 기록할 수 있도록 준비하여 시니어세대의 상황을 고려하고 있었으며, 지혜자대학을 통하여 시니어세대의 다양한 활동적 요구에 대하여 다채롭게 대응하고 있었다. 특별히 지혜자대학의 경우 영성학부, 건강학부, 음악학부, 교양학부로 나뉘어져 18개 학과를 개설하여 운영 중이며, 오프라인 수업으로 시니어세대 사역을 수행하고 있었다.[57] 이는 갈렙교회의 성도뿐만 아니라 지역사회의 시민들에게도 개방되었던 사항이다. 이러한 측면은 제임스 콜먼(James Coleman)이나 로버트 푸트남(Robert Putnam)과 같은 사회학자들이 강조한 지역사회의 사회적 자본(social capital)을 형성하는 모습과도 맞닿아 있는데,

57 지혜자대학의 경우 물론 많은 예산과 인프라가 전제가 되어야 하지만 핵심적인 요점은 시니어세대가 무엇을 요구하고 있는가에 대한 사역적 질문에 기초하여 수행되고 있다는 점이다.

갈렙교회가 지역사회 내 소통, 신뢰, 규범 등의 허브로 유의미한 대사회적 사역을 감당하고 있는 모습으로 보인다.

해당 사역 관련하여 최근에는 정부와 지자체의 교육서비스가 지역사회에 다양하게 제공되고 있기에 지혜자대학에서 문화적 활동이나 기본 교양 교육을 넘어 좀 더 '교회다운' 또는 '성경적인' 프로그램 구성과 활동에 대한 고민을 하고 있음도 확인할 수 있었다. 즉 철저한 기독교세계관에 기초하여 지자체가 제시할 수 없는 신앙적 요소에 대한 강화를 통해 신앙 문화적인 활동에 대한 가치를 강화해나고자 관심을 가지고 있는 상황이었다. 이러한 측면들은 시니어세대가 무엇을 요구하고 있는가에 대한 본질적인 고민에서부터 진행되는 사항으로 시니어세대의 특성, 상황, 필요 등을 살펴 그에 맞는 적절한 접근을 수행하고 있는 모습을 볼 수 있다.

3. 명확한 제도적 지원:
'확실한 리더십 부여와 재정의 독립'

갈렙교회 시니어세대 사역의 성공과 역동적인 활동이 가능하게 된 이유는 여러 가지가 있을 수 있겠지만 가장 핵심적인 사항으로 본 교회(선한목자교회) 차원에서 명확한 제도적 지원을 통한 리더십 부여와 재정의 독립성으로 볼 수 있다. 갈렙교회는 '교회 안의 또 다른 교회 공동체'이다. 갈렙교회는 선한목자교회 안에 있는 시니어세대 중심의 또 다른 교회인데, 이는 선한목자교회의 제도적 지원와 환경 속에서 해당 개념이 가능할 수 있게 된 것이다. 해당 지원을 통해 선한목자교회는 갈렙교회 담당 목회자와 리더들에게 관련 사역에 대한 전권과 명확한 리더십을 부여하고 있으며, 이는 본 교회인 선한목자교회와 재정의 독립적 운용에 대한 사항으로도 표출되고 있었다. 갈렙교회의 재정은 선한목자교회와 완전히 분리되어 있으며, 재정의 수입과 지출 등 모든 항목에서 독자적으로 운영된다. 갈렙교회의 리더십 역시 독립된 재정 환경 속에서 자신들이 계획을 직접 세우고, 이를 집행하며 시니어세대의 사역에 맞는 예산지출과 사역활동을 공격적으로 수행하고 있었다. 선한목자교회 역시 재정 집행의 가이드를 제공하며, 지원적 태도로 관리하고 있으나 '교회 안의 또 다른 교회'로 갈렙교회를 충분히 인정해주고 있었다. 이러한 상황은 갈렙교회 담당 목회자와 리더들로 하여금 시니어세대를 위한 중장기적인 사역을 계획하고, 그 기초 위에 안정적인 사역을 가능하게 하는 요인이 되고 있었다. 2024년 7월 현재 갈렙교회의 담당목사(김영동 목사)는 8년째 사역 중에 있으며, 선한목자교회와 유기적인 관계 속에서 시니어세대 사역과 관련된 교회 전반의 사역에 있어 전권을 가진 책임자로서 귀한 사명을 감당하고 있다.

> 갈렙교회 담당 목회자: 리더십 그리고 재정과 관련된 사항에 대하여 많은 분들께서 질문을 하십니다. 일반적으로 기성교회에서는 이해되기 어려운 부분일텐데요…유기성 목사님과 장로님들의 리더십 내려놓음의 문화가 자리잡고 있기 때문에 가능한 상황이라 생각합니다. 앞선 세대의 내려놓음의 모습이 지금 우리 교회에 문화를 형성하고 있고, 그 위에 갈렙교회의 사역이 가능한 풍토가 형성된 것 같습니다. 그리고 현재 담임목사님(김다위 목사)의 전폭적인 지원도 핵심적이구요. 저는 현재 8년째 기쁨으로 섬기고 있습니다.

선한목자교회의 갈렙교회에 대한 리더십 부여와 재정 독립성 허락은 현재 한국교회의 일반적인 교회 문화에서는 쉽게 적용할 수 있는 부분은 아닐 것이다. 하지만 시니어세대 사역을 위해서 담당목회자 및 리더들에 대한 리더십 확보와 맞춤형 사역을 위한 재정 확보는 관련 사역에 있어 핵심적인 사항임을 강력하게 시사하는 대목으로 시니어세대 사역을 고민하고 있는 많은 교회와 목회자들에게 인사이트를 제공하고 있다고 판단한다.

IV. 온 세대 사역을 위한 시니어세대 교육목회 이렇게 하라: "돌봄과 섬김의 대상이 아니라 사역의 주체로 세우라"

갈렙교회 시니어 사역의 사역 핵심 가치는 '시니어세대에 대한 남다른 인식, 세대 맞춤형 특화 사역 수행, 교회의 명확한 제도적 지원'을 통해서 확인할 수 있었다. 이러한 측면들은 갈렙교회가 가지고 있는 시니어세대에 대한 분명한 목회철학이 가리키고 있다고 판단하는데, 바로 시니어세대를 '돌봄과 섬김의 대상이 아니라 사역의 주체로 세운다'라는 방향성이다.

갈렙교회는 시니어세대를 '뒷방 어른들과 은퇴자들'로 여기는 것이 아니라 그들 역시 다음세대와 미래세대만큼이나 중요하고 역동적으로 신앙생활을 해야 할 한 사람의 신실한 그리스도인으로 바라보고 있다는 점이다. 이러한 접근은 한국교회 내 큰 비중을 차지고 있는 시니어세대를 교회 사역의 주축으로 세우는 목회 사역적 사항일 뿐만 아니라 개별 시니어들을 한 사람의 그리스도인으로서 신앙에 대하여 더욱 열심을 낼 수 있도록 하는 목양적 사항이 될 수 있다. 나는 예전 한국연구재단(정부)의 중견연구자지원사업에 선정되어 감사하게도 산간벽지 교회를 집중적으로 연구(이현철, 2018)한 적이 있으며, 당시 전국에 있는 교회를 현지 조사하며 산간벽지 교회 목회자와 성도들의 삶을 심층적으로 분석하였다. 그때 한 목회자와 아래와 같은 대화를 나눈적이 있다.

> 산간벽지 교회 목회자: '이교수! 내가 사역하고 있는 교회에서는 목회 로드맵을 잡을 수가 없다. 60대 70대 이상 어르신 성도들만 있는데 어떻게 5년 뒤, 10년 뒤의 목회 계획을 잡고 사역할수가 있겠나? 장례 치루는 것만 기다리고 있는 실정이다……'

나는 당시 이 목회자에게 답답한 목회와 사역적 상황에 어떠한 답도 해줄 수가 없었다. 학문적으로 이론적으로 이러쿵저러쿵할 수 있겠지만 나 역시 목사로서 그 목회자의 사역적 상황을 바라보니 중장기적인 목회계획이라는 논의 자체가 무의미해보였다. 하지만 시니어세대와 관련된 새로운 차원의 목회 패러다임은 당시 미궁(迷宮) 속 나에게 한 줄기 분명한 빛을 보여주는 것 같다. 지금 우리들에게는 시니어세대 사역이라는 목회적 접근과 새로운 패러다임이 요청된다. 한국사회의 고령화와 교회 내 세대별 구성을 고려할 때 이는 '선택이 아니라 필수'적인 사역이 될 것이다. 한국교회의 미래를 위한 다음세대 사역과 함께 현재의 한국교회를 세워온 신앙세대들의 헌신과 희생을 기억하면서 현재를 살아가고 있는 그들을 위한 사역에 대한 관심을 가져야 할 것이다. 계속해서 이를 위한 연구와 정책 제안들이 심도있게 논의되길 바란다. 한편 아래의 사항은 시니어세대 사역을 위하여 체크되어야 할 사항이며, 갈렙교회 역시 고민하고 있는 부분이다. 해당 사항을 고려하면서 적절하게 자신들의 교회 및 시니어세대 사역에 적용하길 바란다.

노하우 공유 질문

1. 고령화 사회라는 특성을 고려할 때, 현재 한국교회는 고령 인구를 위한 목회적 준비가 얼마나 되어 있는가? 고령 인구를 위한 목회적 준비가 되어 있지 못할 때 발생할 수 있는 교회 내 문제는 무엇이 있는가?

2. 교회 시니어 성도들의 실제 신체적, 정서적, 영적 상태를 어떻게 파악할 수 있는가? 교회 시니어 성도 한 사람 한 사람의 필요와 상태를 정기적으로 확인하는 관리 시스템을 갖추려면 어떻게 해야 할까?

3. 디지털에 익숙하지 않은 시니어 세대에게 신앙 콘텐츠를 제공할 수 있는 실용적인 예시가 무엇이 있을까?

4. 갈렙교회처럼 '교회 안의 또 다른 교회 공동체'를 운영하는 것의 장단점은 무엇이 있을까?

5. 지역사회와 연계하여 시니어 사역을 확장하고, 교회의 사회적 신뢰도를 높일 수 있는 방법은 무엇인가? 갈렙교회의 '지혜자 대학'처럼 지역민에게도 개방하여 교회의 공공성을 실천할 수 있는 또 다른 방법은 무엇이 있는가?

온 세대

이야기

PART II

코로나 시기와 엔데믹 시기 목회자 인식 비교 분석

I. 연구 개요

이번 작업에서는 코로나시기를 중심으로 2021년과 2024년의 목회자 인식 비교를 수행해보았다. 2021년 당시 목회자들과 2024년 목회자들을 대상으로 집단 간 비교분석을 통해 최근의 변화된 목회자들의 인식을 살펴보고자 한 것이다. 구체적인 사항은 다음과 같다.

1. 연구 대상

전국의 담임목사와 부교역자를 대상으로 설문조사를 실시하였으며, 자료 수집은 총회교육원에서 각 교회에 협조 안내문을 발송한 후 진행하였으며, 조사 방법은 온라인 설문조사로 실시하였다. 2021년에는 328명(54.8%)이, 2024년에는 271명(45.2%)이 599명(100%)이 참여하였다. 총 조사 기간은 2021년의 경우 2021년 10월 20일~2021년 12월 13일까지 수행되었으며, 2024년에는 2024년 11월 26일~ 2024년 12월 10일까지 진행되었다.

2. 설문 개발 절차 및 설문조사 방법

본 연구에서는 목회자들의 실증적인 인식을 파악하기 위하여 설문지를 개발하였다. 먼저 목회자의 실태 및 요구 조사 분석 자료 등을 중심으로 기존 문헌의 조사표와 설문지를 바탕으로 연구진에서 설문지 초안을 개발하였으며, 관련 내용에 대하여 목회 및 사역 전문가를 통한 내용 적절성 등을 심층적으로 검토하였다. 이후 수정·보완된 설문지로 온라인 설문조사를 실시하였으며, 해당 사항에 대한 신뢰도 분석을 수행하였다. 해당 과정은 2021년 수행되었으며, 문항의 신뢰도는 명명척도를 제외한 문항에 대하여 Cronbach α 0.6 이상을 확인하였다. 2024년과 비교 분석을 위하여 코로나 시기와 엔데믹 시기 간의 핵심적인 문항을 선별하여 분석을 수행하였다.

구분	문항번호 및 내용	신뢰도
코로나19와 신앙생활	- 코로나19로 인한 신앙생활의 변화(10문항) - 교회에서 온라인 활동에 대한 인식(5문항) - 신앙생활에 대한 현재 선호도/미래 중요도(10문항) - 다음세대 교회 사역을 위해 가장 중요한 요인 (현재 선호도/미래 중요도)(19문항) - 다음세대에 대한 기대(8문항) - 일상생활 및 신앙생활 전반적 만족도(4문항) - 코로나 이후(향후 3-5년) 한국교회의 변화(3문항) - 다음세대 신앙교육의 어려움(5문항)	Cronbach α 0.6 이상
계	총 64문항	

<표 II-1> 설문 내용

3. 분석 방법[1]

본 연구에서는 SPSS 23.0 프로그램을 활용하여 청소년의 인식을 분석하였다. 구체적인 분석 방법은 다음과 같다.

첫째, 연구대상의 개인적 배경과 인식의 분포를 파악하기 위해 빈도분석을 실시하였다.

둘째, 요구도 우선순위를 파악하기 위하여 Borich(1980) 요구도와 locus for focus 모델유형 결정(Mink, Shultz, & Mink, 1991) 분석을 실시하였다.

먼저 Borich의 요구도 값은 현재 수준과 바람직한 수준 간의 차이에 바람직한 수준에 대한 가중치를 부여함으로써 두 수준 간 차이에 대하여 우선순위 결정의 방향성을 제공한다. 이를 수식으로 나타내면 다음과 같다.

$$\frac{\sum_{n=1}^{N}(RL_n - PL_n) \times \overline{RL}}{N}$$

RL(Required Level): 미래 중요도 수준
PL(Perceived Level): 현재 선호도 수준
$\overline{RL}$: 미래중요도 수준의 평균
N: 전체 사례 수

1 본 절의 내용은 이현철(2021)의 "그들은 무엇을 요구하고 있는가: 한국교회 내 코로나블루 청소년의 요구 분석"(고신신학 23호, 205-222)의 일부임을 밝혀둔다.

Borich 요구도 공식은 바람직한 수준에 가중치를 둔 방식으로 요구도 값에 따라서 우선순위를 결정할 수 있다. 그러나 어느 순위까지를 최우선적으로 고려할 것인지에 대한 판단기준은 없다는 단점이 있다. 다음으로 이러한 단점을 보완하기 위해 The Locus for Focus Model을 사용하였다.[2]

The Locus for Focus Model은 바람직한 수준의 평균값을 x축으로, 바람직한 수준과 현재 수준 간의 차이(불일치 수준)의 평균값을 y축으로 하는 좌표평면으로 [그림Ⅱ-1]과 같다. [그림Ⅱ-1]에서 보이듯 제1사분면(HH)은 중요성이 평균보다 높고 두 수준의 차이(불일치 수준)가 평균보다 높은 최우선순위군으로 분류할 수 있다. 다음으로 제2사분면(LH)은 중요성이 평균보다 낮고 두 수준의 차이가 평균보다 높고, 제4사분면(HL)은 중요성이 평균보다 높고 두 수준의 차이가 평균보다 낮아 차우선순위군으로 분류할 수 있다. 제3사분면(LL)은 중요성이 평균보다 낮고 두 수준의 차이(불일치 수준)가 평균보다 낮아 우선순위가 가장 낮은 영역이라고 할 수 있다.[3]

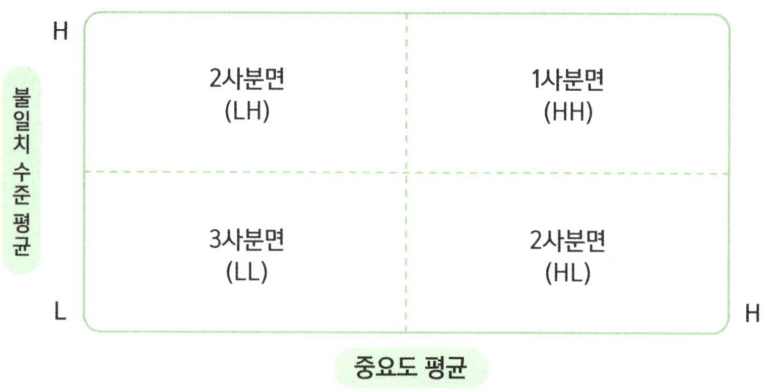

[그림Ⅱ-1] The Locus for Focus Model

2 Borich 요구도와 The Locus for Focus Model에 관하여서는 다음의 자료를 참고하라. Borich, G. D. "A needs assessment model for conducting follow-up studies," The Journal of Teacher Education, 31(3)(1980), 39-42. Mink, O. G., Shultz, J. M., & Mink, B. P. Developing and managing open organizations: A model and method for maximizing organizational potential (Austin: Somerset Consulting Group, Inc, 1991).

3 현영섭·권대봉·신현석·강현주·장은하·최지수, 『지역인적자원개발 정책 과제 발굴 및 추진계획마련』 (서울: 고려대학교 HRD 정책연구소, 2017), 67.

Borich 공식과 마찬가지로 바람직한 수준으로 우선순위 결정의 방향성을 갖는 The Locus for Focus Mode의 결과는 Borich 공식에서 도출된 우선순위에서 어느 순위까지를 1차적으로 고려할지에 대한 정보를 제공해 준다. 마지막으로 The Locus for Focus Mode에서 HH분면에 포함된 항목과 그 개수를 파악한다(차순위도 포함). 그리고 The Locus for Focus Mode에서 HH분면에 속한 항목의 개수만큼 Borich의 요구도 상위 순위에 포함된 항목들을 결정한다(차순위도 포함). 그리고 두 방법을 통해 상위 우선순위로 제안된 항목들의 중복성을 확인한다. 두 방법으로부터 공통으로 상위 우선선위에 해당되는 항목을 최우선 순위 항목들로 결정한다. 또한 두 방법 중 하나에만 해당되는 항목을 차순위 항목들로 결정한다.[4]

한편, 2021년 당시 목회자들과 2024년 목회자들을 대상으로 집단 간 비교분석을 위해 독립표본 t-검증(independent sample t-test)을 실시하였음. 다음은 독립표본 t-검증을 위한 방정식이다.

$$t = \frac{\overline{x} - \mu_0}{s/\sqrt{n}} \qquad df = n - 1$$

II. 분석결과

1. 개인 신앙 및 사역에 대한 2021년(코로나 시기)과 2024년(엔데믹 시기) 전체 목회자(담임+부교역자) 인식 비교

개인 신앙 및 사역에 대한 2021년과 2024년 전체 목회자의 인식 비교는 흥미로운 결과를 보여주고 있다. 목회자들은 전반적으로 개인 신앙 및 사역

4 조대연. "설문조사를 통한 요구분석에서 우선순위결정 방안 탐색," 「교육문제연구」, 35(2009), 177.

에 있어 통계적으로 유의미한 차이가 나타나고 있었는데, 2024년 엔데믹 시기가 2021년 코로나 시기에 비하여 '기도하는 시간, 성경읽는 시간, 신앙관련 대화 시간, 교회성도들과 교제시간, 설교준비 시간, 대면 심방빈도'가 긍정적으로 개선되었다. 더불어 2024년이 2021년에 비하여 '비대면 심방 빈도, 온라인 사역 활동, 온라인 매체 활용 빈도' 모두에 있어 통계적으로 유의미하게 감소한 것을 확인할 수 있다. 목회자들의 기독교서적 읽기의 경우 양 기간 모두에서 큰 차이가 나타나지 않았다. 이러한 결과는 코로나 시기로 인해 진행하지 못하였던 개인 및 전통적 사역의 형태가 다시 회복되고 있음을 강력하게 시사하는 대목이다. 참고로 '5: 매우 그렇다, 4: 그렇다, 3: 보통이다, 2: 그렇지 않다, 1: 전혀 그렇지 않다'이다.

<표 II-2> 개인 신앙 및 사역에 대한 2021년과 2024년 전체 목회자 비교

	구분	평균	표준편차	T값
기도하는 시간이 늘어났다.	2021년 코로나시기	3.1677	.80095	-4.247**
	2024년 엔데믹시기	3.4539	.83704	
성경읽는 시간이 늘어났다.	2021년 코로나시기	3.1799	.80592	-3.146*
	2024년 엔데믹시기	3.3948	.85365	
기독교 서적 읽기가 늘어났다.	2021년 코로나시기	3.2256	.82266	-1.530
	2024년 엔데믹시기	3.3321	.87794	
동역자나 가족과 신앙과 관련된 대화시간이 늘어났다.	2021년 코로나시기	3.3933	.88526	-2.225*
	2024년 엔데믹시기	3.5535	.86704	
교회 성도들과 교제 시간이 늘었다.	2021년 코로나시기	2.2957	.89223	-15.535*
	2024년 엔데믹시기	3.4686	.94179	

설교 준비 시간이 늘어났다.	2021년 코로나시기	3.2439	.84681	-3.061*
	2024년 엔데믹시기	3.4723	.95751	
대면 심방의 빈도가 늘어났다.	2021년 코로나시기	2.2195	.91236	-15.178**
	2024년 엔데믹시기	3.4391	1.03054	
비대면(전화, SNS 등 심방의 빈도가 늘어났다.	2021년 코로나시기	3.7195	.88514	2.325*
	2024년 엔데믹시기	3.5498	.89252	
온라인 사역 활동 빈도가 늘어났다.	2021년 코로나시기	3.8750	.92514	7.229**
	2024년 엔데믹시기	3.2657	1.10365	
온라인 매체 (pc, 태블릿, 동영상 스트리밍 등) 활용 빈도가 늘어났다.	2021년 코로나시기	3.9695	.91152	4.356**
	2024년 엔데믹시기	3.6199	1.02894	

*p<.05 **p<.001

2. 온라인 사역에 대한 2021년(코로나 시기)과 2024년 (엔데믹 시기) 전체 목회자(담임+부교역자) 인식 비교

온라인 사역에 대한 2021년과 2024년 전체 목회자의 인식 비교의 경우 모든 영역에서 통계적으로 무의미하게 나타나 비슷한 인식을 하고 있음을 알 수 있었다. 즉, '사역자들은 온라인 사역 준비를 잘하는 것 같다, 사역자들은 대면 활동보다 설명을 더 잘하는 것 같다, 대면 활동보다 온라인 활동에 집중이 잘된다, 대면 활동보다 온라인 교육의 효과가 더 있다, 전체적으로 온라인을 통한 신앙활동에 만족한다'에 있어 2021년과 2024년 목회자들의 인식이 유사한 것이다. 이는 온라인 활동 및 사역과 관련한 부정적인 인식이 엔데믹 시기에서도 유사하게 이루어지고 있음을 시사하는 것이다. 실제로 2021년 코로나 시기 대부분의 영역에 있어 2점대의 부정적인 인식을 보여주고 있었는데 2024년 엔데믹 시기에도 해당 사항이 유사한 수준에서 유지되고 있기 때문이다. 참고로 '5: 매우 그렇다, 4: 그렇다, 3: 보통이다, 2: 그렇지 않다, 1: 전혀 그렇지 않다'이다.

<표 II-3> 온라인 사역에 대한 2021년과 2024년 전체 목회자 비교

	구분	평균	표준편차	T값
사역자들은 온라인 사역 준비를 잘하는 것 같다.	2021년 코로나시기	3.2927	.84575	1.756
	2024년 엔데믹시기	3.1697	.86108	
사역자들은 대면활동보다 설명을 더 잘하는 것 같다.	2021년 코로나시기	2.7195	.80175	-.339
	2024년 엔데믹시기	2.7417	.79330	
대면 활동보다 온라인 활동에 집중이 잘된다.	2021년 코로나시기	2.1006	.81214	-1.465
	2024년 엔데믹시기	2.1956	.76166	
대면 활동보다 온라인 교육의 효과가 더 있다.	2021년 코로나시기	2.1220	.81109	-1.261
	2024년 엔데믹시기	2.2066	.82648	
전체적으로 온라인을 통한 신앙활동에 만족한다.	2021년 코로나시기	2.1555	.84425	-1.293
	2024년 엔데믹시기	2.2435	.81178	

3. 신앙생활 현재 선호도에 대한 2021년(코로나 시기)과 2024년(엔데믹 시기) 전체 목회자(담임+부교역자) 인식 비교

신앙생활 현재 선호도에 있어 2021년 코로나 시기와 2024년 엔데믹 시기에는 통계적으로 유의미한 차이점들이 나타나고 있다. 우선 목회자들의 기도하기, 성경읽기, 성경공부 참여하기, 기독서적 읽기, 전도활동하기 등에 대한 인식의 변화가 뚜렷하게 나타나고 있으며, 특별히 전도활동 하기에 대한 선호 사항의 경우 평균의 큰 차이를 보여주고 있다. 이는 목회자들의 전도활동에 대한 선호 사항이 강하게 표출되고 있다고 판단한다. 또한 코로나 시기를 보내면서 '(온라인 비대면)예배 참여하기, (온라인 비대면)신앙 상담활동'와 같은 온라인 비대면 활동을 사역적 측면으로 선호하는 인식도 이루어지고 있음을 확인할 수 있으며, 이러한 맥락에서 '(오프라인 대면)예배 참여하기'의 인식도 엔데믹 상황임에도 코로나 시기와 유사한 측면으로 나타나고 있음을 볼 수 있다. 응답항목은'5: 매우 그렇다, 4: 그렇다, 3: 보통이다, 2: 그렇지 않다, 1: 전혀 그렇지 않다'이다.

<표 II -4> 신앙생활 현재 선호도에 대한 2021년과 2024년 전체 목회자 비교

	구분	평균	표준편차	T값
(오프라인 대면) 예배 참여하기	2021년 코로나시기	4.5994	.83357	.759
	2024년 엔데믹시기	4.5424	1.00233	
(온라인 비대면) 예배 참여하기	2021년 코로나시기	2.5535	1.24192	-4.820**
	2024년 엔데믹시기	3.0996	1.48363	
(온라인 비대면) 신앙양육 프로그램	2021년 코로나시기	2.9512	1.19277	0.29
	2024년 엔데믹시기	2.9483	1.23720	
(온라인 비대면) 신앙공동체 활동	2021년 코로나시기	2.5579	1.13183	-1.571
	2024년 엔데믹시기	2.7122	1.24655	
(온라인 비대면) 신앙 상담활동	2021년 코로나시기	2.6921	1.15457	-2.865*
	2024년 엔데믹시기	2.9668	1.18431	
기도하기	2021년 코로나시기	3.2914	1.09167	-6.068**
	2024년 엔데믹시기	3.8450	1.13119	
성경읽기	2021년 코로나시기	3.4495	1.03455	-4.456**
	2024년 엔데믹시기	3.8339	1.15073	
성경공부 참여하기	2021년 코로나시기	3.3841	1.07458	-4.942**
	2024년 엔데믹시기	3.8303	1.12906	
기독서적 읽기	2021년 코로나시기	3.3547	.99823	-5.280**
	2024년 엔데믹시기	3.8007	1.06326	
전도활동하기	2021년 코로나시기	2.4604	1.11904	-14.290**
	2024년 엔데믹시기	3.7601	1.09445	

*p<.05 **p<.001

4. 신앙생활 미래 중요도에 대한 2021년(코로나 시기)과 2024년(엔데믹 시기) 전체 목회자(담임+부교역자)인식 비교

신앙생활 미래 중요도에 있어 2021년 코로나 시기와 2024년 엔데믹 시기에는 통계적으로 유의미한 차이점들이 나타나고 있다. 우선 목회자들의 기도하기, 성경읽기, 성경공부 참여하기, 기독서적 읽기, 전도활동하기 등에 대한 인식의 변화가 뚜렷하게 나타나고 있으며, 이는 선호도 맥락과 유사항 경향을 보이고 있다. 이는 목회자들의 신앙본질에 대한 변함없는 중요성을 인식하고 강조해나갈 것임을 시사하는 대목이다. 또한 목회자들은 코로나 시기를 거치면서 미래 중요도에 있어 '(오프라인 대면)예배 참여하기'에 대한 인식의 변화가 이루어지고 있음을 확인할 수 있다. 즉, 해당 사항이 여전히 강조되고 있으나 미세하게 대면 형식에 대한 강조사항이 줄어든 것을 확인할 수있다.

<표 II -5> 신앙생활 미래 중요도에 대한 2021년과 2024년 전체 목회자 비교

	구분	평균	표준편차	T값
(오프라인 대면) 예배 참여하기	2021년 코로나시기	4.5671	.80237	3.692**
	2024년 엔데믹시기	4.2915	.98877	
(온라인 비대면) 예배 참여하기	2021년 코로나시기	2.9787	1.28131	0.75
	2024년 엔데믹시기	2.9705	1.35778	
(온라인 비대면) 신앙양육 프로그램	2021년 코로나시기	3.3415	1.24610	-1.626
	2024년 엔데믹시기	3.5055	1.20760	
(온라인 비대면) 신앙공동체 활동	2021년 코로나시기	3.1006	1.25091	-.834
	2024년 엔데믹시기	3.1882	1.31290	
(온라인 비대면) 신앙 상담활동	2021년 코로나시기	3.1738	1.20789	-1.931
	2024년 엔데믹시기	3.3653	1.20928	
기도하기	2021년 코로나시기	3.8232	1.15701	-3.000*
	2024년 엔데믹시기	4.0886	1.00715	

성경읽기	2021년 코로나시기	3.9268	1.11185	-2.154*
	2024년 엔데믹시기	4.1144	.99527	
성경공부 참여하기	2021년 코로나시기	3.8902	1.09774	-2.594*
	2024년 엔데믹시기	4.1144	.99527	
기독서적 읽기	2021년 코로나시기	3.7622	1.05136	-4.891**
	2024년 엔데믹시기	4.1587	.93130	
전도활동하기	2021년 코로나시기	3.4451	1.23780	-5.284**
	2024년 엔데믹시기	3.9557	1.12459	

*p<.05 **p<.001

5. 교회사역에 있어 현재 선호도에 대한 2021년(코로나 시기)과 2024년(엔데믹 시기) 전체 목회자(담임+부교역자) 인식 비교

교회사역에 있어 현재 선호도에 대한 목회자들의 인식은 시기에 따라 통계적으로 유의미한 차이가 나타나고 있다. 특별히 '교역자의 현장사역 전문성, 학생의 개인적 요인, 교회학교 신앙양육 프로그램, 전도활동, 총회 및 노회 지원과 관심, 심방활동, 교회학교 교사를 위한 교육, 평생교육(장노년 포함), 지역사회와 연계된 프로그램'의 경우 2024년의 목회자들이 유의마하게 높은 현재 선호도를 보여주고 있다. 이는 엔데믹 이후 교회현장 관련 사역적 요구와 대응에 대한 목회자들의 교회사역 선호를 보여주고 있음을 시사하는 것이다.

<표 II -6> 교회사역에 있어 현재 선호도에 대한 2021년과 2024년 전체 목회자 비교

	구분	평균	표준편차	T값
담임목사의 리더십	2021년 코로나시기	4.3902	.77824	-1.151
	2024년 엔데믹시기	4.4649	.80604	
담임목사의 목회철학	2021년 코로나시기	4.5091	.69505	-.309
	2024년 엔데믹시기	4.5277	.77350	

교역자의 현장사역 전문성	2021년 코로나시기	4.2165	.80448	-2.473**
	2024년 엔데믹시기	4.3764	.77366	
교회학교 교사의 헌신	2021년 코로나시기	4.2561	.81741	-1.858
	2024년 엔데믹시기	4.3801	.80703	
학생의 개인적 요인 (참여, 관심 등)	2021년 코로나시기	3.9451	.94661	-3.566**
	2024년 엔데믹시기	4.2103	.85421	
교회학교 신앙양육 프로그램	2021년 코로나시기	3.8811	.90928	-4.560**
	2024년 엔데믹시기	4.2103	.85421	
학부모의 관심	2021년 코로나시기	4.1280	1.01461	-.381
	2024년 엔데믹시기	4.1587	.93527	
전도 활동	2021년 코로나시기	3.5213	1.06350	-7.473**
	2024년 엔데믹시기	4.1181	.89074	
다음세대 재정 지원	2021년 코로나시기	4.0030	.90698	-1.590
	2024년 엔데믹시기	4.1218	.91283	
성도들의 회교육에 대한 관심	2021년 코로나시기	4.0732	.92575	-.727
	2024년 엔데믹시기	4.1292	.95157	
총회 및 노회의 지원과 관심	2021년 코로나시기	3.6341	1.06673	-2.870*
	2024년 엔데믹시기	3.8819	1.03319	
총회 산하 교육기관의 지원 (총회교육원, SFC 등)	2021년 코로나시기	3.7256	1.06846	-1.673
	2024년 엔데믹시기	3.8708	1.04435	
심방 활동	2021년 코로나시기	3.8628	1.02987	-3.287**
	2024년 엔데믹시기	4.1218	.86705	
교회학교 교사를 위한 교육	2021년 코로나시기	3.8902	1.04054	2.382*
	2024년 엔데믹시기	4.0886	.98107	
기도 활동	2021년 코로나시기	4.0579	.97350	-.820
	2024년 엔데믹시기	4.1218	.91688	

교역자와 성도(부서) 간의 관계	2021년 코로나시기	4.0640	.90809	-1.516
	2024년 엔데믹시기	4.1771	.90982	
교회와 가정이 연계된 신앙교육	2021년 코로나시기	4.1098	1.04640	.123
	2024년 엔데믹시기	4.0996	.95512	
평생교육(장노년 포함) 프로그램	2021년 코로나시기	3.6280	1.06174	-3.444*
	2024년 엔데믹시기	3.9151	.97572	
지역사회와 연계된 프로그램	2021년 코로나시기	3.4604	1.15666	-3.614**
	2024년 엔데믹시기	3.7823	1.02226	

*p<.05 **p<.001

6. 교회사역에 있어 미래 중요도에 대한 2021년(코로나 시기)과 2024년(엔데믹 시기) 전체 목회자(담임+부교역자) 인식 비교

교회사역에 있어 미래 중요도에 대한 목회자들의 인식은 대부분의 영역에서 통계적으로 무의미하게 나타나고 있으나, '담임목사의 목회철학, 지역사회와 연계된 프로그램'의 경우 차이가 있음을 확인할 수 있다.

<표 II -7> 교회사역에 있어 현재 선호도에 대한 2021년과 2024년 전체 목회자 비교

	구분	평균	표준편차	T값
담임목사의 리더십	2021년 코로나시기	4.4726	.78937	2.010
	2024년 엔데믹시기	4.3358	.87442	
담임목사의 목회철학	2021년 코로나시기	4.5823	.66309	5.114**
	2024년 엔데믹시기	4.2325	.95132	
교역자의 현장사역 전문성	2021년 코로나시기	4.4177	.81232	3.272*
	2024년 엔데믹시기	4.1919	.87352	
교회학교 교사의 헌신	2021년 코로나시기	4.3659	.80916	3.609**
	2024년 엔데믹시기	4.1033	.94498	

학생의 개인적 요인 (참여, 관심 등)	2021년 코로나시기	4.2256	.87665	1.555
	2024년 엔데믹시기	4.1107	.92832	
교회학교 신앙양육 프로그램	2021년 코로나시기	4.1799	.84301	1.474
	2024년 엔데믹시기	4.0738	.91596	
학부모의 관심	2021년 코로나시기	4.3720	.84705	2.941
	2024년 엔데믹시기	4.1550	.95741	
전도 활동	2021년 코로나시기	3.8293	1.02929	-1.885
	2024년 엔데믹시기	3.9852	.98120	
다음세대 재정 지원	2021년 코로나시기	4.2409	.83862	-.248
	2024년 엔데믹시기	4.2583	.87754	
성도들의 교회교육에 대한 관심	2021년 코로나시기	4.2530	.87086	.382
	2024년 엔데믹시기	4.2251	.91342	
총회 및 노회의 지원과 관심	2021년 코로나시기	3.9390	1.03867	-1.461
	2024년 엔데믹시기	4.0627	1.02186	
총회 산하 교육기관의 지원 (총회교육원, SFC 등)	2021년 코로나시기	3.9939	1.01063	.373
	2024년 엔데믹시기	3.9631	.99932	
심방 활동	2021년 코로나시기	4.0915	.97563	-1.534
	2024년 엔데믹시기	4.2066	.83539	
교회학교 교사를 위한 교육	2021년 코로나시기	4.1860	.90133	.403
	2024년 엔데믹시기	4.1550	.98035	
기도 활동	2021년 코로나시기	4.2683	.89578	-1.105
	2024년 엔데믹시기	4.3469	.82864	
교역자와 성도(부서) 간의 관계	2021년 코로나시기	4.1921	.84755	-.569
	2024년 엔데믹시기	4.2325	.88685	
교회와 가정이 연계된 신앙교육	2021년 코로나시기	4.3415	.89811	-.853
	2024년 엔데믹시기	4.4022	.82811	

평생교육(장노년 포함) 프로그램	2021년 코로나시기	3.9604	.94575	-.175
	2024년 엔데믹시기	3.9742	.97529	
지역사회와 연계된 프로그램	2021년 코로나시기	3.8110	1.03794	-2.463*
	2024년 엔데믹시기	4.0148	.96981	

*p<.05 **p<.001

7. 다음세대 관련 신앙적 기대에 대한 2021년(코로나 시기)과 2024년(엔데믹 시기) 전체 목회자(담임+부교역자) 비교

다음세대 관련 신앙적 기대에 대한 목회자의 인식 비교는 '다음세대들은 지금(현재)세대보다 하나님을 더 잘 섬길 것 같다, 다음세대들은 지금(현재)세대와 비슷한 수준에서 하나님을 섬길 것 같다, 다음세대들은 지금(현재)세대보다 교회(봉사와 섬김 등)를 더 잘 섬길 것 같다, 다음세대들은 지금(현재)세대와 비슷한 수준에서 교회(봉사와 섬김 등)를 섬길 것 같다'등에 있어 통계적으로 유의미한 차이를 보이고 있다. 해당 사항에 있어 통계적인 차이를 보이고 있지만 여전히 2점대의 부정적 사항에서 이루어지고 있어 목회자들의 부정적 인식을 시사하고 있다.

<표 II -8> 다음세대 관련 신앙적 기대 대한 2021년과 2024년 전체 목회자 비교

	구분	평균	표준편차	T값
다음세대들은 지금(현재)세대보다 하나님을 더 잘 섬길 것 같다.	2021년 코로나시기	2.2508	.86768	-3.098**
	2024년 엔데믹시기	2.4760	.90594	
다음세대들은 지금(현재)세대와 비슷한 수준에서 하나님을 섬길 것 같다.	2021년 코로나시기	2.3659	.91220	-2.568*
	2024년 엔데믹시기	2.5609	.94034	
다음세대들은 지금(현재)세대보다 하나님을 잘 섬기지 못할 것 같다.	2021년 코로나시기	3.6196	1.01198	.615
	2024년 엔데믹시기	3.5683	1.01924	

다음세대들은 신앙생활을 하지 않을 것 같다.	2021년 코로나시기	3.2317	.99907	.600
	2024년 엔데믹시기	3.1808	1.07176	
다음세대들은 지금(현재)세대보다 교회(봉사와 섬김 등)를 더 잘 섬길 것 같다.	2021년 코로나시기	2.2599	.85606	-3.250**
	2024년 엔데믹시기	2.5055	.96942	
다음세대들은 지금(현재)세대와 비슷한 수준에서 교회(봉사와 섬김 등)를 섬길 것 같다.	2021년 코로나시기	2.3323	.82168	-2.939*
	2024년 엔데믹시기	2.5424	.90934	
다음세대들은 지금(현재)세대보다 교회(봉사와 섬김 등)를 섬기지 못할 것 같다.	2021년 코로나시기	3.5457	.97258	-.596
	2024년 엔데믹시기	3.5941	1.00250	
다음세대는 앞으로 회 활동을 하지 않을 것 같다.	2021년 코로나시기	3.1616	1.00524	.207
	2024년 엔데믹시기	3.1439	1.08421	

*p<.05 **p<.001

8. 다음세대 신앙교육에 대한 2021년(코로나 시기)과 2024년 (엔데믹 시기) 전체 목회자(담임+부교역자) 인식 비교

다음세대 신앙교육에 대한 목회자의 인식 비교는 '다음세대 신앙교육은 미디어(휴대폰, 게임, 컴퓨터)로 어려움을 겪고 있다, 다음세대 신앙교육은 부모의 불신앙으로 어려움을 겪고 있다' 등에 있어 통계적으로 유의미한 차이를 보이고 있다. 해당 사항의 경우 코로나 시기를 거치면서 발생한 신앙교육적 맥락과 상황에 대한 목회자들의 문제의식이 반영된 것으로 판단한다.

<표 II -9> 다음세대 신앙교육에 대한 2021년과 2024년 전체 목회자 비교

	구분	평균	표준편차	T값
다음세대 신앙교육은 학업(학교, 학원)으로 어려움을 겪고 있다.	2021년 코로나시기	3.8720	.86844	-1.281
	2024년 엔데믹시기	3.9631	.86417	

다음세대 신앙교육은 미디어(휴대폰, 게임, 컴퓨터)로 어려움을 겪고 있다.	2021년 코로나시기	3.9604	.95540	-3.416**
	2024년 엔데믹시기	4.2214	.90003	
다음세대 신앙교육은 자녀(학생)의 불신앙으로 어려움을 겪고 있다.	2021년 코로나시기	3.7256	.88360	-1.450
	2024년 엔데믹시기	3.8339	.94188	
다음세대 신앙교육은 부모의 불신앙으로 어려움을 겪고 있다.	2021년 코로나시기	3.8232	.89467	-3.181*
	2024년 엔데믹시기	4.0517	.85044	
다음세대 신앙교육은 교육방법에 대한 전문성 부족으로 어려움을 겪고 있다.	2021년 코로나시기	3.5518	.87633	0.27
	2024년 엔데믹시기	3.5498	.96432	

*p<.05 **p<.001

9. 한국교회 관련 예측에 대한 2021년(코로나 시기)과 2024년 (엔데믹 시기) 전체 목회자(담임+부교역자) 인식 비교

한국교회 관련 예측에 대한 목회자의 인식 비교는 '한국교회가 계속 성장해 나갈 것이다, 한국교회의 교회학교가 계속 성장해 나갈 것이다'에서 통계적으로 유의미한 차이가 발생하고 있다. 하지만 해당 인식의 수준이 모두 2점대에서 발생하고 있어 목회자들의 부정적 인식 수준으로 시사해주고 있다.

<표 II -10> 한국교회 관련 예측에 대한 2021년과 2024년 전체 목회자 비교

	구분	평균	표준편차	T값
한국교회가 계속 성장해 나갈 것이다.	2021년 코로나시기	2.3119	.91374	-3.811**
	2024년 엔데믹시기	2.5904	.85966	
한국교회의 교회학교가 계속 성장해 나갈 것이다.	2021년 코로나시기	2.2134	.92380	-2.761*
	2024년 엔데믹시기	2.4207	.90276	
가정 안에서 신앙교육이 나아질 것이다.	2021년 코로나시기	2.6667	1.01924	-.681
	2024년 엔데믹시기	2.7232	1.00045	

*p<.05 **p<.001

10. 개인의 만족도 사항에 대한 2021년(코로나 시기)과 2024년(엔데믹 시기) 전체 목회자(담임+부교역자) 인식 비교

목회자의 개인 만족도에 대한 인식 비교는 '나는 일상의 삶에 전반적으로 만족하고 있다, 나는 교회사역에 전반적으로 만족하고 있다, 나는 신앙생활에 전반적으로 만족하고 있다'에서 통계적으로 유의미한 차이가 나타나고 있다. 이는 2024년이 2021년에 비하여 해당 사항에 있어 긍정적인 개선이 이루어졌음을 시사하는 것이다. 다만 각 영역 모두 3점대의 인식 상황이기에 향후 좀 더 긍정적인 측면으로의 개선이 이루어질 수 있도록 목회자들을 지원해야 할 필요가 있다.

<표 II -11> 개인의 만족도 사항에 대한 2021년과 2024년 전체 목회자 비교

	구분	평균	표준편차	T값
나는 일상의 삶에 전반적으로 만족하고 있다	2021년 코로나시기	3.3445	.97062	-4.782**
	2024년 엔데믹시기	3.7011	.85373	
나는 교회사역에 전반적으로 만족하고 있다	2021년 코로나시기	3.2591	.99690	-2.768*
	2024년 엔데믹시기	3.4797	.93816	
나는 신앙생활에 전반적으로 만족하고 있다.	2021년 코로나시기	3.3049	.88741	-4.157**
	2024년 엔데믹시기	3.6052	.87083	
나는 가정생활에 전반적으로 만족하고 있다	2021년 코로나시기	3.7378	.85929	-1.450
	2024년 엔데믹시기	3.8413	.88229	

*p<.05 **p<.001

11. 2021년과 2024년 담임목회자의 교회 사역 요구도 비교

담임목회자들의 다음세대 교회 사역을 위한 요구도를 분석하기 위해서 대응표본 t검정을 실시하였다. 2021년의 경우 현재 선호 수준과 미래 중요 수준에서 모두 '담임목사의 목회철학'과 '담임목사의 리더십'의 평균이 가장 높았으며, 대응표본 t검정 결과, 19개 분야에서 통계적으로 유의미한 요소와 무의미한 요소를 확인하였다. 본 연구에서 요구는 현재 선호 수준과 미래 중요 수준 간의 차이로 정의되기 때문에 모든 분야에서 갭gap으로써 요구가 존재하였다. 다음으로 Borich의 요구도 값을 산출한 결과 가장 높은 요구도 값은 '평생교육 프로그램'이었으며, 그 다음 순으로 '지역 사회와 연계된 프로그램', '교회학교 교사를 위한 교육' 등의 순이었다. 담임목회자의 교회사역을 위한 요구도에 대한 우선순위 분석방법을 정리하면 다음과 같다.

<표 II -12> 담임목회자의 교회 사역을 위한 요구도 분석

구분	현재선호도		미래중요도		차이		요구도	순위
	평균	순위	평균	순위	평균	t값		
담임목사의 리더십	4.3900	2	4.4000	2	0.01	-.185	0.044	19
담임목사의 목회철학	4.4600	1	4.5000	1	0.04	-.684	0.18	16
교역자의 현장사역 전문성	4.2400	3	4.3800	3	0.14	-2.099*	0.6132	10
교회학교 교사의 헌신	4.2100	4	4.2900	4	0.08	-1.209	0.3432	15
학생의 개인적 요인 (참여, 관심 등)	3.9400	8	4.1400	5	0.2	-2.659*	0.828	6
교회학교 신앙양육 프로그램	3.8800	11	4.1100	8	0.23	-2.962*	0.9453	4
학부모의 관심	3.9900	6	4.1200	7	0.13	-1.806	0.5356	13
전도 활동	3.5900	15	3.7900	15	0.2	-2.659*	0.758	7
다음세대 재정 지원	3.9700	7	4.1300	6	0.16	-2.473*	0.6608	9

성도들의 교회교육에 대한 관심	4.0300	5	4.0500	10	0.02	-.266	0.081	18
총회 및 노회의 지원과 관심	3.5000	17	3.6200	19	0.12	-1.241	0.4344	14
총회 산하 교육기관의 지원 (총회교육원, SFC 등)	3.5100	16	3.7400	17	0.23	-2.666*	0.8602	5
심방 활동	3.6300	14	3.7900	15	0.16	-1.999*	0.6064	11
교회학교 교사를 위한 교육	3.7300	13	3.9900	12	0.26	-3.614**	1.0374	3
기도 활동	3.8700	12	4.0100	11	0.14	-1.969	0.5614	12
교역자와 성도(부서) 간의 관계	3.9400	8	3.9700	13	0.03	-.479	0.1191	17
교회와 가정이 연계된 신앙교육	3.8900	10	4.0700	9	0.18	-2.129*	0.7326	8
평생교육(장노년 포함) 프로그램	3.4800	18	3.9100	14	0.43	-5.169**	1.6813	1
지역사회와 연계된 프로그램	3.4400	19	3.7200	18	0.28	-2.585*	1.0416	2

*평균 동일의 경우 공동 순위 지정 *p<.05 **p<.001

그리고 2021년 담임목회자의 교회 사역을 위한 요구도를 The Locus for Focus 모델을 활용하여 우선순위를 분석한 결과는 [그림Ⅱ-2]과 <표Ⅱ-12>와 같다. 담임목회자들이 인식하고 있는 미래 중요 수준 평균은 4.03이며, 불일치 수준미래 중요 수준-현재 선호 수준의 평균은 0.16로 나타났다. 미래 중요 수준의 평균을 x축으로, 불일치 수준의 평균을 y축으로 하여 사사분면으로 나타냈을 때, 제1사분면의 영역에 속하는 요소들은 담임목회자들이 중요하게 생각하고 미래 중요 수준과 현재 선호 수준 간의 불일치 수준이 높은 것들로 최우선적으로 요구되는 사역적 변화 요구 사항들이다. 분석 결과, 제1사분면에 포함되는 요구사항은 '교회학교 신앙양육 프로그램, 학부모의 관심, 교회와 가정이 연계된 신앙교육'이었다.

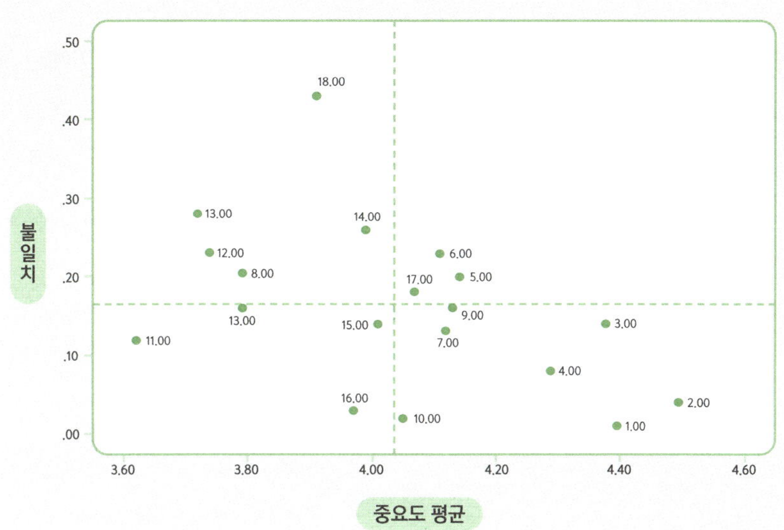

[그림II-2] 2021년 The Locus for Focus모델을 활용한 우선순위(담임목사)

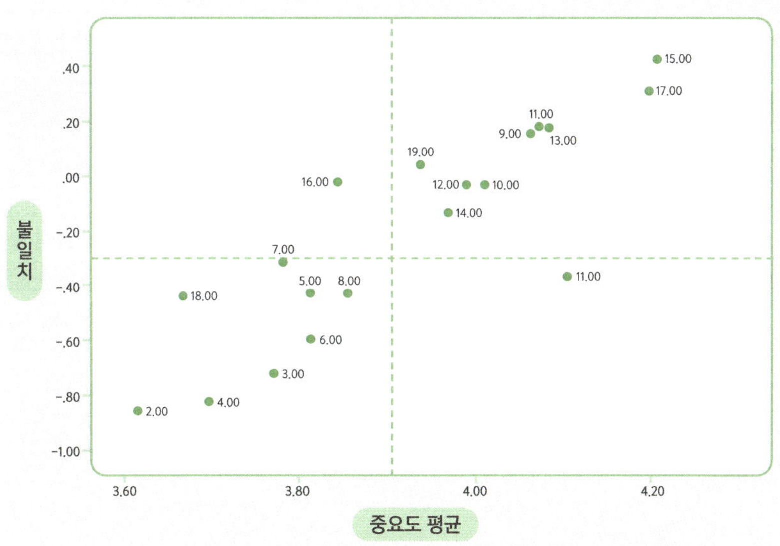

[그림II-3] 2024년 The Locus for Focus모델을 활용한 우선순위(담임목사)

전술한 2021년의 상황을 고려하면서 2024년도의 맥락을 살펴보면 2021년과 우선순위에 있어 많은 차이를 보이고 있는데 그 내용은 다음과 같다. 2024년의 1사분면의 경우 '기도활동, 교회와 가정이 연계된 신앙교육, 총회 및 노회의 지원과 관심, 심방활동, 다음세대 재정 지원, 지역사회와 연계된 프로그램, 총회 산하 교육기관의 지원, 교회학교 교사를 위한 교육, 서도들의 교회교육에 대한 관심'으로 나타났으며, 이는 2021년의 '교회학교 신앙양육 프로그램, 학부모의 관심, 교회와 가정이 연계된 신앙교육'의 우선순위와는 다른 맥락을 시사해주고 있다.

<표 II -13> 2021년과 2024년 The Locus for Focus 모델을 활용한 우선순위 비교

분면		우선순위
1사분면 (고고)	2021년 코로나시기	교회학교 신앙양육 프로그램, 학부모의 관심, 교회와 가정이 연계된 신앙교육
	2024년 엔데믹시기	기도활동, 교회와 가정이 연계된 신앙교육, 총회 및 노회의 지원과 관심, 심방활동, 다음세대 재정 지원, 지역사회와 연계된 프로그램, 총회 산하 교육기관의 지원, 교회학교 교사를 위한 교육, 성도들의 교회교육에 대한 관심
2사분면 (저고)	2021년 코로나시기	전도 활동, 총회 산하 교육기관의 지원(총회교육원, SFC 등), 교회학교 교사를 위한 교육, 평생교육(장노년 포함) 프로그램, 지역사회와 연계된 프로그램
	2024년 엔데믹시기	교역자와 성도 간의 관계
3사분면 (저저)	2021년 코로나시기	총회 및 노회의 지원과 관심, 기도 활동, 교역자와 성도(부서) 간의 관계, 심방 활동
	2024년 엔데믹시기	학부모의 관심, 학생의 개인적 요인, 전도활동, 평생교육 프로그램, 교회학교 신앙양육 프로그램, 교역자의 현장사역 전문성, 교회학교 교사의 헌신, 담임목사의 목회철학
4사분면 (고저)	2021년 코로나시기	학부모의 관심, 다음세대 재정 지원, 성도들의 교회교육에 대한 관심, 담임목사의 리더십, 담임목사의 목회철학, 교역자의 현장사역 전문성, 교회학교 교사의 헌신
	2024년 엔데믹시기	담임목사 리더십

12. 2021년과 2024년 부교역자의 교회 사역 요구도 비교

부교역자의 교회사역을 위한 요구도를 분석하기 위해서 대응표본 t검정을 실시하였다. 2021년 부교역자의 현재 선호 수준과 미래 중요 수준에서 모두 '담임목사의 목회철학'과 '담임목사의 리더십'의 평균이 가장 높았으며, 대응표본 t검정 결과, 19개 분야에서 모두 통계적으로 유의미한 차이를 보였다. 본 연구에서 요구는 현재 선호 수준과 미래 중요 수준 간의 차이로 정의되기 때문에 모든 분야에서 갭gap으로써 요구가 존재하였다. 다음으로 Borich의 요구도 값을 산출한 결과 가장 높은 요구도 값은 '총회 및 노회의 관심'이었으며, 그 다음 순으로 '지역 사회와 연계된 프로그램', '교회학교 신앙양육 프로그램' 등의 순이었다. 이상의 부교역자의 다음세대 교회 사역을 위한 요구도에 대한 우선순위 분석방법을 정리하면 다음과 같다.

<표 II -14> 부교역자의 교회 사역을 위한 요구도 분석

구분	현재선호도		미래중요도		차이		요구도	순위
	평균	순위	평균	순위	평균	t값		
담임목사의 리더십	4.3904	2	4.5044	2	0.11	-2.719*	0.5135	18
담임목사의 목회철학	4.5307	1	4.6184	1	0.08	-2.661*	0.4050	19
교역자의 현장사역 전문성	4.2061	4	4.4342	5	0.22	-4.548**	1.0114	15
교회학교 교사의 헌신	4.2763	3	4.3991	6	0.12	-2.324*	0.5402	17
학생의 개인적 요인 (참여, 관심 등)	3.9474	13	4.2632	12	0.31	-5.307**	1.3463	5
교회학교 신앙양육 프로그램	3.8816	14	4.2105	14	0.32	-5.874**	1.3848	3
학부모의 관심	4.1886	6	4.4825	3	0.29	-4.992**	1.3174	7
전도 활동	3.4912	18	3.8465	19	0.35	-5.628**	1.3666	4
다음세대 재정 지원	4.0175	10	4.2895	9	0.27	-5.207**	1.1667	9

성도들의 교회교육 대한 관심	4.0921	9	4.3421	8	0.25	-4.663**	1.0855	12
총회 및 노회의 지원과 관심	3.693	16	4.0789	16	0.38	-6.473**	1.5740	1
총회 산하 교육기관의 지원 (총회교육원, SFC 등)	3.8202	15	4.1053	15	0.28	-5.552**	1.1704	8
심방 활동	3.9649	11	4.2237	12	0.25	-4.658**	1.0930	13
교회학교 교사를 위한 교육	3.9605	12	4.2719	11	0.31	-5.210**	1.330	6
기도 활동	4.1404	7	4.3816	7	0.24	-4.781**	1.0568	14
교역자와 성도(부서) 간의 관계	4.1184	8	4.2895	9	0.17	-3.285**	0.7339	16
교회와 가정이 연계된 신앙교육	4.2061	4	4.4605	4	0.25	-4.530**	1.1347	11
평생교육(장노년 포함) 프로그램	3.693	16	3.9825	17	0.28	-4.646**	1.1529	10
지역사회와 연계된 프로그램	3.4693	19	3.8509	18	0.38	-5.965**	1.4695	2

*평균 동일의 경우 공동 순위 지정

*p<.05 **p<.001

그리고 2021년 부교역자의 교회 사역을 위한 요구도를 The Locus for Focus 모델을 활용하여 우선순위를 분석한 결과는 [그림Ⅱ-4]과 <표Ⅱ-14>와 같다. 부교역자들이 인식하고 있는 미래 중요 수준 평균은 2.26이며, 불일치 수준미래 중요 수준-현재 선호 수준의 평균은 0.26로 나타났다. 미래 중요 수준의 평균을 x축으로, 불일치 수준의 평균을 y축으로 하여 사분면으로 나타냈을 때, 제1사분면의 영역에 속하는 요소들은 부교역자들이 중요하게 생각하고 미래 중요 수준과 현재 선호 수준 간의 불일치 수준이 높은 것들로 최우선적으로 요구되는 사역적 변화 요구 사항들이다. 분석 결과, 제1사분면에 포함되는 요구사항은 '학부모의 관심, 다음세대 재정 지원, 교회학교 교사를 위한 교육'이었다. 그 외의 사항들은 아래의 사항을 참고하기 바란다.

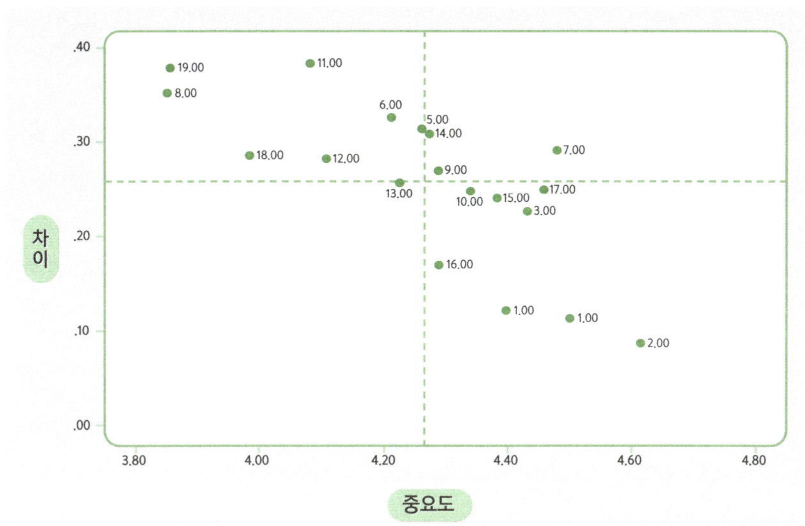

[그림Ⅱ-4] 2021년 The Locus for Focus모델을 활용한 우선순위(부교역자)

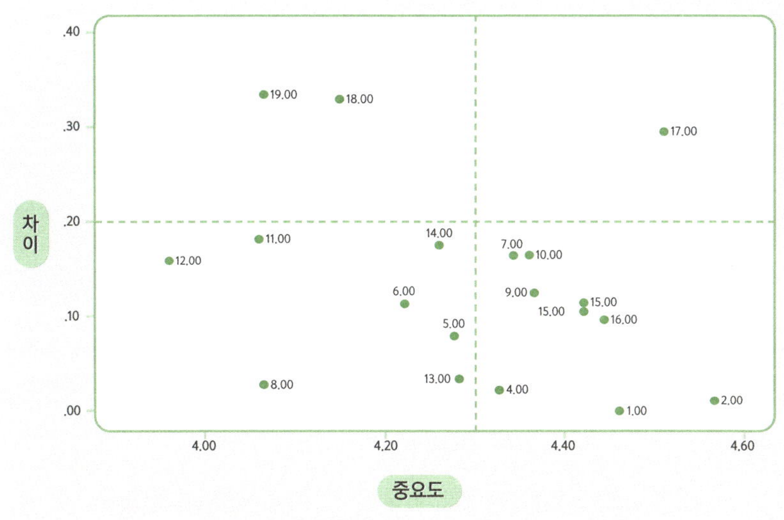

[그림Ⅱ-5] 2024년 The Locus for Focus모델을 활용한 우선순위(부교역자)

전술한 부교역자들의 2021년의 상황을 고려하면서 2024년도의 맥락을 살펴보면 영역별로 2021년과 차이가 있음을 확인할 수 있다. 2024년의 1사분면의 경우 '교회와 가정이 연계된 신앙교육'으로 나타났으며, 이는 2021년의 '교회학교 신앙양육 프로그램, 학부모의 관심, 교회와 가정이 연계된 신앙교육'의 우선순위와 비교할 때 교회와 가정의 연계 사항에 있어서도는 유사하면서도 이에 대한 시급성을 좀 더 명확하게 보여주고 있다고 할 수 있다. 그 외 영역 사항의 경우 아래의 내용을 통해 비교할 수 있다.

<표 II -15> 2021년과 2024년 The Locus for Focus 모델을 활용한 우선순위 비교

분면		우선순위
1사분면 (고고)	2021년 코로나시기	교회학교 신앙양육 프로그램, 학부모의 관심, 교회와 가정이 연계된 신앙교육
	2024년 엔데믹시기	교회와 가정이 연계된 신앙교육
2사분면 (저고)	2021년 코로나시기	전도 활동, 총회 산하 교육기관의 지원(총회교육원, SFC 등), 교회학교 교사를 위한 교육, 평생교육(장노년 포함) 프로그램, 지역사회와 연계된 프로그램
	2024년 엔데믹시기	평생교육 프로그램, 지역사회와 연계된 프로그램
3사분면 (저저)	2021년 코로나시기	총회 및 노회의 지원과 관심, 기도 활동, 교역자와 성도(부서) 간의 관계, 심방 활동
	2024년 엔데믹시기	총회 및 노회의 지원과 관심, 교회학교 교사를 위한 교육, 총회 산하 교육기관의 지원, 교회학교 신앙양육 프로그램, 학생의 개인적 요인, 심방활동, 전도활동
4사분면 (고저)	2021년 코로나시기	학부모의 관심, 다음세대 재정 지원, 성도들의 교회교육에 대한 관심, 담임목사의 리더십, 담임목사의 목회철학, 교역자의 현장사역 전문성, 교회학교 교사의 헌신
	2024년 엔데믹시기	학부모의 관심, 성도들의 교회교육에 대한 관심, 다음세대 재정 지원, 교역자의 현장사역 전문성, 기도활동, 교역자와 성도 간의 관계, 교회학교 교사의 헌신, 담임목사의 리더십, 담임목사의 목회 철학

PART III

그때와 지금,
우리는 어떻게 달라졌는가

•

참고문헌

그때와 지금, 우리는 어떻게 달라졌는가
: 펜데믹과 엔데믹 시기 목회자 인식 변화에 대한 통합방법연구(MMR)[1]

이현철 박사 고신대학교 교수, 이기룡 박사 총회교육원 원장

I. 들어가며

코로나19 팬데믹은 교회의 사역 방식에 중대한 변화를 초래하였으며, 이는 팬데믹 이전과 이후로 명확히 구분될 정도로 역사적으로 중요한 전환점으로 평가된다. 이러한 변화는 한국교회에도 예외 없이 영향을 미쳤다. 전례 없는 팬데믹 상황은 한국교회의 모든 구성원들에게 혼란과 불안을 초래하였으며, 사회적 거리 두기 및 비대면 온라인 예배와 같은 새로운 환경 속에서 신앙생활을 유지하는 방식에 대한 심도 깊은 논의를 촉진하였다. 이러한 전환의 과정에서 한국교회의 목회자들은 교회의 본질적 사명을 유지하고자 하였으며, 어려운 여건 속에서도 사역을 지속하기 위해 최선을 다하였다. 그러나 팬데믹이 예상보다 장기화 됨에 따라 교회의 지속 가능성에 대한 우려가 증대되었으며, 특히 소규모 교회들은 존립 자체를 위협받는 위기 상황을 경험하였다. 실

1 본 연구는 2025년 한국기독교교육학회 춘계학술대회(성결대학교, 2025년 4월 26일)에서 발표한 논문을 수정·보완한 것임을 밝혀둔다.

제로 팬데믹 시기 교회교육의 딜레마는 다양한 수준에서 논의될 수 있지만 본 연구자들은 온라인 교육과 예배 측면, 다음세대 급감 측면, 교육 주체의 변화 측면이 딜레마의 주요한 영역으로 판단하고 있다.

먼저 온라인 교육과 예배 측면은 팬데믹 시기 교회교육 관련 사역의 핵심적인 이슈로 논의된 영역이다. 팬데믹 시기 온라인 교육은 오프라인 모임이 금지가 되면서 교회교육에 있어 가장 큰 사역자들의 딜레마였다. 청소년 선교단체인 SFC는 2020년과 2021년에 기독 중·고등학생 1,700명을 대상으로 온라인 예배에 관한 인식을 조사하였다. 2020년의 조사 결과에 따르면 '어쩔 수 없는 경우에는 할 수 있다고 생각한다'(67.0%)가 가장 많았고, 다음으로 '평상시에도 할 수 있다고 생각한다'(16.2%), '잘 모르겠다'(11.2%), '절대로 해서는 안 된다'(5.6%)로 나타났다.[2] 2021년 조사에서도 이와 비슷한 양상으로, 온라인 예배에 있어 '어쩔 수 없는 경우에는 할 수 있다고 생각한다'(66.5%)가 가장 많았고, 다음으로 '평상시에도 할 수 있다고 생각한다.'(16.7%), '잘 모르겠다.'(10.8%), '절대로 해서는 안 된다'(6.0%)로 나타났다.[3] 그리고 온라인 교회 모임의 참여 의향을 묻는 질문에는 '청소년부 온라인 예배'(86.0%)가 가장 많았고, 다음으로 '청소년부 온라인 성경 공부'(86. %), '청소년부 온라인 소모임'(69.9%), '청소년부 온라인 제자훈련'(63.1%) 순으로 나타났다.[4] 2021년 조사에서는 조금의 변동이 나타났는데 '청소년부 온라인 예배'(80.4%)가 가장 많았고, 다음으로 '청소년부 온라인 수련회'(68.4), '청소년부 온라인 소모임'(68.1%), '청소년부 온라인 성경 공부'(66.7%)로 나타났다.[5]

전술한 두 조사에서 전반적으로 청소년들은 온라인 교회 모임에 참여하기를 긍정적으로 보았지만, 온라인 예배와 성경 공부의 경우 시간이 지날수록

2 이현철·문화랑·이원석·안성복, 『코로나 시대 청소년 신앙리포트』, (서울 : SFC, 2021), 110.
3 이현철·안성복·백경태·손지혜·박건규·허수은, 『위드 코로나 시대 다음 세대 신앙리포트』, (서울 : SFC, 2022), 164.
4 이현철 외, 『코로나 시대 청소년 신앙리포트』, p. 112.
5 이현철 외, 『위드 코로나 시대 다음 세대 신앙리포트』, p. 166.

참여 비율이 크게 떨어지는 것을 알 수 있었다. 일반교육에서 온라인 교육이 지닌 문제처럼 교회학교의 온라인 예배와 교육에서도 한계들이 나타남을 볼 수 있었다. 다양한 이유가 있겠지만 단순히 현장 예배를 송출하는 수준으로 예배가 제공된 것이 크게 작용한 것으로 보인다. 또한 온라인 교육에 있어서도 다양하고 지속적인 콘텐츠 개발의 한계에 부딪혀서 흥미를 잃어버린 것도 중요한 요인이다. 중대형 규모의 교회는 여러 장비와 인력을 동원해 그나마 유지할 수 있거나 효과를 보기도 하지만, 중소형 규모의 교회는 큰 어려움을 겪었다. 확실히 전적인 온라인 교육은 교회교육에서 분명한 한계점을 보여주었다.

다음으로 팬데믹 시기 다음세대의 급감의 측면을 볼 수 있다. 안타깝게도 학령인구 감소는 교회학교도 피해 갈 수 없다. 팬데믹이 오기 전부터 교회학교 학생 수는 꾸준히 줄어들고 있었으나 코로나 이후에는 그 속도가 더욱 빨라졌다. 예장 통합교단이 발표한 학령인구 대비 교회학교 학생 수 증감률 비교 자료를 보면, 2000년부터 2020년까지 학령인구가 32.6% 감소하였을 때 교회학교는 42.3%로 10.3%가 더 감소하였다. 비슷한 기간 고신교단의 경우 초등부 학생의 경우 52.0%가 감소하여 학령인구 감소율의 2배 가까운 수치를 보여주었다. 통계청의 장래인구추계(2020~2070년)에 맞추어 통합교단이 2050년까지 교회학교 학생 수 증감률을 예상해 보았는데, 2030년에는 33.5% 감소, 2040년 25% 감소할 것으로, 즉 10년 뒤에는 현재 학생 수에서 30%가 감소하고 20년 뒤에는 현재 학생 수에서 50%가 감소할 것으로 예상하였다. 이는 일반 학령인구 비율보다 더 큰 폭으로 줄어드는 수치다. 하지만 예상과 달리 현실은 더욱 어려웠다. 팬데믹을 거치면서 완만한 감소가 아닌 절벽과 같은 급속한 감소가 일어났다. 대한예수교장로회 고신교단의 경우 코로나 팬데믹 이후 2년간의 학생 수 변동을 살펴보면, 2년 사이에 유아유치부 경우 40%가 유초등부의 경우 37%, 중·고등부의 경우 29%가 급감하였다. 완만한 곡선의 감소가 아닌 급격한 감소가 일어났다.

마지막으로 교육주체 변화의 측면이다. 팬데믹이 일으킨 교회교육의 혼돈은 대부분의 경우 부정적인 것처럼 보인다. 하지만 의미 있는 변화도 불러일으켰는데, 바로 가정의 변화이다. 팬데믹 이전에 자녀의 신앙교육은 일반교육과 같이 교회학교에서 전담하는 것으로 인식하였으나 코로나 팬데믹이 장기화하면서 가정에서 부모가 신앙교육을 해야 함을 깨닫게 되었다. 이러한 인식의 변화는 '가정의 힘'이 2021년에 시행한 통계조사에 잘 나타난다. 이 조사에서 신앙교육은 가정에서 이루어지는 여러 교육(인성교육, 지성교육, 진로교육, 신앙교육 등) 중에 가장 뒤처지는 것으로 나타났다. 신앙교육에 있어 가장 큰 걸림돌은 부모가 너무 바쁘다는 것과 부모의 얕은 신앙이 가장 큰 원인으로 드러났다. 또한 부모의 절반가량은 자녀의 신앙교육 방법을 알고 있지 않았다. 그러나 다행스러운 것은 부모의 82%는 신앙교육 방법을 배울 필요성을 느끼고 있다는 것이다. 그리고 자녀들 역시 62%가 부모로부터 신앙교육을 배울 의향이 있음을 나타내었다. 부모들이 가족의 신앙을 위해 교회로부터 받고 싶은 자료는 자녀와 대화법, 부모의 역할에 관한 것으로 자녀와 함께 가정에서 신앙의 대화를 나누는 것을 가장 선호하였다.[6] 이러한 결과들은 신앙교육의 주체 변화와 관련된 사항을 추측케하는 것이며, 가정의 역할에 대한 인식이 강하게 대두되었음을 시사하는 것이다.

전술한 온라인 교육과 예배, 다음세대 급감, 교육 주체의 변화와 같은 팬데믹 시기의 딜레마와 맥락들은 목회자들로 하여금 사역적 답답함을 선사해 준 핵심적인 내용이기도 하다. 실제로 당시 교회와 목회자들은 적절한 대응 방안을 모색하는 과정에서 방향성을 설정하는 데 어려움을 겪었으며, 이에 대한 해답을 찾고자 다양한 학술적 논의가 전개되었다. 이러한 흐름 속에서 코로나19와 관련된 다수의 연구 논문과 서적이 출판되었으며, 이를 통해 교회

6 한국IFCJ가정의힘, '가정신앙 및 자녀 신앙 교육에 관한 조사', 2021.05.06. (전국 5세~고등학생 자녀를 둔 교회 출석 개신교인, 1500명, 온라인조사, 지앤컴리서치, 2021.04.05~04.19)

사역의 변화와 대응 방안에 대한 분석이 이루어졌다.[7] 한편, 목회적 차원에서도 개별 교회들이 팬데믹 동안의 경험과 대응 방안을 정리하여 공개하는 사례도 있었는데 주목할 만하다고 판단한다. 대표적으로 소망교회(김경진 목사)는 팬데믹 동안의 대응 전략을 체계적으로 정리한 소망교회 코로나19 대응 백서를 발간하였다. 이 자료는 팬데믹으로 인해 변화한 예배 및 교회 공동체 운영 방식뿐만 아니라, 위기 상황에서 실천된 다양한 대내외 사역을 기록하고 있으며, 실천적 측면에서 중요한 자료로 평가될 수 있다. 이렇듯 시대적인 맥락은 목회자들의 인식을 변화시키고, 그들의 사역적 방향성을 설정하는 핵심적인 요소가 되는 것이다. 그렇다면 팬데믹이 종식되고 엔데믹의 시대는 어떠한가도 마찬가지이다. 주지하듯이 코로나19 팬데믹은 이제 과거의 사건으로 인식되고 있으며, 이에 대한 사회적 관심 또한 현저히 감소한 상황이다. 현재 교회와 목회자들은 엔데믹 시대를 살아가면서 팬데믹 당시와는 다른 관점에서 사역을 수행하고 있다. 그렇기에 각 시대의 상황과 맥락을 비교하여 그 인식적 변화를 파악하는 것은 목회자들을 위한 사역적 전략과 내용을 제공함에 있어 선행되어야 할 사항이다. 이러한 문제의식과 유사한 연구로, 미국의 Hartford Institute for Religion Research에서는 5년간의 중장기적 연구 프로젝트인 'Exploring the Pandemic Impact on Congregations'를 진행하고 있

7 기독교교육 및 교육활동과 관련된 논의에서 코로나 시대의 교회교육과 기독교교육이 어떠한 측면과 방향성으로 나아갈 것인가에 대한 분석이 많이 이루어졌는데, 대표적으로 양금희, "포스트 코로나 시대의 '온택트' 기독교교육에 관한 연구,"「기독교교육논총」 제68집(2021): 41-76, 함영주, "전통과 혁신을 활용한 미래형 교회교육방법의 방향성에 대한 연구,"「ACTS 신학저널」 제48권(2021): 173-204, 유재덕, "포스트 코로나 시대의 교회교육,"「기독교교육논총」 제63집(2020): 13-37, 김성중, "코로나19시기 이후의 기독교교육의 방향,"「기독교교육논총」 제63집(2020): 39-64, 채혁수, "뉴노멀(New Normal)시대의 교육목회,"「신학과 실천」 제72호(2020): 487-515. 그 외에도 코로나 시대 신학적 이슈와 전반적인 교회 사역 및 선교에 대한 거시적 접근들에 대한 논의도 많이 이루어졌는데, 한춘기, "with코로나 시대의 한국교회 미래세대 小考," 「개혁논총」 제64권(2023): 9-37, 박현신, "포스트코로나 뉴노멀 시대의 도전과 설교학적 방향과 대안,"「개혁논총」 제62권(2022): 45-88, 김용성, "코로나19 바이러스 이후 교회 공동체 회복을 위한 제언,"「장신논단」 제53권 제1호(2021): 277-302, 김상덕, "코로나19 팬데믹과 공공성, 그리고 한국교회,"「신학과 실천」제76호(2021): 797-817, 정재영, "코로나 팬데믹 시대에 교회의 변화와 공공성,"「신학과 실천」 제73호(2021): 857-886, 김순환, "위드 코로나 시대를 위한 한국교회 예배 대안 모색: 삶 속에서의 시간적, 공간적 예배지평 확장,"「신학과 실천」 제77호(2021): 39-66, 이찬석, "팬데믹 시대 교회와 신학의 과제,"「한국조직신학논총」 제64호(2021): 107-138, 조해룡, "코로나 팬데믹 상황 속에서 선교적 교회의 교회론적 변화와 선교적 대응,"「선교신학」 제62호(2021): 278-309, 김영동, "포스트코로나 교회 구조변화와 목회와 선교 방향연구,"「선교와 신학」 제54호(2021): 13-39, 윤영훈, "포스트 코로나 시대 온라인 교회의 가능성에 대한 연구,"「대학과 선교」 제46호(2020): 205-237, 김주한, "바울의 예배 기획 원리를 통해 본 '코로나'시대의 교회 예배 방향성 제안,"「성경과 신학」 제95호(2020): 23-56, 김은희, "코로나 19(Covid 19) 상황에서 한국교회의 대처에 관한 연구: 예배와 선교를 중심으로,"「개혁논총」 제53권(2020): 99-122, 최원진, "COVID-19상황에서 한국교회의 선교,"「복음과 선교」 제52권 제4호(2020): 203-242.등이 대표적이다.

다(https://www.covidreligionresearch.org/). 해당 프로젝트는 팬데믹이 미국 전역의 종교 생활에 미친 변화와 장기적 영향을 분석하고자 하며, 대규모 데이터와 심층적인 교회 현장 조사를 통해 실질적인 변화를 조명하는 것을 목적으로 한다. 이러한 접근은 팬데믹이 종교 공동체에 미친 영향을 실증적으로 탐색하는 데 있어 중요한 기초자료를 제공하고 있다고 평가한다. 한국교회에서도 유사한 문제의식을 기반으로 다양한 연구와 자료 축적이 이루어졌으나, 팬데믹과 엔데믹 시기를 중심으로 한 목회자의 인식 변화를 집중적으로 분석한 연구는 제한적인 상황이다. 이에 본 연구에서는 MMR(Mixed Methods Research)을 적용하여 팬데믹-그때-와 엔데믹-지금- 시기에 따른 목회자의 인식 변화를 분석하고자 한다. 특히 '팬데믹 당시와 엔데믹 시대의 목회자 인식은 어떻게 변화하였는가'에 초점을 맞추어 연구를 진행하며, 이를 통해 향후 목회자들의 변화된 요구를 파악하고 교육목회의 방향성을 제시하는 데 기초자료를 제공하고자 한다.

II. 연구방법

본 연구에서는 통합방법연구의 모형 중 Creswell & Plano Clark의 설명설계(Explanatory Design)을 적용하여 진행하였다. 설명설계는 1단계에서 양적 분석을 수행하고, 2단계에서 1단계의 맥락을 설명해 주는 질적분석을 수행하는 전략이다.[8]

1. 연구대상 및 설문문항

양적연구의 경우 대한예수교장로회(고신) 담임목사와 부교역자를 대상

8 이현철·김영천·김경식, 통합연구방법론: 질적연구+양적연구(경기: 아카데미프레스, 2013), 68.

으로 설문조사를 실시하였으며, 자료 수집은 고신총회교육원에서 각 교회에 협조 안내문을 발송한 후 진행하였다. 조사 방법은 온라인 설문조사로 실시하였다. 2021년(팬데믹 시기)에는 328명(54.8%), 2024년(엔데믹 시기)에는 271명(45.2%), 총 599명(100%)이 참여하였다. 총 조사 기간은 2021년의 경우 2021년 10월 20일~2021년 12월 13일까지 수행되었으며, 2024년에는 2024년 11월 26일~2024년 12월 10일까지 진행되었다. 양적연구의 설문 문항은 목회자의 교회교육적 상황과 관련이 깊은 교회에서 온라인 사역, 개인의 신앙 상태(기도시간, 성경묵상시간, 기독교 서적 읽기, 동역자 혹은 가족과의 신앙적 대화, 성도들과 교제 등), 일상생활 전반적 만족도, 심방 및 교회사역, 다음세대 신앙교육에 대한 부정적 인식(학업, 미디어, 부모의 불신앙, 전문성 부족 등), 다음세대 교회 사역을 위해 가장 중요한 요인(현재 선호도/미래 중요도) 등을 개발하여 조사를 수행하였으며, 항목에 따라 본 연구에서는 각 사항에 대한 영역별 합산을 통한 인식를 구하여 진행하였다. 본 연구에서 활용한 문항의 신뢰도는 명명척도를 제외한 문항에 한하여 Cronbach α 0.6 이상임을 확인하였다.

질적연구에서는 고신과 합동 총회에서 교육목회를 수행하고 있는 목회자 10명을 대상으로 심층면담과 FGI를 수행하였으며, 팬데믹 시기와 엔데믹 시기를 모두 경험한 목회 및 사역 경력 10년 이상의 사역자들을 중심으로 연구대상자를 선정하여 진행하였다. 연구 참여자들은 본 연구의 취지와 목적을 이해하며 연구 과정에 참여하여 주었으며, 연구진 역시 해당 사항에 대한 충분한 설명과 동의를 통해 이루어졌다.

<표 III-1> 질적연구의 연구 참여자: 성별, 연령대, 맥락과 특징

연구참여자	성별	연령대	연구 참여자의 맥락과 특징
1	남	40대 초반	지역 거점교회의 부목사로서 교육기관 담당
2	남	40대 초반	기독교교육학 전공자로서 교육기관 담당

3	남	50대 중반	담임목사이며, 코로나 시간 교육기관 활동 집중
4	남	50대 초반	교회 내 교육기관 디렉터 교회교육 관련 연구 및 전문활동 수행
5	여	40대 초반	전도사로서 교육부서 담당
6	여	40대 초반	가정에서의 신앙교육 강조 교육기관과 가정 연계 강조
7	남	40대 초반	기독교상담학 전공 교육기관 및 구역 담당
8	남	50대 후반	지역 거점 교회 담임목사
9	남	30대 중반	청소년 프로그램 개발 관심
10	남	30대 중반	청소년 선교단체 사역자

2. 분석 방법

본 연구의 분석 방법으로 양적연구에서는 SPSS 23.0 프로그램을 활용하여 목회자들의 인식을 분석하였다. 구체적으로 2021년 당시 목회자들과 2024년 목회자들을 대상으로 집단 간 비교분석을 위해 독립표본 t-검증(independent sample t-test)을 실시하였으며, 요구도 우선순위를 파악하기 위하여 Borich(1980)요구도[9]와 The Locus for Focus Model 모델유형 결정(Mink, Shultz, & Mink, 1991) 분석[10]을 실시하였다.

$$\frac{\sum_{n=1}^{N}(RL_n - PL_n) \times \overline{RL}}{N}$$

RL(Required Level): 미래 중요도 수준
PL(Perceived Level): 현재 선호도 수준
$\overline{RL}$: 미래중요도 수준의 평균
N: 전체 사례 수

9 Borich, G. D. "A needs assessment model for conducting follow-up studies," The Journal of Teacher Education, 31(3)(1980), 39-42.

10 Mink, O. G., Shultz, J. M., & Mink, B. P. Developing and managing open organizations: A model and method for maximizing organizational potential (Austin: Somerset Consulting Group, Inc, 1991).

Borich의 요구도 값은 현재 수준과 바람직한 수준 간의 차이에 바람직한 수준에 대한 가중치를 부여함으로써 두 수준 간 차이에 대하여 우선순위 결정의 방향성을 제공함으로 직관적인 결과치를 제공해 줄 수 있다. 한편, 본 연구에서는 The Locus for Focus Mode도 적용하여 분석을 시도하였는데, Borich 요구도가 어느 순위까지를 최우선적으로 고려할 것인지에 대한 판단기준이 없다는 단점을 보완하기 위해 The Locus for Focus Model을 적용하였다.

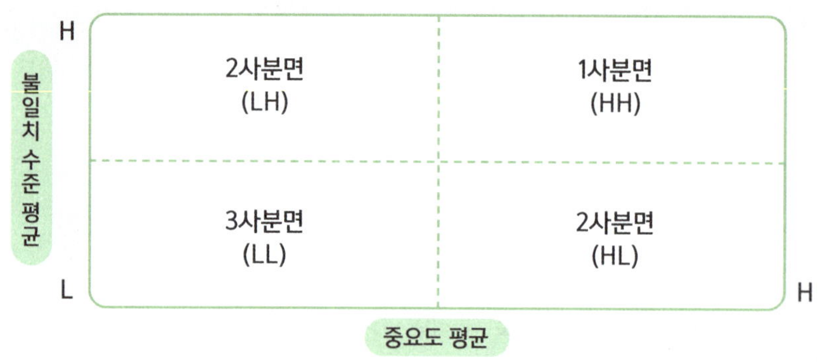

[그림Ⅲ-1] The Locus for Focus Model

The Locus for Focus Model은 바람직한 수준의 평균값을 x축으로, 바람직한 수준과 현재 수준 간의 차이(불일치 수준)의 평균값을 y축으로 하는 좌표평면으로 [그림Ⅲ-1]과 같다. [그림Ⅲ-1]에서 보이듯 제1사분면(HH)은 중요성이 평균보다 높고 두 수준의 차이(불일치 수준)가 평균보다 높은 최우선순위군으로 분류할 수 있다. 다음으로 제2사분면(LH)은 중요성이 평균보다 낮고 두 수준의 차이가 평균보다 높고, 제4사분면(HL)은 중요성이 평균보다 높고 두 수준의 차이가 평균보다 낮아 차우선순위군으로 분류할 수 있다. 제3사분면(LL)은 중요성이 평균보다 낮고 두 수준의 차이(불일치 수준)가 평균보다 낮아 우선순위가 가장 낮은 영역이라고 할 수 있다.[11]

11 현영섭·권대봉·신현석·강현주·장은하·최지수, 『지역인적자원개발 정책 과제 발굴 및 추진계획마련』, (서울: 고려대학교 HRD 정책연구소, 2017), 67.

질적연구에서는 구조적 코딩(structural coding) 전략을 활용하여 분석이 수행되었다. 구조적 코딩은 연구 주제에 초점을 맞추어 코드를 부여하며, 이를 통해서 자료 분석 전반의 분석 과정을 핵심주제 중심으로 수행해 갈 수 있도록 도와준다.[12] 특별히 펜데믹과 엔데믹 간의 사역 경험과 차이 등 연구 주제와 관련된 심층적인 대화 속에서 도출된 코드들을 정리하여 목회자들의 인식의 변화와 흐름을 집중하고자 시도하였다. 이 과정에서 연구참여자들과 사역 전문가들과의 멤버체크(member check) 과정을 수행하여 연구분석의 타당성을 재고하고자 하였다.

III. 분석결과

1. 양적연구 분석

1) 목회자 개인의 신앙생활과 만족도에 대한 2021년(코로나 시기)과 2024년(엔데믹 시기) 인식 비교

2021년과 2024년 목회자들의 인식 비교에 있어 개인 신앙의 경우 통계적으로 유의미한 차이가 발견되었다. 2024년 엔데믹 시기의 사항이 2021년 보다 높은 수준으로 파악되고 있다. 이는 목회자들의 기도시간, 성경묵상시간, 기독교서적 읽기, 동역자 혹은 가족과의 신앙적 대화, 성도들과의 교제 등의 영역에서 코로나 시기와는 다른 양상을 보여주고 있음을 의미한다. 또한 목회자 개인의 만족도(일상의 삶, 교회사역, 신앙생활, 가정생활에 대한 만족도)의 경우도 엔데믹 시기가 통계적으로 유의미하게 높게 나타나고 있다. 이는 목회자의 삶 전반에 대한 인식이 긍정적으로 변화되었음을 시사한다.

12 이현철, 코로나 시대 청소년의 신앙생활 및 지원방안에 대한 통합방법연구, 개혁논총 66(2023). 433-465, 446.

<표 III-2> 개인 신앙 및 교회 사역에 대한 2021년과 2024년 전체 목회자 비교

	구분	평균	표준편차	T값
목회자 개인의 신앙생활	2021년 코로나시기	15.2622	2.95193	-7.622**
	2024년 엔데믹시기	17.2030	3.27382	-7.622**
목회자 개인의 삶 전반의 만족도	2021년 코로나시기	13.6463	2.96925	-3.998**
	2024년 엔데믹시기	14.6273	3.00577	-3.998**

*p<.05 **p<.001

2) 목회자의 심방 및 온라인 사역활동에 대한 2021년(코로나 시기)과 2024년(엔데믹 시기) 인식 비교

목회자들의 심방 및 온라인 사역활동에 대한 인식은 대면 심방의 빈도가 통계적으로 유의미하게 증가하였으며, 비대면 심방의 빈도와 온라인 사역 활동 빈도는 통계적으로 유의미하게 감소하였다. 한편 온라인을 통한 신앙활동에 대하여 2021년과 2024년 모두 유사한 수준에서 부정적으로 인식하고 있음을 확인할 수 있다.

<표 III-3> 목회자의 심방 및 온라인 사역 활동에 대한 2021년과 2024년 전체 목회자 비교

	구분	평균	표준편차	T값
대면 심방의 빈도가 늘어났다.	2021년 코로나시기	2.2195	.91236	-15.178**
	2024년 엔데믹시기	3.4391	1.03054	-15.178**
비대면(전화, SNS 등)심방의 빈도가 늘어났다.	2021년 코로나시기	3.7195	.88514	2.325*
	2024년 엔데믹시기	3.5498	.89252	2.325*
온라인 사역 활동 빈도가 늘어났다.	2021년 코로나시기	3.8750	.92514	7.229**
	2024년 엔데믹시기	3.2657	1.10365	7.229**
전체적으로 온라인을 통한 신앙활동에 만족한다.	2021년 코로나시기	2.1555	.84425	-1.293
	2024년 엔데믹시기	2.2435	.81178	-1.293

*p<.05 **p<.001

3) 목회자의 다음세대 신앙교육에 대한 2021년(코로나 시기)과 2024년(엔데믹 시기) 인식 비교

다음세대 신앙교육에 대한 목회자의 인식은 통계적으로 유의미한 수준에서 엔데믹 시기의 수준이 높게 나타나고 있다. 이는 신앙교육 관련 어려움과 난해함에 대한 인식이 증대되어 부정적인 측면으로 변화하였음을 시사하는 것이다. 즉, 목회자들이 다음세대의 신앙교육에 인식이 높아진 이유는 학업, 미디어, 부모의 불신앙, 전문성 부족 등의 사항으로 인해 어려움을 겪고 있기 때문이다.

<표 Ⅲ-4> 다음세대 신앙교육 인식에 대한 2021년과 2024년 전체 목회자 비교

	구분	평균	표준편차	T값
다음세대 신앙교육에 대한 부정적 인식	2021년 코로나시기	18.9329	3.06231	-2.771**
	2024년 엔데믹시기	19.6199	2.96888	-2.771**

*p<.05 **p<.001

4) 2021년과 2024년 부교역자의 교회 사역 요구도 비교[13]

본 절에서는 다음세대 교육을 주로 담당하고 있는 교회 내 부교역자들의 교회사역 요구도에 집중하여 분석을 수행하였다. 2021년 부교역자의 현재 선호 수준과 미래 중요 수준에서 모두 '담임목사의 목회철학'과 '담임목사의 리더십'의 평균이 가장 높았으며, 대응표본 t검정 결과, 19개 분야에서 모두 통계적으로 유의미한 차이를 보였다. 본 연구에서 부교역자의 요구도는 현재 선호 수준과 미래 중요 수준 간의 차이로 정의되기 때문에 모든 분야에서 갭gap으로서의 요구가 존재하였다. 다음으로 Borich의 요구도 값을 산출한 결과 가장 높은 요구도 값은 '총회 및 노회의 관심'이었으며, 그 다음 순으로 '지역 사회와 연계된 프로그램', '교회학교 신앙양육 프로그램' 등의 순이었다. 이상의 부교

13 본 절의 경우 이현철·이기룡·이도복·문화랑·주경훈·함영주·박신웅, 「온(ON) 세대 교육목회 이야기」(생명의 양식, 2025)의 일부임, p.201-204.

역자의 다음세대 교회 사역을 위한 요구도에 대한 우선순위 분석방법을 정리하면 다음과 같다.

<표 III-5> 부교역자의 교회 사역을 위한 요구도 분석

구분	현재선호도		미래중요도		차이		요구도	순위
	평균	순위	평균	순위	평균	t값		
담임목사의 리더십	4.3904	2	4.5044	2	0.11	-2.719*	0.5135	18
담임목사의 목회철학	4.5307	1	4.6184	1	0.08	-2.661*	0.4050	19
교역자의 현장사역 전문성	4.2061	4	4.4342	5	0.22	-4.548**	1.0114	15
교회학교 교사의 헌신	4.2763	3	4.3991	6	0.12	-2.324*	0.5402	17
학생의 개인적 요인 (참여, 관심 등)	3.9474	13	4.2632	12	0.31	-5.307**	1.3463	5
교회학교 신앙양육 프로그램	3.8816	14	4.2105	14	0.32	-5.874**	1.3848	3
학부모의 관심	4.1886	6	4.4825	3	0.29	-4.992**	1.3174	7
전도 활동	3.4912	18	3.8465	19	0.35	-5.628**	1.3666	4
다음세대 재정 지원	4.0175	10	4.2895	9	0.27	-5.207**	1.1667	9
성도들의 교회교육에 대한 관심	4.0921	9	4.3421	8	0.25	-4.663**	1.0855	12
총회 및 노회의 지원과 관심	3.693	16	4.0789	16	0.38	-6.473**	1.5740	1
총회 산하 교육기관의 지원(총회교육원, SFC 등)	3.8202	15	4.1053	15	0.28	-5.552**	1.1704	8
심방 활동	3.9649	11	4.2237	12	0.25	-4.658**	1.0930	13
교회학교 교사를 위한 교육	3.9605	12	4.2719	11	0.31	-5.210**	1.330	6
기도 활동	4.1404	7	4.3816	7	0.24	-4.781**	1.0568	14
교역자와 성도(부서) 간의 관계	4.1184	8	4.2895	9	0.17	-3.285**	0.7339	16
교회와 가정이 연계된 신앙교육	4.2061	4	4.4605	4	0.25	-4.530**	1.1347	11
평생교육(장노년 포함) 프로그램	3.693	16	3.9825	17	0.28	-4.646**	1.1529	10

지역사회와 연계된 프로그램	3.4693	19	3.8509	18	0.38	-5.965**	1.4695	2

*평균 동일의 경우 공동 순위 지정 *p<.05 **p<.001

그리고 2021년 부교역자의 교회 사역을 위한 요구도를 The Locus for Focus 모델을 활용하여 우선순위를 분석한 결과는 [그림Ⅲ-2]와 같다. 부교역자들이 인식하고 있는 미래 중요 수준 평균은 2.26이며, 불일치 수준 미래 중요 수준-현재 선호 수준의 평균은 0.26로 나타났다. 미래 중요 수준의 평균을 x축으로, 불일치 수준의 평균을 y축으로 하여 사분면으로 나타냈을 때, 제1사분면의 영역에 속하는 요소들은 부교역자들이 중요하게 생각하고 미래 중요 수준과 현재 선호 수준 간의 불일치 수준이 높은 것들로 최우선적으로 요구되는 사역적 변화 요구 사항들이다. 분석 결과, 제1사분면에 포함되는 요구사항은 '학부모의 관심, 다음세대 재정 지원, 교회학교 교사를 위한 교육'이었다. 그 외의 사항들은 아래의 사항을 참고하기 바란다.

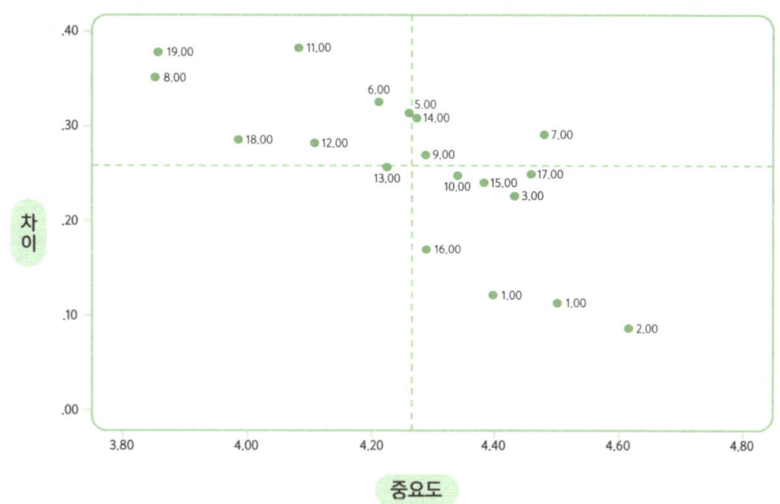

[그림Ⅲ-2] 2021년 The Locus for Focus모델을 활용한 우선순위(부교역자)

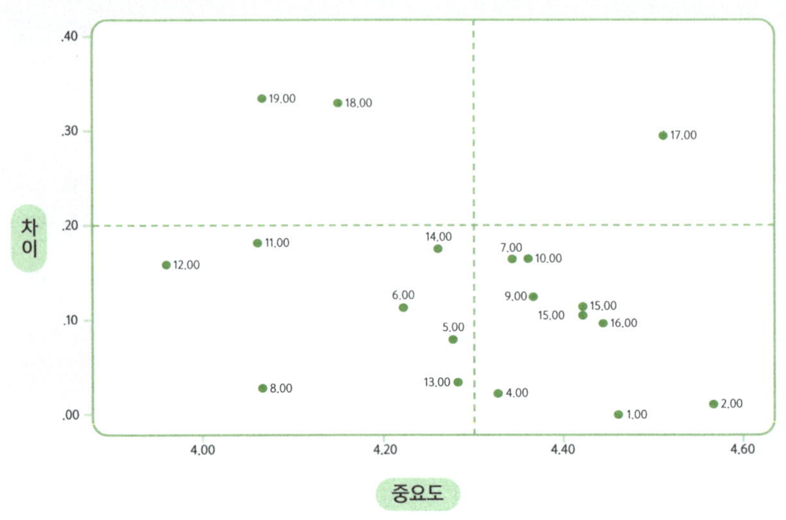

[그림Ⅲ-3] 2024년 The Locus for Focus모델을 활용한 우선순위(부교역자)

전술한 부교역자들의 2021년의 상황을 고려하면서 2024년도의 맥락을 살펴보면 영역별로 2021년과 차이가 있음을 확인할 수 있다. 2024년의 1사분면의 경우 '교회와 가정이 연계된 신앙교육'으로 나타났으며, 이는 2021년의 '교회학교 신앙양육 프로그램, 학부모의 관심, 교회와 가정이 연계된 신앙교육'의 우선순위와 비교할 때 교회와 가정의 연계 사항에 있어서는 유사하지만 2024년에 순위가 올라가면서 이에 대한 시급성을 좀 더 명확하게 보여주고 있다고 할 수 있다[그림 Ⅲ-3]. 그 외 영역의 경우 아래의 내용을 통해 비교할 수 있다. 더불어 부교역자의 맥락과 담임목사의 맥락을 비교하면 각 집단 인식의 맥락적 차이도 확인할 수 있다.

<표 III -6> 2021년과 2024년 The Locus for. Focus 모델을 활용한 우선순위 비교

<table>
<tr><th colspan="2" rowspan="2">분면</th><th colspan="2">우선순위</th></tr>
<tr><th>부교역자</th><th>담임목사</th></tr>
<tr><td rowspan="2">1사분면
(고고)</td><td>2021년
코로나시기</td><td>교회학교 신앙양육 프로그램,
학부모의 관심,
교회와 가정이 연계된 신앙교육</td><td>교회학교 신앙양육 프로그램,
학부모의 관심,
교회와 가정이 연계된 신앙교육</td></tr>
<tr><td>2024년
엔데믹시기</td><td>교회와 가정이 연계된 신앙교육</td><td>기도활동, 교회와 가정이 연계된 신앙교육, 총회 및 노회의 지원과 관심, 심방활동, 다음세대 재정 지원, 지역사회와 연계된 프로그램, 총회 산하 교육기관의 지원, 교회학교 교사를 위한 교육, 성도들의 교회교육에 대한 관심</td></tr>
<tr><td rowspan="2">2사분면
(저고)</td><td>2021년
코로나시기</td><td>전도 활동, 총회 산하 교육기관의 지원(총회교육원, SFC 등), 교회학교 교사를 위한 교육, 평생교육(장노년 포함) 프로그램, 지역사회와 연계된 프로그램</td><td>전도 활동, 총회 산하 교육기관의 지원(총회교육원, SFC 등), 교회학교 교사를 위한 교육, 평생교육(장노년 포함) 프로그램, 지역사회와 연계된 프로그램</td></tr>
<tr><td>2024년
엔데믹시기</td><td>평생교육 프로그램, 지역사회와
연계된 프로그램</td><td>교역자와 성도 간의 관계</td></tr>
<tr><td rowspan="2">3사분면
(저저)</td><td>2021년
코로나시기</td><td>총회 및 노회의 지원과 관심, 기도 활동, 교역자와 성도(부서) 간의 관계, 심방 활동</td><td>총회 및 노회의 지원과 관심, 기도 활동, 교역자와 성도(부서) 간의 관계, 심방 활동</td></tr>
<tr><td>2024년
엔데믹시기</td><td>총회 및 노회의 지원과 관심, 교회학교 교사를 위한 교육, 총회 산하 교육기관의 지원, 교회학교 신앙양육 프로그램, 학생의 개인적 요인, 심방활동, 전도활동</td><td>학부모의 관심, 학생의 개인적 요인, 전도활동, 평생교육 프로그램, 교회학교 신앙양육 프로그램, 교역자의 현장사역 전문성, 교회학교 교사의 헌신, 담임목사의 목회철학</td></tr>
<tr><td rowspan="2">4사분면
(고저)</td><td>2021년
코로나시기</td><td>학부모의 관심, 다음세대 재정 지원, 성도들의 교회교육에 대한 관심, 담임목사의 리더십, 담임목사의 목회철학, 교역자의 현장사역 전문성, 교회학교 교사의 헌신</td><td>학부모의 관심, 다음세대 재정 지원, 성도들의 교회교육에 대한 관심, 담임목사의 리더십, 담임목사의 목회철학, 교역자의 현장사역 전문성, 교회학교 교사의 헌신</td></tr>
<tr><td>2024년
엔데믹시기</td><td>학부모의 관심, 성도들의 교회교육에 대한 관심, 다음세대 재정 지원, 교역자의 현장사역 전문성, 기도활동, 교역자와 성도 간의 관계, 교회학교 교사의 헌신, 담임목사의 리더십, 담임목사의 목회 철학</td><td>담임목사 리더십</td></tr>
</table>

*자료출처: 이현철 외(2025)의 p.200과 p.204의 부교역자와 담임목사 요구도 재구성

2. 질적연구 분석

1)"다시 대면 사역을 통한 성장 추구": 대면 사역 추구

팬데믹 시기 한국교회의 교육 활동은 많은 어려움 속에서 신앙교육 관련 강조점을 놓지 않고 주어진 상황 속에서 최선을 다해 임해왔던 것이 사실이다. 다양한 비대면 및 온라인 교수학습 전략을 통하여 신앙교육의 가치를 지켜가고자 노력하였다. 이 과정에서 오프라인과 온라인의 혼합적 학습 형태, 메타버스를 적용한 학습 형태, 줌과 같은 비대면 플랫폼을 활용한 학습 등 다양한 시도들이 도출되었다. 하지만 목회자들의 경우 이러한 비대면적 활동에 대한 사역적 만족도는 높지 않았으며, 명확한 한계를 인식하고 있었으며, 엔데믹 시기 다시 대면 사역을 통한 활동을 통한 성장을 추구하고 있었다.

연구참여자1: 어쩔수없이 비대면활동을 통해 사역을 수행했었습니다. 줌도 해보고, 비대면 심방도 해보고, 심지어는 메타버스 수련회도 해보았지만… 분명 한계가 있었습니다. 확실한 대안이라기 보다 코로나 상황 속에서 선택할 수 있는 어쩔수 없는 상황이었다고 할까요. 코로나가 종식 된 이후 다시 대면 사역을 통해 진행하니 진짜 좋고, 어떻게 우리가 그렇게 사역을 했나 싶을 정도로 본질적으로 차이가 큰 것 같습니다.

연구참여자3: 솔직히 코로나 시기 속에서 성도 수와 학생들이 많이 줄어들었습니다. 사역자로서 이 부분이 불안하기도… 이제 다시 전도와 대면 심방을 통해 회복하고 성장 방향을 잡아보고자 합니다. 쉽지는 않지만 사역 자체가 이루어질 수 있는 상황이라 무엇이라도 해볼려 합니다. 조금씩 예전으로 회복되고 있고, 좀 더 적극적으로 만들어간다면 오히려 더욱 좋은 상황이 만들어질 것 같기도 합니다.

인용문에서 확인할 수 있듯이 목회자들은 팬데믹 기간의 비대면 활동 그리고 주춤한 성장세에 안타까움을 느끼고 있었으며, 이에 대한 변화를 통해 사역적 변화를 수행하고자 시도하고 있었다. 실제로 양적연구 결과에서도 대면적 활동에 기반한 사역들에 대한 인식 변화를 확인 할 수 있었다. 이는 사역에 있어 질적인 부분과 함께 양적인 성장과 부담에 대한 목회자들의 인식이 강하게 반영되고 있는 부분으로도 볼 수 있다.

2)"기관 단독에서 가정과의 연계로": 신앙교육에 있어 가정 연계

팬데믹 기간을 통해 교회는 신앙교육에 있어 가정의 역할을 다시 확인하는 계기가 되었다. 그동안의 신앙교육이 전담 사역자와 교사 그리고 교회 내 교육기관 중심으로 이루어져 왔으며, 이는 어느덧 한국교회의 기본적인 틀이 되었다. 하지만 교회에 출석할 수 없는 상황 속에서 다음세대들은 가정에서 보내는 시간이 많아졌었으며, 부모로부터 신앙교육을 받아야 할 상황을 직면하게 되었다.

> 연구참여자6: 저희 교회에서 선택한 방법은 제가 영상을 만들고 그것을 부모님들께 전달하여 부모님께서 실제로 자녀들에게 말씀과 신앙지도를 하는 사역 방식이었습니다… 처음에 많은 부모님들이 힘들어 하셨고, 어색하게 생각하기도 하셨습니다. 그런데 시간이 지나면서 이러한 활동 속에서 의미를 발견하고… 차이는 있었지만 열심히 따라오시는 분들이 생기기 시작했습니다…

다음세대와 자녀들은 물리적으로 교회에서 보내는 시간보다 가정에서 보내는 시간이 현격하게 많은 것이 사실이다. 더욱이 팬데믹 기간 속에서 가정의 역할은 더욱 강조되었으며, 이는 신앙교육 영역뿐만 아니라 다음세대와 자녀들의 일상생활 전반에 있어 모두 동일하게 적용될 수 있다. 교회의 교육적 사역 자체가 이제는 기관 단독으로 진행될 수 없는 상황이며, 가정과 연계가 필수인 상황이 만들어진 것이다.

전술한 가정의 중요성은 엔데믹 이후에 더욱 강조되고 있으며, 사역자들에게는 사역의 한 축으로 자리를 잡게 된 것으로 보인다. 다음세대와 자녀들을 위한 인식 조사를 통해서 부모의 영향력이 확인[14]되는 상황 속에서 사역자들은 몸으로 그것을 느끼며 사역의 형식을 가정과 연계 체제로 변화시키고 있다.

3)"커져 버린 다음세대에 대한 불안감": 다음세대에 대한 인식

소명을 가진 신실한 목회자들의 관심은 시대를 불문하고 목회의 대상이 되는 성도들의 신앙 성숙에 초첨을 맞추고 있으며, 그와 관련된 활동에 지속적인 관심을 갖고 있다. 팬데믹을 경험하면서 목회자들은 신앙의 계승과 다음 세대의 신앙적 성숙에 대한 자신감을 상실하기 시작하였으며, 엔데믹 시대가 도래하였음에도 이에 대한 자신감 회복은 여전히 이루어지지 않고 있는 생각은 연구자만의 생각이 아닐 것이다.

> 연구참여자2: 요즘 아이들을 만나면 이 친구들이 대학이나 직장을 얻어 계속적으로 신앙생활을 잘 할 수 있을까 걱정이 됩니다. 물론 하나님의 은혜로 살아가는 것이 맞지만… 걱정이 많이 됩니다. 저희 때 만큼이나 열심을 내거나 활동을 하는 것도 아닌 것 같고… 아쉬운 부분이 있습니다. 그리고 세속적인 사항들을 너무 강하게 이들을 붙잡고 가는 것은 아닌지… 어떻게 성숙한 그리스도인으로 살아가게 할 수 있을까 고민이 많이 되네요…

14 이현철·문화랑·이원석·안성복, 「코로나시대 청소년 신앙리포트」, (서울: SFC, 2021).

인용문의 연구참여자는 다음세대 사역에 있어 불안감과 걱정을 안고 있음을 보여준다. 최선을 다해 다음세대들을 섬기고 있지만 그것이 신앙의 열매로 나타날 수 있을 것인가에 대한 확신을 가지지 못한 채 사역에 임하고 있다고 볼 수 있다. 실제로 목회자들은 팬데믹과 엔데믹을 거치면서 다음세대의 신앙 활동에 대해 점차 부정적인 인식으로 강화되는 경향을 보여주고 있었다. 이는 목회자들의 인식에 있어 커져 버린 다음세대에 대한 불안감을 시사하는 대목으로 판단한다.

IV. 요약 및 결론

본 연구에서는 통합방법론(Mixed Methods Research)을 적용하여 팬데믹-그때-와 엔데믹-지금- 시기에 따른 목회자의 인식 변화를 분석하고자 하였다. 특히 '팬데믹 당시와 엔데믹 시대의 목회자 인식은 어떻게 변화하였는가'에 초점을 맞추어 연구를 진행하였으며, 그 변화의 의미가 어떠한 맥락에서 구성되었가를 탐색하고자 하였다.

연구 결과 2021년과 2024년 목회자들의 인식 비교에 있어 개인 신앙의 경우 통계적으로 유의미한 수준에서 2024년 엔데믹 시기의 사항이 높은 것으로 나타났으며, 목회자 개인 만족도의 경우도 엔데믹 시기가 통계적으로 유의미하게 높게 나타났다. 목회자들의 심방 및 온라인 사역 활동에 대한 인식 비교는 대면 심방의 빈도가 통계적으로 유의미하게 증가하였으며, 비대면 심방의 빈도와 온라인 사역 활동 빈도는 통계적으로 유의미하게 감소하였다. 다음 세대 신앙교육에 대한 목회자의 인식 비교는 통계적으로 유의미한 수준에서 엔데믹 시기의 수준이 높게 나타나고 있는데, 이는 신앙교육 관련 어려움과 난해함에 대한 인식이 증대되어 부정적인 측면으로 강화하였음을 의미하는 것이다. 부교역자의 교회사역 요구도를 분석하여 팬데믹과 엔데믹 시기의 맥락을 확인해 주었으며, 이 과정에서 담임목회자의 인식 맥락도 비교해 보았다. 전술한 양적연구의 결과가 어떠한 맥락에서 이루어진 것인가에 대한 심층적인 이해를 위해 질적연구를 수행하였으며, 해당 과정을 통하여 '다시 대면 사역을 통한 성장 추구, 기관 단독에서 가정과 연계로, 커져 버린 다음세대에 대한 불안감'과 같은 현장의 맥락적 의미를 도출하였다.

이를 바탕으로 목회자와 사역을 위한 몇 가지 정책적 사항을 제안하면 다음과 같다.

첫째, 목회자의 대면 사역을 위한 지원책을 강화할 필요가 있다. 목회자들은 엔데믹 시기에 맞춰 좀 더 공격적인 사역적 입장을 취하고 있으며, 이에 대한 실제적인 프로그램과 전략을 요청하고 있는 실정이다. 하지만 팬데믹 이후의 교회 현장의 상황과 맥락은 그 이전과는 많은 차이가 있기에 해당 변화를 고려한 대면 사역 정책들이 구성될 필요가 있다.

둘째, 다음세대 신앙교육을 위한 지원책이 강화될 필요가 있다. 목회자들은 다음세대의 신앙 상황에 대하여 부정적으로 인식하고 있으며, 그들에 대한 신앙 지도가 힘들어질 것을 예상하고 있다. 이를 개선하기 위한 다음세대 신앙교육과 관련된 방법과 전략을 제공해 주고, 이와 관련한 목회자들의 사역적 역량을 고도화해 줄 수 있는 측면이 강화될 필요가 있다. 이와 관련하여 고신총회는 '다음세대 지도자 훈련원', '다음세대 포럼' 등을 통하여 목회자들의 다음세대 사역 관련 역량을 강화하고자 노력 중에 있다.

셋째, 가정과 연계된 신앙교육을 위한 지원책이 강화될 필요가 있다. 팬데믹을 통해 한국교회는 가정의 신앙교육적 가치를 다시금 확인하게 되었다. 교회교육에 있어 가정과 연계는 필수적인 요건이 되었으며, 목회자들은 이를 위한 부모 신앙교육, 가정의 신앙문화 확립 등을 고민하게 되었다. 이에 가정과 연계된 신앙교육을 위한 실제적인 프로그램이 이루어질 필요가 있으며, 기존의 접근과 전략에 대한 공유 및 확산이 절실히 요구되는 현실이다.

참고문헌

국가통계포털 www.kosis.kr.

김난도, 전미영, 최지혜, 권정윤, 한다혜, 이혜원, 이준영, 이향은, 추예린, 전다현, 『트렌드 코리아 2025』. 서울: 미래의 창, 2024.

김병태, "흔들리는 5060세대를 다시 견고히 세우라", 월간 목회, 6월 (2024), 36-41.

김병태, 『섬김과 순종으로 세워가는 행복한 교회』, 서울: 브니엘, 2024.

김영수, 세 교회의 교회학교 부흥 이야기, 서울: CLC, 2023.

김정애 & 성현정, "'부양부담' '불안한 노후'…진퇴양난에 빠진 한국의 중장년층", 한국일보 2022. 09. 24. https://www.hankookilbo.com/News/Read/A2022092114540001838.

남경아, 『오십 인사이트』, 경기 파주: 서해문집, 2024.

로이 주크 & 제인 게츠, 『교회의 장년 교육』(신청기 역), 서울:기독교문서선교회, 1999.

론 헌터 주니어, 『D6 DNA』(박금주, 김치남 역), 수원: D6 KOREA HOUSE, 2017.

목회데이터연구소. 2023 한국인의 종교현황(넘버즈 224호, 2024). http://www.mhdata.or.kr/bbs/board.

문장환, "장년 세대를 위한 목회," 『세대를 품은 교회, 세상을 향한 교회』, 서울:고신언론사, 2024.

박신웅. 『노년사용설명서』. 서울: 생명의 양식, 2020.

박용진. "한국교회의 힘의 원천, 건강한 장년신앙," 교육목회, 291(2001), 25-30.

빅향숙. "신생성인기를 위한 기독교신앙교육," 기독교 교육논총, 37(2014), 295-323.

빌헬름 슈미트. 나이든다는 것과 늙어간다는 것[Gelassenheit: Was wir gewinnen, wenn wir alter werden](장영태 역). 서울: 책세상, 2014.

선한목자교회 갈렙교회 홈페이지 https://www.gsmch.org/.

선한목자교회 갈렙교회. 갈렙교회 교회생활 가이드. 경기도: 선한목자교회, 2024.

양병희, "사명자로서 심장을 깨우는 영성 목회로", 월간 목회, 6월 (2024), 42-47.

에케지키엘, 『MZ 세대사역자가 쓴 MZ 세대와 한국교회』, 서울: CLC, 2024.

연합뉴스. '늙어가는 한국'…70대 이상 인구, 20대보다 많아졌다. 연합뉴스 2024년 1월 10일 기사. https://www.yna.co.kr/view/AKR20240109160500530 2024년 7월 12일 검색.

유기성. 『예수님과 동행하는 시니어교회』. 서울: 두란노, 2018.

이석철, 『기독교 성인 사역론』, 대전: 침례신학대학원 출판국, 2008.

이현철. "산간벽지 소재 교회의 딜레마에 대한 질적연구", 질적탐구 4(3)(2018). 269-296.

제임스 파울러, 『신앙의 발달단계』, 권혁일 옮김 서울: 한국장로교출판사, 1987.

존 웨스터호프, 『기독교 신앙과 자녀 양육』, 허호익 옮김 서울: 대한기독교서회, 1991.

지용근, 김영수, 전우택, 신상목, 김선일, 정재영, 정연승, 심경미, 손의성, 백광훈, 장창수, 『한국교회 트렌드 2025』. 서울: 규장, 2024.

지용근, 조성돈, 신상목, 조성실, 주경훈, 정재영, 류지성, 이상화, 백광훈, 이상훈, 양형주. 『한국교회 트렌드2040』. 서울: 규장, 2023.

짐 푸트만, 『영적 성장 단계별 제자양육』(전의우 역), 서울: 두란노, 2017.

통계청. 향후 고령인구에 대한 전망. 통계청 https://kostat.go.kr/board 2024년 7월 12일 검색.

함영주, 전병철, 신승범, 이현철, 조철현. "한국교회교육에 대한 교육지도자의 인식도 연구," 성경과 신학, 75(2015), 1-33.

황동한, 함께하는교회 이야기, 엠마우스, 2019.

James W. White, Intergeneration Religious Education (Birmingham, AL: Religious Education Press,1988).

Jean M. Twenge, 『제너레이션 세대란 무엇인가』, 이정민 역, 서울: 매일경제신문사, 2023.

John H Westerhoff III, 『교회의 신앙교육』, 정웅섭 역, 서울: 대한기독교 교육협회, 1998.

Taylor, Charles. 『A Secular Age』. Mass: Belknap Press of Harvard University, 2007.

온 세대 교육목회 이야기

초판 1쇄 발행 2025년 2월 10일
증보판 1쇄 발행 2025년 5월 20일

지 은 이 이현철, 이기룡, 이도복, 문화랑, 주경훈, 함영주, 박신웅
발 행 인 이기룡
발 행 처 생명의 양식
디 자 인 정원주
등록번호 서울 제 22-1443호(1998년 11월 3일)
주　　소 06593 서울시 서초구 고무래로 10-5(반포동)
전　　화 02-533-2182
팩　　스 02-533-2185
홈페이지 qtland.com